跨界亚洲的理念与实践

——中国模式·华人网络·国际关系

刘　宏　著

南京大学出版社

图书在版编目(CIP)数据

跨界亚洲的理念与实践:中国模式·华人网络·国际关系/刘宏著. —南京:南京大学出版社,2013.1
ISBN 978 - 7 - 305 - 10749 - 8

Ⅰ. ①跨… Ⅱ. ①刘… Ⅲ. ①中外关系−研究
Ⅳ. ①D822

中国版本图书馆 CIP 数据核字(2012)第 253877 号

出版发行 南京大学出版社
社　　址　南京市汉口路 22 号　　邮　编　210093
网　　址　http://www.NjupCo.com
出 版 人　左　健
书　　名　**跨界亚洲的理念与实践——中国模式·华人网络·国际关系**
著　　者　刘　宏
责任编辑　孟庆生　施　敏　　　　　　编辑热线　025 - 83686722
照　　排　南京紫藤制版印务中心
印　　刷　南通印刷总厂有限公司
开　　本　787×960　1/16　印张 19.5　字数 280 千
版　　次　2013 年 1 月第 1 版　2013 年 1 月第 1 次印刷
ISBN　978 - 7 - 305 - 10749 - 8
定　　价　40.00 元

发行热线　025 - 83594756　83686452
电子邮箱　Press@NjupCo.com
　　　　　Sales@NjupCo.com(市场部)

目 录

导论:跨界亚洲视野下的"中国模式" / 001

Ⅰ. 理论与方法论的探寻

第一章　网络、国家与亚洲地域秩序——现代华人研究之批判性反思 / 011

一、引言:网络与国家的错位和定位 / 011

二、华人研究的中心与边缘 / 014

三、网络批判与"找回国家" / 016

四、网络与国家中的华人史时序列 / 020

五、横向分布:关系与空间的网络 / 022

六、结语:走向"后修正综合" / 026

第二章　海外华人研究的谱系——主题的变化与方法的演进 / 031

一、轨迹与主题 / 031

二、中国国际移民的理论架构与历史视角 / 034

三、文化、制度与网络 / 042

四、全球各地的华人社群 / 051

五、互动的机制与纽带 / 057

第三章　海洋亚洲——移民的平台与跨界的视野 / 063

一、网络与华人的跨国性 / 063

二、两类网络的研究:回顾与思考 / 066

三、海洋亚洲与海外华人的互动模式 / 076

四、结语 / 086

Ⅱ. 跨界亚洲的历史性与流动性

第四章 "中国隐喻"与软实力的建构——苏加诺的中国观及其对印尼政治变革的影响 / 091

一、1956 年之前的苏加诺与中国 / 092

二、苏加诺进京 / 097

三、苏加诺的中国观及其对印尼的重构 / 104

四、结语：剖析苏加诺对共产主义中国的迷恋 / 111

第五章 写在"民族寓言"以外——中国与印尼左翼文学运动 / 115

一、龙在的天堂鸟的故乡：中、印尼互动的语境 / 116

二、印尼作家的中国：再生的火凤凰 / 120

三、从政治化的文学到文学的政治化 / 123

四、结语："民族寓言"的跨国建构 / 129

第六章 信息流动与经济交往——新马华人社会与华南互动之探讨 / 131

一、引言 / 131

二、隐形之交流：跨国信息流动 / 133

三、有形之往来：新马华人与华南社会之互动 / 138

四、多维的信息建构：政治影响与社会经济之交错 / 140

五、结语 / 144

第七章 原生性认同和跨国网络——新马客家人与潮州人社群之比较研究 / 146

一、引言 / 146

二、同在异乡为异客：客家人和潮州人的社会组织 / 149

三、我言与我乡：原生性认同及祖籍地联系 / 152

四、"在地性"与全球性：客家人作为跨国网络的先驱者 / 158

五、结语 / 164

Ⅲ. 跨国华人与崛起的中国

第八章　高技术新移民的跨国实践与人才环流——中国、英国、新加坡的比较研究 / 169

一、引言 / 169

二、作为新移民精英的跨国华人 / 172

三、跨国场景下的中国国家政策 / 179

四、政策与社群：英国与新加坡的个案 / 187

五、组织与个人 / 193

六、结语：比较观察及其对中国人才政策的启示 / 202

第九章　跨国场域下的企业家精神、国家与社会网络——日本和新加坡的新移民个案分析 / 207

一、跨国场域下的企业家精神 / 208

二、新移民跨国企业家的模式 / 211

三、跨国视野下的国家与网络 / 219

四、结语 / 229

第十章　当代英国华人社会与政治参与——以 2010 年大选为中心 / 231

一、英国华人社会：多元化与碎片化 / 231

二、2010 年大选：成就与问题共存 / 236

三、英国华人参政的未来道路与政策考量 / 250

第十一章　崛起的中国与海外华人——历史性、国家与国际关系 / 257

一、国际移民和国际关系理论的关联与断裂 / 258

二、历史视野下的海外华人与中国外交 / 264

三、世纪之交的海外华人与中国外交 / 268

四、结语：中国崛起时代的海外华人 / 270

第十二章　穿越网络世界
　　　　——华人女性与跨国婚姻 / 274

　一、引言 / 274

　二、华人跨国婚姻与网络世界 / 275

　三、跨国婚姻的起因与促成 / 279

　四、网络世界：男性霸权的世界还是女权解放
　　　的空间 / 283

　五、婚后生活：依附的妻子还是自立的女性 / 286

　六、结语 / 288

附录　近 10 年来英国的中国学——政策、机构、视野 / 290
跋 / 303

导论:跨界亚洲视野下的"中国模式"

改革开放以来,中国经济腾飞,在世界舞台上扮演着日益重要的角色,"中国崛起"成为过去 10 年来国际新闻报道和分析中最受关注的话题。[①] 与此同时,有关中国模式的讨论也是海内外学术界和政策研究的热门课题。尽管有人质疑是否存在固定的、具有中国特色的"中国模式",多数学者似乎认同中国模式(或称中国道路、中国经验、"北京共识"[②])的存在,并就其基础、内涵、特征、作用和局限作了具体的分析。中共中央编译局副局长俞可平教授认为:"中国模式实质上就是中国作为一个发展中国家在全球化背景下实现社会现代化的一种战略选择,它是中国在改革开放过程中逐渐发展起来的一整套应对全球化挑战的发展战略和治理模式。"[③]北京大学国际关系学院潘维教授指出,"国民经济、民本政治、社稷体制'三位一体',构成了独特的'中国模式'"。[④]香港科技大学社会科学部教授丁学良将中国模式"定义在政治经济学

---

① 据全球语言监测机构通过统计全球互联网和博客等社交媒体以及 75 万家纸质和电子媒体的内容,统计出过去 10 年间最受关注的新闻话题榜单。有关中国崛起的报道迄今已出现逾 3 亿次,高居榜首。见 http://media. people. com. cn/GB/40606/14576734. html。

② "北京共识"的概念最初是由《时代》前外交事务编辑乔舒亚·雷默提出的。他认为中国模式为发展中国家提供了一种不同于"华盛顿共识"的发展模式,他将"北京共识"定义为"变革、新意和创新"(change, newness, and innovation)。参见:Joshua Ramo, *The Beijing Consensus*,London: Foreign Policy Centre,2004。对该概念与实践的较详细的评论,见黄平、崔之元:《中国与全球化:华盛顿共识还是北京共识》,社会科学文献出版社,2005 年版;Stefan Halper, *The Beijing Consensus: How China's Authoritarian Model Will Dominate the Twenty-First Century*, New York: Basic Books, 2010。

③ 俞可平:《"中国模式":经验与鉴戒》,见俞可平、黄平、谢曙光、高健主编《中国模式与"北京共识"——超越"华盛顿共识"》,社会科学文献出版社,2006 年版,第 12 页。

④ 潘维、玛雅:《人民共和国六十年与中国模式》(序),北京三联书店,2010 年版,第 6 页。

的领域,是在'国家政权、国民经济、民间社会'三大块连接界面上的",它的三大基本支点为"核心的列宁主义,具有中国特色的社会控制系统,受政府支配的市场经济"。[①] 欧美同学会副会长、中国与全球化研究中心主任王辉耀教授则认为中国模式的特点主要体现在六个方面:① 政府强势和集中高效;② 对外开放和学习其他模式的成功特质;③ 不断修正的形式;④ 较强的务实性与较快的适应能力;⑤ 渐变发展过程,稳定国内局势;⑥ "人口红利"和"出口导向型"经济。[②]

本书并非研究中国模式自身的特征和演变,也无意直接参与相关的学术辩论,而是尝试将有关中国模式的讨论置于三个相互交错的时间和空间架构之下,从历史性(historicity)、族群性(ethnicity)和跨国性(transnationality)的角度来理解当代中国模式,并从网络论和区域的视野来审视中国模式的外延和演化环境。

本书的第一个视角是历史性,注重历史的视野和经验来理解当今世界的变化。虽然有关中国模式的辩论是改革开放30多年来的直接产物,但实际上在新中国成立后的头十多年间,海内外对中国的发展道路和经验就展开了许多争论。在20世纪50年代,新中国经济的快速发展和社会的进步引起了许多第三世界国家的兴趣。有关中国模式——虽然那时还没有这个词汇——成为当时政治家、学者、公共知识分子争论的议题,其着眼点在于政治制度与经济发展的关系、国家的作用、社会控制与自主性、文化与知识在"国族"建构中的角色等,与今天我们所看到的有关中国模式的争论并无根本性的差异。此外,与中国今天积极推动软实力的建构相类似,在50年代,中国政府就通过文化外交和民间外交等方式推动其他国家对中国的理解和认识,积极塑造正面的中国形象,并尝试将中国经验推广和运用到其他第三世界国家(尤其是东南亚新兴独立国家)。本书的第二部分"跨界亚洲的历史性和流动性"分析了中国同印度尼西亚、新加坡和马来西亚的多元互动事例,以彰显东南亚国家和社会对新中国成立头十多年的社会发展和经

---

① 丁学良:《辩论"中国模式"》,社会科学文献出版社,2011年版,第10—11,61页。
② 王辉耀:《中国模式的特点、挑战及展望(代序)》,见王辉耀主编《中国模式——海外看中国崛起》,凤凰出版传媒集团,2010年版,第1—10页。

济变化的认知。这些认知有些是建立在中国道路的现实基础上的，有些则被加入了想象和美化的因素，但都是从不同角度解读中国发展道路的经验，以及对亚非国家的启示。这些认知有助于我们历史地、全面地看待今天世界的"中国热"，以及如何受到相关国家内部政治和文化影响的。

本书的第二个视野是族群性及其相关的网络论，它所关注的并不是中国内部的族群关系，而是将中国的重新崛起置于"华人世界"（Chinese-speaking world）的大架构内。居住于中国大陆、港澳台地区的中国人，以及海外华人构成了笔者所提出的"跨界中国"（Transnational China）和华人族群性的有机组成部分。必须强调，海外华人对跨界中国的参与在人数上和规模上都很有限，其活动场域主要还是局限于同中国相关的经济和文化领域，海外华人的政治和身份认同主要是在其各自居住的国家。但是，如果不谈海外华人对中国30多年来经济腾飞的作用（这在几乎所有有关"中国模式"的论述中都被忽略了），我们就无法理解中国道路的特色和内涵。从1979年到1997年，超过2/3流入中国的外资来自于海外华人。10多年来，60%的外国直接投资由华裔引进，他们在华的公司占在华外国企业的70%。[1] 2008年一项有关侨资的调查指出，虽然2006年和2007年中国的外资分别减少了5.75%和8.69%，但华侨华人在大陆的投资却分别增加了3.8%和2.1%，侨资在总体外资中从占52.3%（2005年）增加到63.5%（2008年）。[2] 一些学者通过对外贸易领域的统计学分析，发现在东南亚华人人口较多的国家，华人网络对推动双边贸易贡献了60%的份额；海外

---

[1] David C. Kang, *China Rising：Peace，Power and Order in East Asia*，New York：Columbia University Press，2007，pp. 6，135；谭天星：《新形势下侨务工作战略意识的再认识》，载《中国党政干部论坛》，2009第1期。

[2] 龙登高等：《中国侨资企业发展年度报告2008年》（北京，2009），第1—2页。

华人也直接推动了居住国与中国的贸易和投资联系。[①] 近年来,包括新移民在内的华侨华人成为中国高端专业技术人才的主要来源,他们在创新型国家的建立和中国走向世界的过程中扮演了举足轻重的作用。进入 21 世纪后,华侨华人对地方社会(尤其是华南)经济和社会发展的影响仍然十分显著。例如,排名于福建百强镇榜首的陈埭镇仅有 38.4 平方千米的土地,但却容纳了 3 000 多家制鞋企业和配套企业,诞生了像安踏、361°、乔丹、贵人鸟等知名品牌,2009 年为全世界生产了 6.5 亿双鞋子,被誉为"中国鞋都"。海外华人以及社会和商业网络是陈埭成功故事中一个不可忽略的因素。[②]

中国政府对华侨华人在中国当代经济和社会发展中的重要性有着明确的认识。邓小平早在 1993 年就指出:"中国与世界各国不同,有着自己独特的机遇。比如,我们有几千万爱国同胞在海外,他们对祖国做出了很多贡献。"[③]据统计,当前世界上的华侨华人多达 4 500 万人,他们虽然大多数已成为出生国或居住国的公民,但仍保留着不同程度的中华文化情结以及与中国的联系。改革开放之后出国的新华侨华人(新移民)有 600 多万人,其中许多人接受过良好的教育,是学有所成的专业人士,不少人还保留了中国国籍。全国政协副主席、致公党中央主席万钢在 2009 年 12 月说,世界上没有一个国家像中国这么重视在国

---

① James Rauch and Victor Trindade, "Ethnic Chinese in International Trade", *Review of Economics and Statistics*, vol. 84, no. 1, 2002, pp. 116—130; Rosalie Tung and Henry Chung, "Diaspora and Trade Facilitation: The Case of Ethnic Chinese in Australia", *Asia Pacific Journal of Management*, vol. 27, 2010, pp. 371—392; Liu Hong, "Beyond a Revisionist Turn: Network, State, and the Changing Dynamics of Diasporic Chinese Entrepreneurship", *China: An International Journal*, vol. 10, no. 2, forthcoming in December 2012.

② 有关的初步分析可参见李天赐:《陈埭丁氏华侨的爱国爱乡传统及其展望》,见《陈埭回族史研究》,中国社会科学出版社,1990 年版,第 337—345 页。笔者目前参与日本神户大学王柯教授主持的、由日本 SUNTORY 文化财团资助的跨国科研项目"中国沿海穆斯林社区的'公共空间'研究——原理、类型、关系",将对陈埭发展模式中的族群性、宗族性和跨国性等问题作更深入和具体的探讨。

③ 国务院侨务办公室、中共中央文献研究室:《邓小平论侨务》,中央文献出版社,2000 年版,第 47 页。

外侨民，也没有一个国家的侨民这么爱国。①

本书认为，海外华人及其网络是理解中国模式的内涵、特征及其局限性（如过分依赖投资和出口）中不可或缺的一环。海外华人的作用既有由外及内（如通过投资、贸易和知识转移），也有由内及外（如作为改革开放产物的新移民走向世界），他们还通过网络建构，与国家（中国及居住国）展开多维度的互动。与此同时，海外华人社会内部的多元性和复杂性也日益明显，无论是新移民与本土出生的华人之间，还是新移民内部，都有不同的认识和联系。② 本书相当多的篇幅用于分析海外华人研究的谱系、理论与方法，并通过历史的和当代的个案，凸显海外华人同中国关系的多重性和复杂性，进而希冀直接或间接地加深对中国模式的内核与外延的认知。

网络论是本书采用的主要研究手段（详见第一、第三章），这一选择也是同近期国际学术界的最新理论研究趋势相一致的。近30多年来，网络研究获得了日益广泛的重视。以国际社会学界最著名的学术刊物《美国社会学评论》及《美国社会学杂志》为例，以"网络"作为关键词的论文从 1.2%（1980 年）增加到 2.2%（1990）、7.8%（2000）和 11.6%（2005）。经济学家马修·杰克逊（Matthew Jackson）指出："由于其多

---

① http://www.gqb.gov.cn/news/2009/1208/17425.shtml。详见刘宏：《华侨华人与中国公共外交》，载《公共外交》（季刊），2010 年 3 月（创刊号）。

② 笔者近一年来对此现象的研究成果包括：Liu Hong, "An Emerging China and Diasporic Chinese: Historicity, the State, and International Relations", *Journal of Contemporary China*, vol. 20, no. 71, November 2011, pp. 856—876; Liu Hong, "LaluLintas Budayaantara Cinadan Indonesia", in Jennifer Lindsay and Maya H. T. Liem, eds, *Ahli Waris Budaya Dunia; Menjadi Indonesia, 1950—1965*, Jakarta: KITLV-Jakarta; Denpasar: Pustaka Larasan, November 2011, pp. 148—168; Liu Hong, "Transnational Chinese Social Sphere in Singapore: Dynamics, Transformations, Characteristics", *Journal of Current Chinese Affairs*, vol. 41, no 2, July 2012, pp. 37—60; Wu Bin and Liu Hong, "Bringing Class Back In: Class Consciousness and Solidarity among Chinese Migrant Workers in Italy and the UK", *Ethnic and Racial Studies*, forthcoming; Zhou Min and Liu Hong, "Changing Patterns of Immigration and Diaspora-Homeland Interactions: Contemporary Chinese Immigrants in Singapore and the United States", unpublished manuscript;刘宏：《新加坡的中国新移民形象：当地的视野与政策的考量》，载《南洋问题研究》，2012 年 6 月第 2 期；「近代中国の南洋観と越境するアジア像—「南洋群島商業研究会雑誌」を中心に」，见松浦正孝主编『アジア主義比較研究』，京都：Minerva，2012 年 12 月。

学科特征,网络研究是一个激动人心的领域。我们很难想象有哪些其他学科能吸引到这么多学者的关注,并能被应用到诸多领域之中。"①本书以华人世界为核心的实证研究,从一个角度佐证了他的论述,同时也彰显了历史、文化和机构的重要性。

本书第三个视野是注重跨界亚洲的理念与实践,将中国道路、华人世界同海洋亚洲以及其他跨界机制有机地联系在一起。"跨界亚洲"(Transnational Asia)的概念是笔者在对亚太区域的当代状况和社会科学范式变迁的理解的基础上提出来的,它也是笔者在 10 年前提出的"中国-东南亚学"及"跨国华人"两个概念的修正和发展。②如果说笔者过去的研究是把中国和东南亚视为具有内在和有机联系的"接触区"的话,跨界亚洲则将灵活性的地理空间(flexible geography)扩充到整个东亚(包含东南亚)以及海洋亚洲(参看本书第三章),其核心内涵是机构、群体和个人在跨越民族国家疆界过程中所形成的观念、认同、秩序、模式,以及亚洲现代性(Asian Modernity)。从这个意义上说,"跨界亚洲"并非仅仅是一种开放性的地理和文化空间,它同时也提供了一种理解全球化和区域变迁的新路径和新视野。它以历史性,以及网络、移民、跨国场域下社会与国家的互动,市场与组织、跨国婚姻、跨界企业家精神等不同的机制和想象为主要着眼点,注重其在制度上、文化上和空间上的相互联系。笔者认为,正是这些互为影响的节点和连接界面构成了跨界亚洲的精髓,并成为理解中国模式、华人移民,以及亚太国

①　Mark Rivera, Sara Soderstrom and Brian Uzzi, "Dynamics of Dyads in Social Networks: Assortative, Relational, and Proximity Mechanisms", *Annual Review of Sociology*, vol. 36, 2010, pp. 91—115; Matthew Jackson, "Networks and Economic Behavior", *Annual Review of Economics*, vol. 1, 2009, pp. 489—511.

②　刘宏:《中国-东南亚学:理论建构·互动模式·个案分析》,中国社会科学出版社,2000 年版;刘宏:《跨国华人:实证分析与理论思考》,载《二十一世纪》,2002 年 6 月号。对笔者所阐述的这两个概念的若干介绍和评论,参见郑一省:《一部研究中国与东南亚问题的有创见性力作——评〈中国-东南亚学〉》,载《世界历史》,2002 年第 2 期;曾玲:《研究和建构中国与东南亚之间的"接触区"——评刘宏〈中国-东南亚学〉》,载《北京大学学报》,2003 年第 2 期;项飚:《跨国华人》,载《读书》,2005 年第 2 期;吴前进:《中国跨国移民的研究与进展》,见上海社会科学院世界经济与政治研究院编《后冷战时代欧亚国际关系的演进》,时事出版社,2011 年版,第 220—246 页。

际关系的重要因子。

中国模式的产生和发展与跨界亚洲在经贸、制度和文化上有着不可分割的联系。亚洲区域内部经济活动占东亚总体贸易中的比例已由 20 世纪 70 年代末的 20％增加到 50％。① 进入 21 世纪以来，中国与东盟的贸易每年以 30％的速度增长，中国已成为东盟第三大贸易伙伴②，目前已是日本和韩国的最大出口国。中国与周边国家的经贸和政治关系通过诸如东盟"10＋1"、中日韩三国首脑峰会、中国-东盟自由贸易区、博鳌亚洲论坛等机制获得进一步的制度化安排。在文化和教育领域，韩国留学生多年来始终占在华外国留学生的比例最大。从 2008 年起，华人移民日本已超过韩国和朝鲜移民，成为日本最大的移民群体。在日华侨华人同时也是中国大陆最为积极的华裔投资者和企业家；每 1 万名日本华侨华人中就有 28 人会在中国投资或创业。③ 在教育领域，从 1978 年起的 30 多年间，赴日留学的人数为 15 万，其中归国人员有 3 万，毕业后留在日本的约占总数的 14％。对于这个群体，研究者有个"百千万的大致估计"：即大学校长、政府的司局长等级别的人才数以百计，大学教授、副教授，以及获得博士学位者数以千计，归国者总数以万计。这样的一个群体是能够有效地促进中国社会发展，增进中日关系的理解与交流的，是沟通中国与世界的重要社会资源。④ 所有这些（以及本书中相关的事例）都凸显了亚洲（尤其是东亚）范围内日益扩大和深化的联系与交流；它们不仅是跨界亚洲的重要组成部分，而且对中国模式的形成与演变都有着不可低估的意义。

最后，必须说明的是，虽然本书的主要研究对象是网络与国家在跨国场域的互动和共生，但它也直接或间接地涉及国际关系及其在跨界

---

① Dilip K. Das, "A Chinese Renaissance in an Unremittingly Integrating Asian Economy", *Journal of Contemporary China*, vol. 18, no. 59, 2009, pp. 321—338; Hidetaka Yoshimatsu, "The Rise of China and the Vision for an East Asian Community", *Journal of Contemporary China*, vol. 18, no. 62, 2009, pp. 745—765.

② ASEAN Secretariat, "ASEAN-China Free Trade Area: Not a Zero-sum Game", 7, Jan. 2010, http://www.aseansec.org/24161.htm.

③ 《中国侨资企业发展年度报告 2008 年》，第 163 页。

④ 廖赤阳：《大潮涌动：改革开放与留学日本》，社会科学文献出版社，2010 年版。

亚洲中的地位。例如,笔者通过对最近几年来解密的中国外交部档案,对传统的国际关系论题(如冷战时期的中印尼关系),以及公共外交在中国对外政策中的作用进行了梳理。本书还初步地尝试将国际关系理论中的"建构主义"学派引入实证分析之中,重新解构国际移民同国际关系的多元而复杂的联系,进而加入近年来学术界进行的"建立具有中国特色的国际关系理论"的讨论。从某种意义上说,建构国际关系中的"中国学派"的努力可以说是不断演变的"中国模式"的一个缩影①,因为它们都注重中国特色及其域外影响力。笔者希望,本书有关网络、认同、移民、历史性、跨国性等理论讨论,以及在华人世界的实践,或许能提供一些超越传统的国际关系思维的新思路,进而反思以民族国家为主导的社会科学理论体系。

---

① 美国战略与国际问题研究中心"巧实力委员会"在 2009 年 3 月发表了一份报告,总题为《中国的软实力及其对美国的影响》,其中一篇文章分析了国内学者对中国模式与软实力建构的关系的看法。Bonnie Glaser and Melissa Murphy, "Soft Power with Chinese Characteristics: The On-going Debate", in Carola McGiffet, ed., *Chinese Soft Power and Its Implications for the United States*, Washington, DC: Center for Strategic and International Studies, 2009, pp. 10—25.

Ⅰ 理论与方法论的探寻

第一章
网络、国家与亚洲地域秩序
——现代华人研究之批判性反思

一、引言：网络与国家的错位和定位

有关广义的东亚（欧亚大陆东部地域沿海、半岛及岛屿，包括东北亚与东南亚，相当于海洋亚洲的概念）区域经济发展，以及全球化浪潮中的华人网络之讨论已持续了 20 多年。本章尝试通过探讨东亚地域间商贸网络的形成和发展，进而讨论网络与市场、社会与国家、地方化与全球化的互动关系。本章对网络的相关讨论围绕着"网络与国家"和"地方化与全球化"这两个方面展开。

第一，网络与国家。民族国家通常被加以三种诠释：① 作为民族意义上的国家——Nation；② 作为地理意义上的国家——Country；③ 作为政治意义上的国家——State。与此相比，网络虽然并不是对抗的，但是显然在上述三个层面上都表现出相反的特征。首先，网络往往是建立在"原生性认同"（primordial identity）基础上的，构成华人网络的一些基本资源，是地缘、血缘、业缘、神缘、学缘或族群等关系，而国民身份认同对于华人网络并不具有决定性意义。其次，主权与国境对于网络似乎没有特别的意义，因为网络空间恰恰是以越境和跨国的横向联系为特征的。最后，相对于制度、权力体系和上层建筑，网络更多地属于社会空间，形成与运作于民间社会，有时甚至被称为"非国家空间"。

日本学者滨下武志将网络定位于组织与市场之间，这一观点有助于了解网络和国家的关系。如果在理论上将市场看作一个任何人都可以自由进出的开放型交换的体系,那么,组织就具有排他性、均质性与阶层性的垂直结构,而网络恰好位于这两者之间,网络的中心性越强就越接近组织,反之则越接近市场。① 在历史上,国家与网络或是发生摩擦冲撞,或是寻求接近与协调,这种关系在不同地域和不同时期,以不同方式深刻影响了 19 世纪以来华人史研究的展开。

第二,地方化与全球化。王赓武教授认为,从中国的学术与政治传统来看,"地方就是指中央以下的行政区"。而从海外华人研究的角度看,地方是不同的侨乡,或是以相对于中国的聚居地本土,或是不同类型的华人居留地,不同类型的华人社会以及华人所处的不同社会。其重要意义在于具有各自的"独特性"②。而全球化的一个解释是"日常生活体验在全球水平上的标准化过程,它以商品和观念的扩散为特征"③。从 20 世纪后期至今,两者的同步化趋势越来越明显。一方面,全球化带来了资本主义世界市场、文化与信息消费的世界一体化和均质化;另一方面,被垂直纵向统合到民族国家中的地方特征和地方自主性随着全球化过程迅速复苏。全球化凸显与重塑了地方性,而地方性往往成为全球化的推动力。这一同步过程被称作全球-地方化(glocalization)。

日本从 20 世纪 60 年代后期起就开始了结合地方历史、自然与文化资源的社区营造运动。通过"传统创造"(creation of tradition)表现出来的地方特性的复活趋势伴随着全球化进程,在谋求地域市场网络形成和观光产业发展的东亚各地都可以看到。薮野佑三将此定义为"地方主导"(local initiative),他认为这意味着将国家相对化,以地方为核心,创造与产生跨越国境的历史、文化、生活和政治之新空间。④ 90

---

① 滨下武志:『アジア研究のなかの華僑研究』,见飯島涉編『華僑、華人史研究の現在』,東京汲古書院,1999 年版,第 323—343 頁。

② 王赓武:《海外华人社会与地方史文献》,见刘宏、黄坚立编《海外华人研究的大视野——王赓武教授论文选》,新加坡八方文化出版公司,2002 年版,第 345—353 页。

③ James Watson, "Globalization and Culture", in *Encyclopedia Britannica*, 16th print edition, 2002.

④ 薮野祐三:『ローカルイニシアティブ——国境を越える試み』,東京中公新書,1995 年版,第 7—8 頁。

年代以来,中国积极扮演华人网络的组织者和推动者的角色,主办了各种华人团体的世界联谊会议,其中大部分是由各地方政府参与主办的世界性同乡大会和宗亲大会。华人的地缘与血缘团体也纷纷建立起世界性组织网络,这些地方性和原生性认同以全球化为动力走向全球化。[①]

　　如果以国家(A)和网络(B)作为纵轴的两极(A,B),而以地方(C)和全球(D)作为横轴的两极(C,D),那么,A 极朝向组织,制度化和垂直统合,B 极则朝向网络、非公式化和横向社会与个人联系;C 极朝向本土、传统和原生性认同,D 极朝向流动、离散和均质化。由这个坐标所构成的四个象限,分别和中央与地方(A,C),地方与网络(B,C),国家与全球化(A,D),网络与全球化(B,D)的诸问题相对应,如图 1-1 所示。

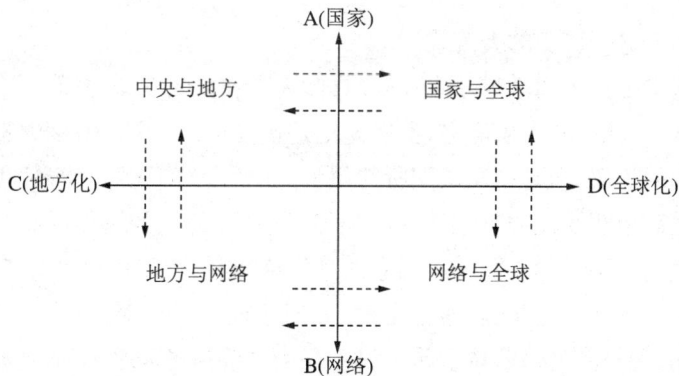

图 1-1

　　本章并不试图从与民族国家论相对的角度来建构华人网络论,而是试图通过切入两者的相互关系,提供跨越以往的华人网络论的思考维度。换言之,我们并不执意强调在国家与社会、地方与全球、市场与文化、组织与网络、正规与非正规等某一范畴内两者择一,也不将它们视为非此即彼的二元对立的零和游戏(zero-sum game),而是关心这

---

　　① 详见刘宏:《旧联系、新网络:海外华人社团的全球化及其意义》,见刘宏著《中国-东南亚学:理论建构·互动模式·个案分析》,中国社会科学出版社,2000 年版,第241—265 页。

些彼此依存着的要素之间相互交错和联系的机制与条件。尽管对网络的理解是多样化的,但我们共同关心的是如何寻求网络与国家的共生,以及在地方-全球化背景下网络与社会、市场的互动作用的问题。这不仅仅关系到某一特定族群的安全与发展,而且也关系到广义的东亚区域的可持续发展与社会平衡。

二、华人研究的中心与边缘

作为一种分析架构而非纯记叙性符号的海外华人或华侨华人研究,主要成长、壮大于 20 世纪(为行文简洁,除特定的场合外,以下均使用华人这一泛称),这一世纪同时也是民族国家走向全盛(但也开始逐渐式微)的时期。国家与民族构成了历史建构的基本单元,并由这些基本单元之总和构成了世界史的大厦。近一个世纪以来的华人研究,正是脱胎于这一历史的大范式。[1]

国史框架下的学科基本建构,具体表现在以下三个方面。

其一,就研究对象而言,虽然无论是就其称谓,还是内涵和外延,都有很大的争议,但是华文语圈所使用的"华侨"、"华人"、"华裔"由于其含义之简单明快而被普遍接受。显然,这是以特定的民族国家为圆心而构成的多层次同心圆——圆心内是华侨(制度范畴)、圆周是华人(文化范畴)、圆周外是华裔(自然范畴)。对于同一研究对象群体,之所以以不同标准加以区别,特别是不得不强调华侨与华人之不同,更凸显了国民、国家在相关研究中的敏感性和重要性。

---

① 以 20 世纪 70 年代以来在中国、日本和美国出版的几部经常被使用到的目录索引为例,其体例编成大致分为总论、综合研究以及各国别研究。国别研究下再细分为政治、经济、文化、教育等专题。这客观地反映了这门学科的基本结构,而各种国别华侨史也是沿着这一思路形成的。Joseph-John Nevadomsky and Alice Li(eds.),*The Chinese in Southeast Asia:A Selected and Annotated Biography of Publications in Western Languages*,Berkeley:University of California Center for South and Southeast Asia Studies,1973;曾依萍、陈丽娘:《华侨华人问题研究文献索引(1980—1990)》,厦门大学出版社,1994 年版;福崎久一编:「華人·華僑関係文献目録」,東京アジア経済研究所,1996 年版;徐斌:《华侨华人研究中文书目》,厦门大学出版社,2003 年版;徐斌:《东南亚与华侨华人研究论文索引(2001—2005)》,厦门大学出版社,2006 年版。

其二,就横向的空间分布而言,华人研究被人为地划分为各个国别华人研究,以此为基干,向上延伸,统合为某一特定区域的华人史(如东南亚华人史,或东南亚华人经济、教育等专题研究),乃至世界华人通史。向下细分,衍化出国别华人经济、文化、教育等专题研究。在此基本架构下,培养了为数众多的国别华人研究及国别华人专题研究的专家。

其三,就纵向的时序结构而言,最重要的时代分期,被设定在 20 世纪 40 年代后期至 50 年代初期,因为这是区别华侨还是华人的分水岭。不过无论华侨还是华人,都是以其民族国家指向性为根据的。前者为中国导向,而后者为新兴民族国家导向。

不过,在最近的 20 多年中,上述传统模式,无论在东亚(含东南亚)历史还是在现实方面,均受到了严峻的挑战。而周缘模糊且极具可塑性的网络论,恰恰成为挑战以国家史观为中心的、境界分明的华侨华人史观之利器。不过,网络论的泛滥,显然又导致了理论空洞化的危机,而且,有关的研究中产生出诸如网络还是组织、制度还是非制度、地域还是国家、海洋还是陆地、膨胀还是收缩等对极化的两分模式。

在所谓的全球化和信息化时代,华侨华人的研究范围也急剧扩大化和多样化了。一方面,国家受到地方化与全球化的双重冲击,另一方面,民族国家、民族主义反而与地方意识、族群认同与宗教精神等一道被强化。包括资金、人口、技术、资源、文化、犯罪在内的频繁而又大规模的移动和再移动,构成了全球化的场景。与此同时,中国自身的"华侨化"在急剧进行,国内人口的频繁移动,跨越边界的移民社区之形成,使得研究中国本土足以成为研究海外华人移民社会的一个范本。这一情形是 20 世纪 60 年代西方学者试图通过海外华人研究解读中国本土的历史"胶片"之反转。[①] "离散"的时代,所谓的华人研究范围越来越

---

① William Skinner (ed.), *The Study of Chinese Society: Essays by Maurice Freedman*, Stanford: Stanford University Press, 1979. 有关近一世纪来海外华人研究的范式变迁,可参看叶春荣:《人类学的海外华人研究:兼论一个新的方向》,载《中央研究院民族学研究所集刊》,1993 年春季号,第 171—201 页;Liu Hong, "Introduction: Toward a Multi-dimensional Exploration of the Chinese Overseas", in Liu Hong (ed.), *The Chinese Overseas*, London: Routledge, 2006, vol. 1, pp. 1—30 以及本书第二章。

广,其问题意识和研究课题也越加分散。从边界的日益模糊,甚至是消失的危机中,产生了寻求新的中心性整合和学科"勘界"的强烈动力。有关建立华侨华人学的各种构思正是在这种背景下产生的。① 不过,这一努力有可能导致中心的确立和强有力的边界主张,这将使华人研究失去其边缘性、多缘性、流动性与可变性。② 笔者认为,所有这些,其实正是这一研究对象的基本特征和研究意义之所在。

三、网络批判与"找回国家"

20世纪70年代以来,亚洲"四小龙"及中国大陆等地的经济成长举世瞩目,而支撑着上述地域经济成长的基因与其说来自传统的国民经济体系内的基干产业,毋宁说是与市场经济密切相关的出口加工、投资及地域间的人口、信息、资本、物资、资金流动的活性化。但上述地域的经济活力已不仅来自于美国及日本这两个域外注入的能量,更主要的是来自于各地域内部自发的能量。华人资本正被视为这一内在能量的集散中心。而且,亚洲地域的华人经济活动,是构成全球化活动的重要一环。对于亚洲的经济成长,继80年代盛行的儒家伦理这一价值"软件"之后,90年代,韩格理(Gary Hamilton)等人试图以华人网络论作为社会结构与行为方式与观念的"硬件",以网络为中心来研究不同于欧美企业类型的华人企业、经济及其社会活动,并进而构筑亚洲型资本主义框架。此后,围绕着华人网络及其所处的不完善的市场经济等外在环境,以及被称为裙带资本主义(Crony Capitalism)等内在特征,对于亚洲经济发展的功罪问题,论争激烈。而这一问题不仅局限于对当时亚洲现状的认识,更涉及对亚洲历史认识的深化。

研究坐标的重大转换产生于20世纪80年代初,滨下武志等人从后来被称为"亚洲交易圈"理论的视角,掀起了亚洲历史研究的新一轮

---

① 『特集 華僑華人研究の視座と方法——華僑学の試み』,载『中国 21』,2003年第17卷(2003年11月),第3—26页。

② 滨下武志:『21世紀の華僑・華人研究——研究動向と新たな課題』,载『華僑華人研究』,2003年創刊号,第3—26页。

风暴。① 尽管相关的研究对象、理论与方法十分广泛而又多歧,但是它们具有四个方面的共同性。

首先,试图将国民、国家相对化。以地域及被设想为地域间移动与交流的媒介领域的"域圈"分析来取代国家分析,随之而来的是,空间秩序比近代论的时序列受到更多的重视。其次,基于对西方中心史观的反思,正面挑战西方冲击与亚洲反应模式,并从亚洲历史的连续性、自律性的脉络出发,重构近代亚洲与欧洲关系之历史。第三,主要的研究对象,既不是象征近代化的产业资本,以及由此发生的生产、制造过程,也不是扮演亚洲传统生活秩序的农民与小农社会,取而代之的是商业和流通领域,以及作为它们的主体之商人与商号,这些昔日的历史配角(乃至于反角)成为了主角。最后,海洋不再是陆地的边境,而成为整合地域关系能量的会聚与转换的中心。不同的政治、经济、文化要素在海域碰撞、交会,而陆域则通过港市或开港口岸被连接成有机的网络。这些开港口岸既是地域经济的中心,也是地域间交流的中继地。②

笔者认为,无论在历史还是现状研究中,还需要更多有关华人网络的实证性研究来支撑,并进而同主流学术界建立平等和有效的对话机制。由于网络论作为比喻或分析架构的方便、有效与弹性,使之在短期内迅速泛滥;华人网络已成为一个约定俗成的词汇。虽然,对近代组织论之超越是网络论的重要命题,然而今日,似乎所有组织、集团内部关系,以及组织间关系的领域均被理所当然地纳入网络的范畴。随着网络的泛化,其理论内涵的空洞也随之产生。

对于网络究竟属神话还是现实的种种批判,主要可以归纳为以下四点:

---

① 有关亚洲交易圈理论及相关主要论述之综合评述,可参考古田和子:『補論 "アジア交易圈"論とアジア研究』,同著『上海ネットワークと近代東アジア』,東京大学出版会,2000年版,第201—220页。近年来从海洋史的研究角度分析亚洲的重要著作包括杨国桢主编的《海洋与中国》丛书,江西高校出版社,1998年版,以及台湾"中央研究院"中山人文社会科学研究所主编和出版的《中国海洋发展史论文集》,迄今为止已出版了9卷。

② 参见沟口雄三、浜下武志、平石直昭、宫嶋博史等:『アジアから考える』七卷本丛书,東京大学出版会,1993—1994年版。有关的中文评述可参见孙歌:《亚洲意味着什么——文化间的"日本"》,台北巨流,2001年版。

第一，出于未必是学术的但却是现实的顾虑，担心会引起扩张主义的联想，或极力否认华人网络的存在，或有意淡化其功能。相似的观点，也见诸对于中国、大中华经济圈理论或构想的批判。显然，其基本出发点依然是国家中心论，同时也如实地反映了国家与网络命题的敏感。

第二，作为一种以越境和流动与联系为特征的分析框架，网络自身常常是模棱两可的，既难以形成某种较为具有明确共识的理论框架，也难于进行诸如强弱度等的测量或定量分析。

第三，诸如信用、关系等人际关系模式，并非华人所独有，因此，至少是没有理由将华人网络作为一种理论和方法加以特殊化。

第四，片面强调人际关系、社会结构、行为模式，或文化、认同、市场的内在机制，而忽略了国家、制度、法律体系等外在环境对网络的制约。

所有的批判由于 1997 年亚洲金融危机的发生而显得更具威力。的确，网络论的原点之一是尝试将民族国家等制度性要素相对化，现在，如何"找回国家"(bring the state back in) 这一点恰成为网络论自身的重要课题。

回顾学术史，网络对国家的困惑，同时也是一个世纪以来华人史研究的基本困惑。20 世纪以来，华人研究动用了政治、经济、社会、历史、人类学等几乎所有人文与社会科学领域的"积蓄"，但是其问题的焦点基本上还是集中于华人经济与身份认同这两个方面。前者涉及：发生地及移居地的社会经济背景、移民问题、侨汇、投资、金融组织、华人资本的形成及其经济成分、经济属性、经济规模等分析，以及对华人社会与企业组织、经营，商业网络等研究。而后者包括了国籍问题、民族主义、族群、地缘、血缘观念与儒家伦理、同化与融合、华侨华人政策、多文化主义和多文化社会建构，以及其他各种文化理论。①

这两个问题，同时也历史性的表现为地域网络与国家认同之间的对话与抗衡。从历史上看，华人的经济活动往往表现出地域、网络和跨国等基本特征。对于以陆域为中心的垂直统治秩序而言，常常构成棘

① 就华人史的研究来说，一般是按历史、社会、经济、文化、教育等领域来整理和分类的，笔者在此并无意建构一个取代的分类体系，只是试图指出横贯于这些研究领域中具有共性的问题意识之所在。

手的敏感问题,并成为一种潜在的挑战。同时,华人的通商网络,作为支撑着朝贡贸易体系的基础构件,不能不受到陆权中心的海洋政策及东亚国际体系的制约。另一方面,认同是随着民族国家形成及依照西方国际体系原理展开的外交交涉过程而登上历史舞台的。① 虽然,历史上形成的认同意识表现出极为多重与多元的选择性,但是其核心是围绕着民族国家形成及族群定位为中心而展开的。因为,使华侨认同意识浮上水面的主要历史契机,始于 19 世纪后期的中国民族主义和民族国家形成期,而华人意识的胎动,则主要产生于 1945 年以后东南亚民族国家的诞生期。如果说,多重认同理论,为新的国民身份下的族群文化与经济定位提供了可能,那么,认同的文化分割理论,则试图为全球化场景下的认同找到根据。②

卡斯特(Manuel Castells)认为,在一个急剧变化和失控的世界里,认同,特别是原生性认同成为主要的甚至是唯一的意义来源,而抽象普遍的工具主义的全球网络,将选择性地接通或切断与个体、群体、区域或国家的联系。社会是逐渐依据网络与自我的两极对立而建构的。③那么,包括超越国家史观在内,华侨华人的网络和认同的历史经验,是否有可能提供两极对话、沟通、联系,或形成中间领域的可能,或使这个日渐不确切的世界更加分裂? 对华侨华人史的这些思考,或许有助于我们了解现在世界的状况。

---

① 参见庄国土:《中国封建政府的华侨政策》,厦门大学出版社,1989 年版。Eric Hobsbawm, *Nations and Nationalism since 1780*: *Programme*, *Myth*, *Reality*, Cambridge: Cambridge University Press, 1990.

② 王赓武:《东南亚华人身份认同之研究》,见王赓武著《中国与海外华人》,香港商务印书馆,1991 年版,第 233—262;王赓武:《再论海外华人的身份认同》,见刘宏、黄坚立主编《海外华人研究的大视野与新方向》,新加坡八方文化出版公司,2002 年版,第 97—118 页;モーリス=铃木,テッサ:『文明の終焉——"原理主義"との闘いの始まり』,载『世界』,1995 年第 608 号,第 101—112 页。

③ Manuel Castell:《认同的力量》,夏铸久、黄丽玲等译,台北唐山出版社,2002 年版,第 6—77 页。

四、网络与国家中的华人史时序列

华侨华人史存在各种分期法，无论哪一种，都将 20 世纪 40 年代后期至 50 年代作为一个最大的分水岭——此前为华侨时代，此后为华人时代。这已成一种"定论"。这个分期点恰好位于新中国成立时期，以及东南亚民族国家独立时期，从国家史观来看无疑是合理的。不过，如果从国家与网络的历史关系来看，华人史或许可以分为以下四个时期。

（1）19 世纪中期之前的漫长历史时期；

（2）19 世纪后期至 20 世纪 40 年代；

（3）20 世纪 50 年代至 70 年代中期；

（4）20 世纪 70 年代中期至现在。

上述四个时期画出了一个历史的圆弧。到亚洲近代开港之前是第一期，其主旋律是亚洲区域内的传统贸易的形成与演进。华商与印度、阿拉伯商人等共同支撑了亚洲地域的传统通商网络，西方商人则参与其中。在第二期中，伴随着资本主义世界市场的扩大和劳动力市场的重组，华侨移民大量出现，形成了东南亚等地发达的华侨社会。从 19 世纪末到 20 世纪 40 年代，是中国民族主义形成的高潮期。这一时期的华侨经济有效地利用了西方和近代的要素而获得了发展，以血缘、地缘等关系为纽带而形成的华侨通商网、金融网、移民网、信息网跨越国界，在与殖民地统治体系不同原理的层面上提供了东亚、东南亚地域整合的内在能量。在第三期中，随着新兴民族国家的诞生和经济民族主义的抬头，华人认同从中国向所在国转化，华人经济也作出了"整编"进入当地国民经济框架的战略选择，以此来谋求自身在民族资本中的定位。1975 年，随着菲律宾华人国籍问题的解决，华人化的法律过程终于完成。在马来西亚和印度尼西亚等国华人也大多入籍居住国。第四期，70 年代后期至 80 年代，以中国的改革开放和东亚、东南亚经济的高速发展为背景，华人资本开始了新的国际化。90 年代，支撑着东亚、东南亚高度成长的原动力之一是旺盛的直接投资，而直接投资的扩大

又带来了贸易的扩大。华人的多国籍企业与日本、欧美企业一道成为亚洲区域内资金循环的重要"能源",其不但刺激了投资地的经济成长,也促进了跨国生产、销售网络的形成,加速了亚洲经济与世界经济的统合。①

传统研究强调的是上述第二、第三期的差异。不过,对于贯穿 19 世纪后期至 20 世纪 70 年代的这两个时期的共同特征是民族国家导向的 100 年。该时期恰与亚洲民族主义及民族国家的兴起相重合,其前期表现为中国导向,后期表现为居住国导向,但是在华人寻求民族国家的历史定位这一点上是相同的。而第一期和第四期具有共同的特征,后者可以说是新的历史条件下对前者历史基因的复活和扩大。改革开放后中国经济的活力,包括地域内部与地域间资金的集聚与流动,乡镇企业的发展等,实际上是 19 世纪以前中国传统民间经济活力的苏醒。而 20 世纪 90 年代以来的亚洲经济成长被认为是亚洲活力的历史性复活,其特征为商人与企业家形成直接的网络,由此导致亚洲社会历史性累积起来的商业、经济活动能量再次被释放,从而实现了地域经济的高度成长。②

不同的研究也认为,19 世纪为止的亚洲地域秩序是横向的地域商人网络,此后,西方国际体系取代了这一传统的地域秩序,将之改编并纳入纵向的近代国家体系之中。在这一过程中双方发生了剧烈碰撞,不过,华商仍然及时地抓住了"西方近代化"这一历史契机,让自身的网络获得重组和扩展。在这一过程中,象征着亚洲传统交易秩序的华商网络以环海城市为中心,形成了不停地收缩与膨胀的水平结构,与近代

---

① 国際貿易投資研究所:『地域経済圏の結成と直接投資の変化に関する調査研究——華人企業の直接投資とアジア経済圏の生成』(東京,1994);『特集 アジアの華人企業グループ』,載『アジ研ニュース』,1994 年 11 月,第 1—21 頁。Akira Suehiro, *Catch-Up Industrialization: The Trajectory and Prospects of East Asian Economies*, Singapore: National University of Singapore Press, 2008.

② 濱下武志:『近代中国の国際的契機』,東京大学出版会,1990 年版,第 287—307 頁;原洋之介:『アジアダイナミズム——資本主義のネットワークと発展の地域性』,東京 NTT 出版,1996 年版。Takeshi Hamashita, *China, East Asia and the Global Economy: Regional and Historical Perspectives*, London: Routledge, 2008.

日本所建构的以国民经济的垂直结构为中心的商业秩序,形成既对抗又依存的关系。从 19 世纪后期至 20 世纪前期,在莱佛士所构想的非正式帝国基础上,东亚、东南亚产生了如中国香港与新加坡这样繁荣的贸易、金融和移民中心,这一成功的关键在于帝国与华人网络的联盟。[①] 它也是英国法律制度(硬件)和华人企业家精神(软件)有机结合的结果。

从中国和东南亚的经验看,20 世纪 20 年代到 70 年代,也许是强势国家对弱势网络的时代,而 1949 年新中国成立后使得社会资源更加高度集中,宗乡组织等传统网络的生存基础被连根拔除,新加坡建国后也面临着传统华人社会及其资源被边缘化的过程。马来西亚与印度尼西亚,国家与网络的矛盾透过种族或阶级问题变得更加政治化,并且酿成了重大社会冲突。80 年代以来,以原生性认同的强化和地方-全球化为背景,网络与国家相互接近,并寻求相互妥协、对话与互利的机制。

民族国家内部积累了网络与社会对话的经验,而传统的帝国更富有以多元而广阔的地域与网络结盟,或具有共生的历史经验,这些历史经验对现代全球化就显得更加重要。为此,我们必须对网络的内在结构和空间氛围作进一步的梳理。

五、横向分布:关系与空间的网络

近 30 年来,网络的研究得到了日益广泛的重视。以国际社会学界的两份最著名的学术刊物(《美国社会学评论》及《美国社会学杂志》)为例,以"网络"为关键词的论文从 1.2%(1980 年)增加到 2.2%(1990),7.8%(2000)和 11.6%(2005)。经济学家马修·杰克逊指出:"由于其多学科特征,网络研究是一个激动人心的领域。我们很难想象有哪

---

① 白石隆:『海の帝国』,東京中央公論社,2000 年版,第 183 頁。

些其他学科能吸引到这么多学者的关注，并能被应用到诸多领域之中。"[1]网络在华人研究中也被广泛使用，但很多时候是被作为一种比喻而非严格的分析构架。以下，结合笔者所关注的论题，尝试对早已被泛化了的华人网络论进行横向分类。

（一）网络化的人际关系

在社会学的研究中，从组织论的角度看，网络可以分为强连接的中央层级型和弱连接的分权型两种类型。后者主要通过人际纽带运作，形成有意义的信息中心。[2] 也有学者将网络化的人际关系界定为"具有相互依存关系的人们之结合"，或"由固有意志与主体性的单位（个人或群体）基于各自的自由意愿所参与的组合"[3]。以"关系"为媒介来把握华人网络，讨论其人际结合的外在规范、潜规则与文化内涵的研究不胜枚举。血缘、地缘、业缘，以及神缘、学缘等各种纽带被认为是结合的重要媒介。而各种华人社团则被认为是社会诸关系的体系化产物。社团的研究可以说为人际网络研究奠定了基础。日本从第二次世界大战前建立在深入的田野调查基础上所积累起来的厚重的相关研究，旨在探究中国社会的历史特质。[4] 新中国成立后，西方学者对海外及港台的华人宗乡组织所进行的研究，也是对中国华人研究的延伸。而东南亚为中心的华人学者的同类研究则更强调其本土特征。无论是三缘或五缘，相关的学者都注意到网络仅存在于关系的动态性与流动性之中，

---

① Mark Rivera, Sara Soderstrom and Brian Uzzi, "Dynamics of Dyads in Social Networks: Assortative, Relational, and Proximity Mechanisms", *Annual Review of Sociology*, vol. 36, 2010, pp. 91—115; Matthew Jackson, "Networks and Economic Behavior", *Annual Review of Economics*, vol. 1, 2009, pp. 489—511.

② 今井賢一:『情報ネットワークの社会』，東京岩波新書，1984年版，第70頁。

③ 金子郁容:『ネットワークへの招待』，東京中公新書，1986年版，第5頁。

④ 根岸佶:『上海のギルド』，東京日本評論社，1951年版（大空社、1998重刊本）；仁井田陞:『中国の社会ギルド』，東京岩波書店，1951年版（1989重刊本）；今堀誠二:『中国封建社会の構造』，東京日本学術振興会，1978年版；今堀誠二:『中国封建社会の構成』，東京勁草書房，1991年版；今堀誠二:『中国封建社会の機構』，東京汲古書院，2002年版；内田直作:『日本華僑社会の研究』，東京同文館，1949年版（大空社，1998重刊本）；内田直作:『東南アジア華僑の社会と経済』，東京千倉書房，1982年版。

或是圆滑地面对多元化世界的一种多样化选择战略,或是海外重建过程中的虚拟与创造。[1]

(二)网络的空间结构

把空间视为一种结构并透过网络来加以把握[2],或者说,通过跨越国民、国家的境界之空间以使网络"可视化",这一方法最初应该是受到瓦勒斯坦的世界体系论的启发。"地域间的相互关系,也是以讨论中心-周边关系及地域网络为基础而形成的世界体系论和地域体系论的主题。"[3]在前述的以空间的网络化结构为基轴而展开的亚洲交易圈理论中,华商不再只是被孤立地被作为一个研究对象的特定族群,而是作为一个重要的子系统被楔入到亚洲交易圈的巨系统之中。

作为该理论的主要奠基者之一,滨下武志构筑了被称为朝贡贸易体系的前近代东亚国际体系,而支撑并使这一体系充满活力的是华商、印度商人与伊斯兰商人等广域的商人集团。西方商人通过与这些亚洲商人的交易而加入其中。[4] 而笼谷直人等则将日本的近代化放在亚洲通商的大环境中考察,指出由中国商人等所构成的来自亚洲的外部压

---

① Theresa Chong Carino, *Chinese Big Business in the Philippines*: *Political Leadership and Chang*, Singapore: Times Academic Press, 1998; Liu Hong, "Old Linkages, New Networks: The Globalization of Overseas Chinese Voluntary Associations and Its Implications", *The China Quarterly*, no. 155,1998, pp. 582—609.

② 国际商业网络论提倡者家岛彦一认为:"空间由结构形成,而结构则由复数的网络的组合及其联结所构成","商业意味着由各种各样的人的广域移动与遭遇,以及由随之产生的文化、经济交流所引发的触媒",以国际交通、运输途径的变动,显示了以此为轴的广域交易网络的结构变动,而这一变化所反映的社会、经济、政治、生产与生态等各个层面,与超越一个地域社会和一个国家领域的广域圈结构深刻相关。家岛彦一:『イスラム世界の成立と国際商業——国際商業ネットワークの変動を中心に』,東京岩波書店,1991年版,第14—57页。

③ 濱下武志:『地域とは何か』,見濱下武志、辛島昇編『地域史とは何』,東京山川出版社,1997年版。

④ 濱下武志:『朝貢システムと近代アジア』,東京岩波書店,1997年版。相关的论文参见同編『アジアから考える』七卷本丛书;Takeshi Hamashita, *China*, *East Asia and the Global Economy*: *Regional and Historical Perspectives*,London: Routledge, 2008.

力,是日本选择工业化与产业化的历史契机。[1] 古田和子与廖赤阳各自就上海与神户、厦门与长崎的华商网络所构筑的东亚广域、多角的商圈作了具体的描述。[2] 杉山伸也和顾琳(Linda Grove)主持的近代亚洲流通网络为题的研究项目[3],揭示了"亚洲经济的活力,从历史上看也是跨越国界所形成的物资、资金与人口的移动。而构成这一贸易网络的基础,并在其中扮演了重要角色的,无疑是华商、印商与伊斯兰商人的商业网络"。如滨下武志打破了中、日、韩之间的国家界限,以城市和区域间的大型贸易网络和结算体系为分析主题,并注重商号、贸易品(大米和黄金),以及山西票号在朝鲜和日本所设立的多边金融网络及其运作模式。[4] 高家龙(Sherman Cochran)以胡文虎的"虎豹帝国"为分析对象,探讨胡氏及其家族是如何从仰光的一家小作坊发展成为亚洲区内的一个企业王国的。他尤其强调建立在家庭和亲属基础上的个人性网络的重要作用,以及胡氏的营销策略。杉山伸也和顾琳对网络作了两种分类:其一是运用于亚洲贸易的空间分析的宏观网络,如运输、信息、金融等近代基础设施网,以及各大商人集团或商帮;其二是微观网络,如特定的商人或商号的贸易网络。

在研究广域的空间中的地域结构时,比较的基本空间不是国别疆域,而是"地方",特别是新加坡、横滨、神户、长崎、釜山、仁川及中国香港、厦门、汕头、上海等口岸都市的作用受到了高度重视。近代的开港口岸,可以是连接腹地农村等地域市场内部和对外经济的关系,以及不同的开港口岸市场圈的中间领域。[5] 通过这些口岸,东亚的海域与陆

① 这一问题的集中讨论参见滨下武志、川胜平太编:『アジア交易圏と日本の工業1500—1900』,東京リボロポート出版,1991 年版;籠谷直人:『アジア国際通商秩序と近代アジア』,名古屋大学出版会,2000 年版。

② 古田和子:『上海ネットワークと近代東アジア』,東京大学出版会,2000 年版。廖赤陽:『長崎華商と東アジア交易網の形成』,東京汲古書院,2000 年版。

③ S. Sugiyama and Linda Grove (eds.), *Commercial Networks in Modern Asia*, Surrey: Curzon, 2001.

④ 该文的中译稿题为《20 世纪初上海、神户、仁川的海外华人金融网络》,载郝时远主编:《海外华人研究论集》,中国社会科学出版社,2002 年版,第 127—142 页。

⑤ 滨下武志:『中国近代経済史研究』,東京汲古書院,1989 年版。也可参见刘宏:《海洋亚洲与华人世界之互动》,新加坡华裔馆,2007 年版。

地、河川可以连接起来,并一直延伸到数千千米外的沙漠地带。口岸市场之间既有梯级的纵深构造,又是平行和多中心的,通过每一个口岸的信息、人口与资金,既通过上位市场集约和中继,又有横向、多边的流动。① 从前近代东亚的港市和近代开港口岸积蓄的历史活力持续至今,最近的东亚经济发展中口岸都市仍然是区域内和区域间人口、物资、资金、信息与资金的传播中心。而且,开港都市也是华人的人际关系网络体系化的节点,这里不仅集聚了大多数的商家和企业,几乎所有的华人团体也都活跃于此。

六、结语:走向"后修正综合"

虽然学术界对于东亚华商网络的形成、建构及其重要作用取得了某种程度的共识,但仍有许多理论与实证问题有待厘清。1997 年亚洲金融危机则进一步促使人们反思现有的研究范式。近年来出版的几本重要论著从不同角度讨论了网络在华人商业史中的作用及其局限性,并不约而同地展现了我们所称为的华人网络研究中的"修正取向"(a revisionist turn)②。这种取向有两个共同特征,在解构的同时寻求建构。

首先,对文化论的强烈质疑和批判。如陈国贲主编的《华人商业网络:国家、经济与文化》③是对学术界和大众传媒有关网络的"迷思"(myth)的反省。陈氏在导言中批评了文化论者的看法,强调华人文化的多元性和复杂性及其脆弱性(如"关系"的黑暗面)。他指出,华商网

---

① 廖赤阳:『ネットワークの交錯——1900—30 年代の関門貿易と中日商人』,载『歴史学研究』,1996 年第 11 期,第 25—37 页。

② 详见刘宏:《亚洲华商网络研究的范式变迁》,见《战后新加坡华人社会的嬗变:本土情怀·区域网络·全球视野》,厦门大学出版社,2003 年版,第 179—211 页。

③ Chan Kwok Bun (ed.), *Chinese Business Networks: State, Economy and Culture*, Singapore: Prentice Hall, 2000. Eric Fong and Chiu Luk (eds.), *Chinese Ethnic Business: Global and Local Perspectives*, London: Routledge, 2007; Tan Chee-Beng (ed.), *Chinese Transnational Networks*, London: Routledge, 2007; and Raymond Wong (ed.), *Chinese Entrepreneurship in a Global Era*, London: Routledge, 2008.

络的研究不应将文化视为一种全能的解释："并非所有华人都是成功的商人；并非所有成功的商人都是华人。"

其次，修正者在解构文化论者的迷思之后，也尝试建构新的模式，并将社会科学理论引入其研究之中。高美兹（Terence Gomez）和萧新煌主编的《东南亚的华人商业》认为，应分析三个相关的主题：国家、社会和资本，借此充分考虑这其中各自以及相互所发挥的影响。他们也强调必须进行历史的和微观的跨学科研究，并将实证性的描述与创新的理论结合在一起。[①]

我们认为，修正倾向的论点要能得到更多的认同，必须对以下四方面的问题作进一步的实证和理论的探讨：网络的历史化、空间化、制度化、局限性。对这些问题的深入分析将使"后修正综合"成为网络研究中的一种新的趋势。这些问题意识成为廖赤阳与笔者所编的论文集三个部分的主要纽带：侧重理论建构的"问题与视角"，侧重近代史的"持续与演变"，侧重当代的"个案与比较"。[②]

第一，网络的历史化（historizing networks）指的是将华人网络置于历史的语境下加以审视，既注重历史上的断裂性的华商网络的模式和特征，也看到当代网络的史前史及其遗产。例如，滨下武志有关侨汇和金融网络的论文充分证明了 20 世纪华人网络与历史上的朝贡贸易体系的联系性。任娜与刘宏的论文则凸显了网络产生的历史根基，他们论证了亚洲华商网络制度化的形成、巩固与发展，认为以地方性和宗亲关系为部分指导原则的海外华人社会组织的全球化乃是："建立在频繁的跨地区交往的历史先例之上，为华人企业网络在

---

①　Edmund Terence Gomez and Hsin-Huang Michael Hsiao (eds.), *Chinese Business in South-East Asia：Contesting Cultural Explanations，Researching Entrepreneurship*，Surry：Curzon，2001，pp. 34—37. Edmund Terence Gomez and Hsin-Huang Michael Hsiao (eds.)，*Chinese Enterprise，Transnationalism，and Identity*，London：RoutledgeCurzon，2004.

②　廖赤阳、刘宏：《错综于市场、社会与国家之间：东亚口岸城市的华商与亚洲区域网络》，新加坡南洋理工大学中华语言文化中心，2008 年版。本章以下部分所提及的论文皆收于该书中。龙登高：《跨越市场的障碍——海外华商在国家制度与文化之间》，科学出版社，2006 年版。该书从制度、国家、市场和文化的角度，辅以大量的文献和田野调查，对海外华商的演变进行了重要的分析。

全球经济空间中的形成和扩张奠定了重要基础。这些制度化的联系进而构成跨国的社会空间，为华人企业的全球化提供便利。"陈丽园的论文则探讨了1927—1949年国民政府（以及日伪政府）介入"侨批"业后与"侨批"经营网络间产生摩擦及相互交涉的过程，在特定的历史背景下，研究华人商业网络在其具体的运作过程中与国家控制间的紧张关系与合作空间。

第二，网络的空间化（spatializing networks）指的是将华人网络的建构和演变放在流动的空间下加以分析，而不仅仅将之局限于民族国家或区域的范围之内。这种跨国性构成了亚洲华人网络的一个核心要素；时空的交错彰显了网络的多重性和变迁性。滨下武志强调："传统的、主要基于民族国家的世界和世界观开始被由全球的、区域的、国家的以及地方的层组成的多层的、多边的世界观所取代。"他对网络的空间化及其历史性有着深刻而多元的认识，而这种空间又是以海洋亚洲中的港口城市为主要连接点的，它们成为网络运作的一个重要载体和跨国网络建构的主要支点。例如，滨下武志认为，厦门的贸易区域是由以下四个方向形成的：① 厦门及泉州、漳州与其他内地的贸易；② 厦门与东北、华北各港口的贸易；③ 厦门与台湾的贸易；④ 厦门与东南亚的贸易。闽南经由厦门的进口品市场和出口品产地而成为厦门的腹地。以此为出发点，村上卫的论文破除了传统上以省为分析架构的研究方法，检讨晚清厦门的贸易结构及其同周边地区的关系。释明瑛对台湾地区包种茶和郭春秧的个案分析也表明，台湾地区华商的贸易网络横跨东亚和东南亚，是以口岸城市为中介的，并透过有效地利用种族和文化优势，与占据台湾地区的日本政权、民国政府、荷印当局建立起多重而复杂的关系。她认为，华侨商业网络，如蜘蛛织网，每一个点，每一条线织得越绵密，获取猎物的几率就越高。当国家施压的"大风"一吹，把网吹破时，蜘蛛就会马上再找一个比较适合的地方继续织网。

第三，网络的制度化（institutionalization of networks）指的是在不同时空场景下网络所赖以运作和成长的、具有一定稳定性和价值的机制。这些机制包括华人家族、社会组织和商业团体。它们被纳入华人网络之中，并凸显了社会纽带和商业活动的密切关联性。陈天玺提出

的"彩虹网络"理论既看到非正式关联的重要性,也充分注意到制度化的作用和功能。她指出:"华商所建立起来的各式各样的网络,就像彩虹,这些网络在某种程度上看来皆有所不同,但都是一些不同自然力量互动的结果。彩虹的这个例子中,它是太阳、天空、水与土地之复杂互动,而让彩虹得以存在。在海外华人网络的这个例子中,它是由赋予华人网络的复杂的社会联系、关系与团体所构成的。就像彩虹被看到的例子是以七种不同颜色所组成,海外华人网络也有七种共同的特性。"制度性网络的重要一环是亲族观念和关系上的所有家庭联系网。家族传统是华人宗族传统的基础,它们在不同的时空背景下,是构成华人社会制度化网络的重要环节。曾玲关于厦门台商的个案研究表明,洪氏企业成功地透过台湾地区"洪氏"与当地"洪氏"的宗亲关系,借着这一文化纽带,台商取得了当地社会的认同,并在此基础上台商与当地建立起文化及社会网络,从而在国家、社会与企业三方面形成良性互动的人文环境。与此同时,建立于地缘和血缘基础上的华人社团也是华人社会和商业网络制度化的一个组成部分。游俊豪的论文显示,番禺人是一个全球化的流散族群,足迹遍布五洲四海。在海外共有26所番禺会馆,以及与番禺人有关的组织。在20世纪80年代后,它们成为联系海外同乡与家乡的一个重要桥梁。帆刈浩之的研究表明,中医的制度化是和国际化相伴而行的,成为海外华人在不同地区延续华人人性的重要指标之一。而行业性的中医组织和医院则是这种制度化的有效载体。从空间上看,这是"地方"性的"传统"知识的全球化,从时间上看,这里蕴含了对"近代"、"西方"、"科学"的普世价值的怀疑和反思。

制度化还与族群认同和地方性相关联。王维和廖赤阳透过长崎灯笼节的个案,来探讨在全球化背景下长崎重塑地方性及拓展地域商贸网络之过程。作者认为该案不只是显示了长崎以及日本华侨社会的一种动态,还彰显出超越族群社会的地域性。而且,这种地域的特殊性——营造社区与地方主导(local initiative),均可在东亚广阔的空间和时间中寻找到其历史的共性。在全球化的背景下,从长崎的新传统的创造中可以窥视到一种超越华侨社会的地域性的"新族群性"。在寻求经济利益,进行合理的选择方面,华侨和地域日本人社会是一致的。

以促进旅游产业发展为目的打造地域经济的活动是由新地域中华街的成员自行发起的,它既合乎于中华街的华侨和日本人的利益,又与长崎市的旅游市场开发的需求相吻合。

第四,网络的局限性(limitations of networks)指的是网络先天与后天性在机制、程序和发展过程中脆弱性和作用的局限性。我们认为,网络并非无所不在和万能的,它的建构与成长受到华人种族文化特征以及社会经济环境的直接影响。正如滨下武志指出的,"关于海外华人网络由于经济发展的推动而广为扩展的讨论越多,关于网络力量的讨论就越多,却没有相应指出它的弱点、模糊性和灵活性"。他的研究证明:"网络既带来发展,同时也带来危机,网络自身的本性是追求利润的。"陈天玺也认为:"所有海外华人网络都有天生的易受害性(vulner-ability)。例如,在整个东南亚,华人拥有强大的经济力量,这与他们的少数人口是不成比例的。该地区多数族群对华人的找茬,或公开宣扬海外华人的经济力量,很容易导致对华人的嫉妒及歧视。这是海外华人易受害性的一面,正如阳光太强,水气蒸发,导致彩虹消失的情况一样。我们需要厘清的是,在什么样的环境下网络会带来机会或危机(虽然这两者是相辅相成的)。"

总而言之,东亚与东南亚华人社会与商业网络有着悠久的历史发展背景,并在新的区域格局下成为影响经济成长的重要因素。本章透过近一个多世纪以来在东亚港口城市华人社会和商业网络的研究中,试图说明这些网络是在与国家和市场的频密互动中发挥作用的,并在这一进程中调适自身的机制和功能。

(本章初稿曾刊载于刘宏、廖赤阳:『ネットワーク、アイデンティティと華人研究:二十世紀の東アジア地域秩序を再検討する』,载『東南アジア研究』(京都大学),2006 年第 43 卷第 4 期,第 346—373 页。)

第二章

海外华人研究的谱系

—— 主题的变化与方法的演进

目前约有 4 500 万具有华人血统的人生活在中国大陆、香港、澳门和台湾地区之外,他们被统称为"华侨华人"或"海外华人"。[①]他们是其居住国和中国社会经济转型的一支重要力量,同时对其居住国与中国的跨国交流也产生了积极影响。从国际移民的角度来看,他们是最具活力的移民和少数民族之一。尽管人们对分散在世界各地的华人社会的兴趣在稳定增长,相关的学术研究成果却散落在各种学术期刊中;同时,一些早期出版的但仍深具有影响的研究成果已经不再翻印且难以找到。通过重新检视过去 80 年间出版的一些代表性著作的中心议题,以及思考海外华人研究领域变化的轨迹,我希望读者能对不同历史时期和不同地理文化环境中的海外华人社会有更为深刻的理解和认识。本章并非是对相关学术研究成果的一个综合性分析,而是试图勾勒出华人海外移民的主要轨迹、研究主题及其相互关联,以及研究方法上的演变,以期有助于更全面地把握未来的研究。

一、轨迹与主题

中国人移民和寓居海外已有悠久的历史,最早的记载可以追溯到秦汉时期(前 221—公元 220)。但是直到 19 世纪中叶,中国人才开始大规模移民海外。它的出现有两个主要原因:一是由于西方人入侵造

---

① 这是国务院侨办副主任许又声在 2009 年深圳某次会议上讲话所列出的数字,见《人民日报》(海外版),2009 年 4 月 28 日。

成晚清时期中国社会经济的混乱和清朝政府的衰败;二是海外对廉价劳工和在西方人与东南亚土著居民之间充当中介人的商人需求的增长。

随后的移民大致可以分为三个主要阶段。第一个阶段(1850—1950),大量的中国人(主要来自华南的广东和福建两省)离开故土前往东南亚。直到第二次世界大战结束之前,他们当中的大多数人称自己为"华侨",其政治忠诚和文化认同都倾向中国(无论是作为一种文明、祖籍地,即侨乡,或民族国家)。他们是"落叶归根"的一代,保留着对祖籍地的效忠,并且渴望返回家乡(但这通常是难以实现的愿望)。

第二个阶段(1950—1980),新的华族认同开始出现,人们开始以与过去不同的理由和方式移民海外。在当地出生的海外华人的数量不断增长,同时,在1949年中华人民共和国成立之后华人移民海外的进程实际上停止了。华侨逐渐转变成华人(华族或者海外华人)。他们是"落地生根"的一代,选择定居海外,并已放弃中国公民身份,在政治上效忠于居住国,尽管他们仍可能保持着华人的生活方式和中华文化传统。这时期还有许多华人从中国港台地区和东南亚国家的再移民。与19世纪的华人以东南亚为主要移居地不同,他们当中的大多数人移民到了北美、澳大利亚和西欧。

第三个阶段,也是最近的一个阶段(1980年至今),源自中国大陆的新移民人数目前已超过600万[1],他们逐渐成为海外华人移民群体的重要组成部分。由于华人本地化进程的持续、全球化进程的加速和中国作为一个区域性、潜在性、世界性大国的出现,海外华人社会也经历了巨大而深刻的变迁。

上述有关华人海外移民的概述构成了本章的中心议题演变的宏观架构,包括不同历史背景和认识的重要性、华人在不同的政治和地理环境中的适应模式、与家乡或祖籍国之间政治、经济和象征性的联系,以及连接海外华人及其社会的网络。全方位比较的视角是探索这些主题

---

[1] 中国新闻社课题组:《2008年世界华商发展报告》,http://www.chinaqw.com/news/200902/02/148817.shtml(浏览:2009年4月25日)。

与发展的关键所在。

首先，在中国及其居住地发展的大背景下考察海外华人，才能更容易捕捉其复杂性及相关特征。其次，跨学科的研究视角对于考察海外华人社会是必不可少的。社会科学的理论和方法有助于理解海外华人。对方法论的创新而言，海外华人在地理和文化的相对边缘性正是其优势所在。国际移民及相关理论的研究，如认同、文化多元主义、世界主义（Cosmopolitanism）、网络和种族等课题，可以丰富对海外华人的研究。再次，我们不仅要考察中国作为一个政治实体和象征性的代表对海外华人社会的影响，而且应该分析从 19 世纪末期以来海外华人在中国政治和经济变迁过程中所扮演的角色。最后，尽管海外华人史是帝国时代和民族国家的产物，但他们经常跨越国家和文化疆界，其文化和身份认同具有明显的流动性和跨界性，因此必须通过跨国的架构对他们进行界定和解析。

海外华人的这种变化性和多面性使得相关的学术研究既令人兴奋，又充满挑战性。之所以令人兴奋，是由于这个研究领域为重构华人为追求美好生活而进行的艰难曲折的奋斗历程提供了大量机遇；海外华人社会成为吸引跨学科研究的一块磁石。然而，这种研究也深具挑战性：由于海外华人在社会、文化和政治环境方面的多样性，因此，不掌握足够的语言知识和历史知识，要进行深入研究是不可能的。不同学科、不同文化背景的学者开展研究（包括合作研究），是克服这种多样性及了解其潜在的一致性的最有效途径。

应英国劳特利奇（Routledge）出版社之邀，笔者在 2006 年从近千份英文研究文献中选择了近百篇论文，编辑出版了四卷本共 1 600 多页的《海外华人》①。这套书将 20 世纪 30 年代以来出版的较有代表性的著作集中在一起，旨在反映华人社会的这种多元性和复杂性。至于遴选标准，除了学术水准和分析逻辑外，笔者还特别考虑了学科与地域因素，比较分析、跨国意识、实证研究与理论阐述相结合，以及其跨学科

① 《海外华人》（*The Chinese Overseas*）于 2006 年由伦敦和纽约的劳特利奇（Routledge）出版社出版。第一卷题为《中国国际移民的理论架构与历史视角》，第二卷为《文化、机构、网络》，第三卷为《全球各地的华人社群》，第四卷为《互动的机制与纽带》。

性。这套书包括了对海外华人社会的历史发展的分析,尤其关注 20 世纪后半期华人社会经历的根本转变(包括其混杂化)。就地域分布而言,除了收录有关全球华人社会共有的制度模式和文化模式的文章外,本书主要关注的是东南亚、北美、欧洲和澳大利亚的华人社会,它的另一个特征是从不同学科和地理文化的视角观察华人的跨国性。这些文章的作者既包括华人学者,也包括非华人学者;它们大部分源自出版于北美、欧洲、日本、新加坡和中国的人文科学和社会科学方面的主流性刊物。一些文章出自论文集,还有少部分论文是专著的摘录(尤其是那些对我们形成有关海外华人的认识至关重要的早期出版物)。其中一些文章的观点和资料反映了不同时代的知识和政治氛围。从这个意义上说,这些文章本身也可被视为一种历史文献和不断发展的海外华人研究谱系中的篇章。

海外华人历史的复杂性及其丰富的学术研究成果,不可能从这套书中得到全面反映。由于篇幅有限,很多代表性的著作和具有权威性的研究成果没有被包括在内。为了弥补这种遗憾,我补充了与本文主题相关的重要参考文献目录,即使如此,也难免挂一漏万。必须说明的是,本章关注的基本上是英文出版物,对中文研究论著的涉及甚为有限。更详细的目录可见近年来出版的书目①,以及新加坡华裔馆潘翎主编的《海外华人百科全书》和北京大学周南京主编的 12 卷本的《华侨华人百科全书》。李安山的《中国华侨华人研究的历史与现状概述》对中文出版的华侨华人研究论著有深入的分析,亦可资参考。②

二、中国国际移民的理论架构与历史视角

《海外华人》第一卷主要涉及华人移民的概念、历史、人口统计,以

① 福崎久一编:「華人、華僑関係文献目録」,東京アジア経済研究所,1996 年版;徐斌:《华侨华人研究中文书目》,厦门大学出版社,2003 年版。Tan Chee-Beng, Colin Storey and Julia Zimmerman (eds.), *Chinese Overseas: Migration, Research and Documentation*, Hong Kong: The Chinese University Press, 2007.

② 李安山:《中国华侨华人研究的历史与现状概述》,见周南京主编《华侨华人百科全书·总论卷》,中国华侨出版社,2002 年版,第 997—1036 页。

及空间分布,包括不断变化的相关研究的范例。该卷以王赓武教授关于华人移民的历史模式的文章作为开端。[①] 王教授描述了 1 800 年以来华人移民四个主要群体的特征与相互关系,以及他们在海外定居的过程,即华商、华工、华侨和华裔。他认为,"具有强大活力并且不可毁灭的"华商模式是中国人海外移民的坚实基础,他还提请我们注意东南亚华人移民与美洲和澳洲、欧洲人属地华人移民在空间上的巨大差异。萧保罗(Paul C. P. Siu)是研究北美第一代华人移民的社会学家。他的论文运用齐美尔(George Simmel)的"异乡人"(stranger)和罗伯特·帕克(Robert Park)的"边缘人"(marginal man)概念,将 20 世纪 50 年代之前的"华人旅居者"界定为"与边缘人双重文化的复杂性相比,仍然坚持自己族裔文化的一类人",认为"在心理层面上,华人不愿意承认自己是所在国的永久居民"。[②] 华人旅居者面临着是居留在外还是返回家乡的两难选择,这是一个与"工作的成功或者失败(在新大陆就是有没有赚到钱)紧密关联的问题——他不愿意在无所作为和没有某种保障的情况下返回家乡。但是就心理层面而言,这种情况是永远不会实现的"。后退还是前进,这种摇摆成为旅居者生活不可分割的一部分。"旅居者待在国外,但是他们也从来没有失去与家乡的联系。"

---

① Wang Gungwu, "Patterns of Chinese Migration in Historical Perspective", in R. J. May and W. J. O'Malley (eds.), *Observing Change in Asia*: *Essays in Honour of J. A. C. Mackie*, Bathurst, NSW: Crawford House Press, 1989, pp. 33—48. 有关王赓武在海外华人研究领域的开拓性作用,可参阅: Philip Kuhn, "Wang Gungwu: The Historian in His Time", in Billy K. L. So, John Fitzgerald, Huang Jianli, and James K. Chin (eds.), *Power and Identity in the Chinese World Order*: *Festschrift in Honour of Professor Wang Gungwu*, Hong Kong: Hong Kong University Press, 2003, pp. 11—31; Hong Liu and Gregor Benton, "Introduction", in Benton and Liu (eds.), *Diasporic Chinese Ventures*: *The Life and Work of Wang Gungwu*, London: Routledge, 2004, pp. 1—9;刘宏:《王赓武教授与海外华人研究:方法论的初步观察》,载《华侨华人历史研究》,2003 年第 1 期,第 62—69 页。

② Paul C. P. Siu, "The Sojourner", *American Journal of Sociology* 58 (1), 1952: 34—44. 有关萧保罗对美国华人研究中的贡献,见: Franklin Ng, "The Sojourner, Return Migration, and Immigration History", *Chinese America*: *History and Perspective 1987*, San Francisco: Chinese Historical Association of America, 1987, pp. 53—71; Adam McKeown, "The Sojourner as Astronaut: Paul Siu in Global Perspective", in Josephine Lee, Imogene L. Lim, and Yuko Matsukawa (eds.), *Re/Collecting Early Asia America*, Philadelphia: Temple University Press, 2002, pp. 127—142.

孔飞力(Philip Kuhn)的文章题为《中国移民的历史生态学》[1]。他以探讨 16 世纪以来中国内部移民体制的起源为开端,分析了华人迁入地的外部环境以及华人社会构成的发展,尤其强调华人灵活的适应性和文化板块的再结合。他认为华人移民生态体系作为"一套覆盖地理与行政界限的空间延伸系统"发挥了重要作用。进一步说,这套移民生态体系通过地缘网络发挥作用,这种地缘网络通过信息交流和庇护制使它能够持续招募到新的移民。为了形成理解华人移民的比较架构,孔飞力提出了"历史生态系统"的概念,以解释不同历史时期全世界范围内的移民对不断变化的环境的适应。麦昆(Adam McKeown)在广泛搜集有关全球华人社会的数据并完成于 20 世纪末的作品中,重新界定了海外华人的概念。[2] 他分析了学术研究中的两个传统:一是强调华人社会和文化组织的可适应性及其对民族国家的历史贡献;二是强调"华人对祖国持续的爱心、爱国主义、联系和贡献"。他批评"国家视角"带来的弊端,主张用"华人视角"来解释"全球性联系、网络、行为以及意识"。

该卷中有关"历史演进与人口统计学变化"的内容讨论了"海外华人"的定义,这是一个颇具争议的概念。通常认为,"海外华人"是指生活在中国大陆、香港、台湾和澳门地区以外,"但承认自己的华人血统,或被人口统计学家认可为华人"的华族。[3] 一些早期的著作将香港和澳门的人口也统计在海外华人之内,部分原因是由于两地民众与在海外华人思维和地理上有一定的联系。朱国宏将"海外华人"定义为两类人群,即国际移民(不管他们是否改变了国籍)及其后裔。[4] 他运用中文资料对中国国际移民的起源及进程进行了详尽的考察。他把华人移

---

① Philip Kuhn, "Toward an Historical Ecology of Chinese Migration",未正式出版,由孔飞力教授提供给笔者。孔飞力有关海外华人史的著作包括 Chinese among Others：Emigration in Modern Times, Lanham：Rowman & Littlefield Publishers, 2008。

② Adam McKeown, "Conceptualizing Chinese Diasporas, 1842 to 1949", Journal of Asian Studies 58 (2),1999：306—337.

③ Wang Gungwu, "Greater China and the Chinese Overseas", The China Quarterly 136,1993：926—948.

④ Zhu Guohong, "A Historical Demography of Chinese Migration", Social Sciences in China 12 (4),1991：57—91.

民的历史分为五个阶段,并根据移民动机、移民类型和移民分布的变化,考察不同阶段的具体过程。这种视角与早期西方学者倾向于关注殖民政策的研究形成了一种鲜明的对照。[1]

劳工移民是 1850 年到 1950 年间华人国际移民的主要组成部分。国际劳工组织发表的《华人移民调查》分析了 20 世纪上半叶华人移民的特征与统计数据。[2] 除了探讨"推-拉"因素外,这份调查也概述了接收国政府为了限制中国移民所采取的措施和中国政府试图保护其侨民所做的努力,从而说明国家关系对移民的重要性。接下来的两篇文章叙述了第二次世界大战结束以来海外华人在人口统计学方面的变化。地理学家章生道(Sen-Dou Chang)运用 20 世纪 60 年代中期中国台北"华侨事务委员会"的统计数字和调查,考察了海外华人的全球分布及其职业变化情况。根据他的研究,海外华人在热带地区的人数要多于温带地区,岛屿或者沿海地区的人数要多于内陆,城镇地区的人数要多于乡村地区。20 世纪中期,他们主要经营餐馆、零售贸易、农业、手工业、小工业和采矿业。[3]《1990 年前后海外华人的全球分布》一文[4],数字来自中国台湾出版的《华侨经济年鉴》,以及各相关国家的人口普查。文章认为,1990 年全球海外华人的总数为 3 700 万(这一数字包括约610 万居住于香港和澳门的人口,使用时应当慎重)。除了列举华人人数较多国家的人口统计数据以外,该文还列出了 1948 到 1990 年间发达地区和发展中地区人口数量增长的有效数据,以及海外华人人口地

037

---

① 参看有关东南亚和北美地区华人移民的早期论述。Frederick W. Williams, "The Chinese Immigrants in Further Asia", *American Historical Review* 5 (3), 1900: 503—517; Sybille Van Der Sprenkel, "V. W. W. S. Purcell: A Memoir", in Jerome Ch'en and Nicholas Tarling (eds.), *Studies in the Social History of China and South-East Asia: Essays in Memory of Victor Purcell (26 January 1896—2 January 1965)*, Cambridge: Cambridge University Press, 1970, pp. 1—20.

② International Labour Organization, "A Survey of Chinese Emigration", *International Labour Review* 60, 1950: 289—301.

③ Sen-dou Chang, "The Distribution and Occupation of Overseas Chinese", *Geographical Review* 58 (1), 1968: 89—107.

④ Dudley Poston, Jr., Michael Xinxiang Mao, and Mei-yu Yu, "The Global Distribution of the Overseas Chinese around 1990", *Population and Development Review* 20(3), 1994: 631—645.

理分布的变化。居住在东南亚国家的华人比例在直线下降，而发达国家的比例则在增长，这种趋势在过去 15 年间一直延续着。[①]

20 世纪 50 年代以来，海外华人的研究范式经历了一系列的转变，这一领域的研究是在民族主义高涨和冷战的大氛围下得到进一步发展的。该卷的"研究框架和方法"部分主要关注海外华人研究视角的变化。在 20 世纪五六十年代，施坚雅（William Skinner）等学者的主要研究架构是同化论。为了驳斥当时流行的"华人不变论"，他将泰国华人的同化界定为一种单向进程：当"华人移民的后代在几乎所有各种社会情况下都认为自己是泰国人，习惯使用泰国语，而且像本地人一样流利，与泰国人的交往远多于华人"时，泰国华人就已同化于当地人。[②]与这种观点类似，王保华（Bernard Wong）也把同化定义为一个过程，在这一过程中，"移民抛弃祖籍地的文化特性，通过与异族通婚、集体参加所在国的各种机构、在更大的社会中价值观的国际化，以及行为和态度的调整而接受居住国的文化特性"。他对在秘鲁和美国的华人的个案研究促使他得出"利马"华人的同化程度要比纽约华人更深的结论。施坚雅在解释泰国华人成功同化时，强调了政治的作用，同样，王保华也认定结构性因素和环境因素是造成这些差别的关键变数。

到了 20 世纪 80 年代，同化论的观点因其单边性和单向性开始受到越来越多的批评。[③] 他们认为同化论过于强调单面性和单向度。在有关海外华人认同的一篇论文中，王赓武认为现代东南亚华人倾向于

① Laurence J. C. Ma, "Space, Place, and Transnationalism in the Chinese Diaspora", in Laurence J. C. Ma and Carolyn Cartier (eds.), *The Chinese Diaspora: Space, Place, Mobility, and Identity*, Lanham: Rowman & Littlefield Publishers, Inc., 2003, pp. 1—49.

② G. William Skinner, "Chinese Assimilation and Thai Politics", *Journal of Asian Studies* 16 (2), 1957: 237—250.

③ 如 Wang Gungwu, *The Chinese Overseas: From Earthbound China to the Quest for Autonomy*, Cambridge: Harvard University Press, 2000；王赓武：《越洋寻求空间：中国的移民》，载《华人研究国际学报》，2009 年第 1 期，第 1—50 页；Chan Kwok Bun and Tong Chee Kiong, "Positionality and Alternation: identity of the Chinese of Contemporary Thailand", in Tong Chee Kiong and Chan Kwok Bun (eds.), *Alternate Identities: The Chinese of Contemporary Thailand*, Leiden and Singapore: Brill and Times Academic Press, 2001, pp. 1—8.

多元认同。① 他根据这一地区华人不同的思想和观点,将认同分为四种类型:国家的、阶级的、民族的和文化的。这篇文章引起了人们浓厚的兴趣,也产生了很多争议。王灵智对同化论和忠诚这两种范式进行了进一步批判。他认为,这些范式只关注"占统治地位的欧裔美国人和华人少数民族之间的种族差异和冲突",这是"简单化、单一化、带有偏见的和不全面的"。他提供了另一种范式,强调美国华人社会内部结合和互动,及其自身的动力和独特机制。②

注重知识和权力之间关系的文化研究(cultural studies)为过去 10 多年间有关华人认同的争论提供了新的动力。海外华人研究中最根本的问题之一,即华人性(Chineseness)遭遇了比过去更为仔细的理论审视。与以往关注特定地区的华人社会不同,这些研究更关注概念或者理论问题。周蕾(Rey Chow)对中国/华人研究提出了批评——尤其是有关中国语言、文学和文化的研究。③ 但是她也认为,有关华人性的"习惯性困惑"产生了一种文化本质论,从而在中国和世界之间勾画出了一道想象的边界。打破中国研究与海外华人研究中的障碍是其中的一个尝试。她认为:"在有关文化认同的争论中,时代的标记是散居正迅速成为常态。"洪宜安(Ien Ang)也对华人性问题作出了类似的说明。④ 她探讨了散居理论中概念和政治含义的局限性,认为正如民族一样,"散居并不是自然的、时时刻刻随地随处都存在的实体,而是'想象的社会'"。她指出,海外华人的跨国主义是"事实上的国家主义,因为不管如何全球化,海外华人的想象轨迹最后都会因华人性类型的影

---

① Wang Gungwu, "The Study of Chinese Identities in Southeast Asia", in Jennifer W. Cushman and Wang Gungwu (eds.), *Changing Identities of the Southeast Asian Chinese since World War II*, Hong Kong: Hong Kong University Press, 1985, pp. 1—21.

② Wang Ling-chi, "The Structure of Dual Domination: Toward a Paradigm for the Study of the Chinese Diaspora in the United States", *Amerasia Journa*, l 21, 1995: 149—167.

③ Rey Chow, "Introduction: On Chineseness as a Theoretical Problem", in Rey Chow (ed.), *Modern Chinese Literary and Cultural Studies in the Age of Theory: Rethinking a Field*, Durham: Duke University Press, 2000, pp. 1—25.

④ Ien Ang, "Undoing Diaspora: Questioning Global Chineseness in the Era of Globalization", in Ien Ang, *On Not Speaking Chinese: Living between Asia and the West*, London and New York: Routledge, 2001, pp. 75—93.

响而终止"。她对华人和非华人这种僵硬的区分提出了质疑,建议回归到这样一种混杂的背景下,也就是全球的城市都被当作"来自世界各地大多数移民的目的地",她还认为应揭示散居这一概念的内在矛盾,从而形成"散居者消失的空间"。

洪宜安不仅对华人性提出质疑,而且也对研究它的方法(包括跨国主义)表示怀疑。自 20 世纪 90 年代中期以来,跨国主义(transnationalism,译为跨国性可能更为合适)对国际移民研究带来了巨大冲击。跨国主义通常被定义为:"移民形成及维持连接其祖籍地和定居地之间的多种社会关系的过程……其根本的要素之一是跨国移民在母国和定居国都维持多方面的参与。"尤其值得注意的是,跨国主义研究主要是关注:"一个数量不断增加的以双重身份生活的人群:他们说两种语言,在两个国家都有家,通过持续不断的正式的跨越国境的交往谋生。"另一方面,最近的一些理论研究认为,"这里"与"那里"的种种联系,是多边政治约束的结果。① 对国际移民史的比较研究也显示,移民同母国和移居国都保持联系,因此,将双边社会联系起来的理论架构的说服力远胜于仅仅关注同化或多元文化的理论。② 王爱华(Aihwa Ong)和诺尼里(Donald Nonini)的研究表明华人跨国主义根植于"过去 20 年间亚太地区出现的新资本主义积累策略之内的明显不同的文化(包括华人和非华人)"③。他们将当代华人跨国主义界定为"第三种文化",当"不同群体直接面对跨文化间交流的问题,以及必须不断地在不同文化

① Linda G. Basch, Nina Glick Schillier, and Christina Blanc-Szanton, *NationsUnbound: Transnational Projects, Post-colonial Predicaments, and De-terrirorialized Nation-States*, Langhorne, PA: Gordon and Breach, 1994, p. 6; Roger Waldinger and David Fitzgerald, "Transnationalism in Question", *American Journal of Sociology* 109 (5), 2004: 1177—1195; Peggy Levitt and B. Nadya Jaworsky, "Transnational Migration Studies: Past Developments and Future Trends", *Annual Review of Sociology*, 33, 2007: 129—156; M Martiniello and Jean-Michel Lafleur, "Towards a Transatlantic Dialogue in the Study of Immigrant Political Transnationalism", *Ethnic and Racial Studies*, 31 (4), 2008: 645—663.

② Giovanni Gozzini, "The Global System of International Migrations, 1900 and 2000: A Comparative Approach", *Journal of Global History* 1, 2006: 321—341.

③ Donald Nonini and Aihwa Ong, "Chinese Transnationalism as an Alternative Modernity", in Ong and Nonini, (eds.), *Ungrounded Empires: The Cultural Politics of Modern Chinese Transnationalism*, New York: Routledge, 1997, pp. 3—33.

之间游移,而每种文化在一定程度上都受到空间限制时",这种文化就会出现。他们论证了海外华人跨国流动的核心地位及其在与"近代殖民政权、后殖民时代的民族国家和国际资本主义"之间互动的灵活策略。这项具有突破性的研究带动了一大批新的研究成果的出现,为此后的研究指明了新的鼓舞人心的方向。

现代华人跨国主义必须在将中国作为一个民族国家与其海外移民之间有种种联系这样一个历史和制度背景下去理解。杜赞奇(Prasen-jit Duara)探讨了"20世纪上半叶具有国家主义理念的人在寻求获取和理解东亚地区一系列跨国主义现象的方法,这些现象与民族国家的利益有潜在的矛盾"[①]。他考察了清朝政府、革命派以及改良派,包括泛亚主义、大汉族激进主义和儒家文化主义者对待海外华人(尤其是在东南亚和北美地区)时所采取的不同策略。这些策略导致了海外华人的政治化,并促使他们开始在中国发挥日益重要的作用。

中国具有多副面孔。白鲁恂(Lucian Pye)就认为:"中国并非仅仅是世界民族大家庭中的一个民族国家,她是以国家的形式而出现的一种文明。"[②]这种对中国的重新认识有助于理解海外华人的多元性和复杂性。杜维明提出了"文化中国"的概念[③],试图超越地理的、种族的和文化的疆界,建构既包括中国也包括海外华人的研究。在杜维明看来,文化中国是三个具有象征意义的世界之间的持续互动:一个是文化上和人口上华人占优势的社会,包括中国大陆、台湾地区、香港,以及新加坡;一个是遍布全球的华人社会;一个是"试图理解中国文化并将他们对中国的理解传递给自己语言圈"的个人(包括非华人)。他阐释了中华文化在全球范围内的流动及由于文化互动而形成的新的身份认同。华人社会不断增长的经济一体化促进了文化领域的互动。就政治层面而言,文

---

① Prasenjit Duara, "Transnationalism and the Predicament of Sovereignty: China, 1900—1945", *American Historical Review*, 102 (4), 1997: 1030—1051.

② 转引自:Tu Wei-ming, "Cultural China: The Periphery as the Center", in Tu Wei-ming (ed.), *The Living Tree: The Changing Meaning of Being Chinese Today*, Stanford: Stanford University Press, 1994, p. 17.

③ Tu Wei-ming, "Cultural China: The Periphery as the Center".

化中国的概念与"大中华"的概念一样备受争议。王赓武的文章提醒我们必须小心使用这种概念。[①] 通过考察不同类型的海外华人对中国政治态度的变化,他得出结论:虽然有些人狭隘地理解中国的复兴,有些人狭隘地理解海外华人社会的存在,但大中华的崛起对华人生活及其居住地区都产生了深远的影响。此外,中国与海外华人的不可分割性,以及他们之间的文化联系,导致了人们对长期持续影响海外华人与母国关系的制度的探索。这些课题构成了第二卷和第四卷的中心议题。

三、文化、制度与网络

在海外华人社会形成的过程中,文化与制度性因素发挥了重要作用。第一卷以被视为华人社会根基的"华人家族和宗族制度"及其在海外环境中的嬗变作为开端。陈达(1892—1975)拥有哥伦比亚大学社会学博士学位,20 世纪 20 年代至 30 年代曾在清华大学任教,是海外华人与母国关系研究的一位开拓者。他的著作分析了移民的家族制度,以及法律和社会习俗是如何影响家族资源的共同管理和对家庭成员个人的严格控制。[②] 他用"两头家"的实例解释了自己的观点,这指的是两个家族的建立和维持:一个在华南的移出地社会,另一个在南洋的侨居地社会。两头家制在不同的阶级——包括上等、中等和下等阶级——的家庭中有不同的表现,其主要功能在于维持家族系谱的永存和彼此之间经济的自主性。在传统的家庭中,丈夫享有充分的权威,但在移民家庭中,妻子扮演着更加重要的角色。1948 年从伦敦经济学院获得人类学博士学位,后来又在沙捞越从事田野调查的田汝康描述了华人宗族的情况。[③] 他发现"姓氏关系中错综复杂的网络"发挥着重要

---

① Wang Gungwu, "Greater China and the Chinese Overseas", *The China Quarterly*, 136,1993:926—948.

② Chen Ta, "The Family", in Chen Ta, *Emigrant Communities in South China: A Study of Overseas Migration and Its Influence*, New York: Institute of Pacific Relations, 1940; reprint: New York: AMS Press, 1978, pp. 118—148.

③ Tien Ju-kang, "Clanship", in Tien Ju-kang, *The Chinese of Sarawak: A Study of Social Structure*, London: London School of Economics Monographs on Social Anthropology, no. 12, 1953, pp. 21—35.

的社会和经济作用,揭示了宗族在海外发生的各种变化,包括强烈的相互团结意识和发挥的经济作用。与中国的长者为尊不同,在沙捞越,华人宗族的领导权是根据个人品质和较高的经济地位来决定的。

对于海外华人社会来说,家族不仅是文化和社会层面上的,更主要是经济层面上的。黄绍伦在其具有开创性意义的文章中提出,"华人经济组织的本质是家族主义"[1]。他认为,华人家族企业不一定是小规模的、短暂的和保守的。他将华人家族企业的发展分为四个阶段:形成、集中、分割和瓦解。后来的相关研究表明,华人家族主义必须在不同的社会政治结构中去理解,占主导地位的政治论说也会对华人家族主义产生影响。[2] 虽然家族作为一个集合体的概念常常与"同居共财"(费孝通语)的概念联系在一起,但家族的分散如同人类迁移的历史一样久远,陈达和其他学者的研究很好地记录了这种现象。20 世纪末期的全球化浪潮加快了海外华人家族的转变。陈国贲在有关香港"太空人家庭"的研究中[3]提出了两个主要观点:华人家庭的(短期)分散通常是为了保存家庭而作出的理性决定,"家庭的分离是为了超越时空的相聚";这些在空间上分散的家庭形成了一种持续跨国的策略模式,推动了华人"四海为家"理念的出现和延续。[4]

自愿性社团是海外华人社会的一种重要的组织形式,它通常被定义为"任何公开的、有正式章程的、特定社会群体的成员可以随意加入

① Wong Siu-Lung, "The Chinese Family Firm: A Model", *British Journal of Sociology*, 36 (1),1985: 58—72.

② Susan Greenhalgh, "De-Orientalizing the Chinese Family Firm", *American Ethnologist*, 21, 4,1994: 746—775; M. K Whyte, "The Chinese Family and Economic Development: Obstacle or Engine?" *Economic Development and Cultural Change*, 45 (1),1996: 1—30; Arif Dirlik, "Critical Reflections on 'Chinese Capitalism' as Paradigm", *Identities*, 3, 1997: 303—330;Martin King Whyte, "Paradoxes of China's Economic Boom", *Annual Review of Sociology*, vol. 35,2009, pp. 371—392.

③ Chan Kwok Bun, "A Family Affair: Migration, Dispersal, and the Emergent Identity of the Chinese Cosmopolitan", *Diaspora*, 6, 2,1997: 195—214.

④ Leo Ou-fan Lee, "On the Margins of the Chinese Discourse: Some Personal Thoughts on the Cultural Meaning of the Periphery", in Tu Weiming (ed.), *The Living Tree*, pp. 221—244; Chan Kwok Bun, "Imagining/Desiring Cosmopolitanism", *Global Change, Peace & Security*, 15 (2),2003: 139—156.

的非商业性组织"①。韩格理（Gary Hamilton）指出："自愿社团是拥有成员、明确的组织界限、某种类型的管理机构和特定目的，并且对其成员具有明文规定的义务和责任的俱乐部。然而，华人社团并不完全符合这些条件，也没有严格的定义和精确的界限。华人社团关注的是使其成员形成共同认同和具有责任与义务的道德社区的各种关系。"②魏安国（Edgar Wickberg）的文章③以东南亚华人和北美华人的比较研究作为基础，提出了有关华人社团的有价值的看法，这些组织帮助新移民（有时也包括老移民）解决他们的基本需求——住房、工作和社会支持。在过去的 150 年间，华人移民的需求已由寻求住房和就业转变为谋求新机会及与故乡的联系，再到关注子女对华文教育的需求（包括语言和文化，或者两者兼而有之）。④

傅利民（Maurice Freedman）是从人类学角度研究海外华人问题的先驱者，其有关 19 世纪新加坡和其他地区华人移民社团的研究是经典之作。⑤他考察了建立在地域、方言、姓氏和行业基础之上的各种关

---

① Gordon Marshall, *Oxford Concise Dictionary of Sociology*, Oxford: Oxford University Press, 1994, p. 557.

② Gary Hamilton, "Competition and Organization: A Reexamination of Chinese Business Practices", *Journal of Asian Business*, 12, 1, 1996, p. 18.

③ Edgar Wickberg, "Overseas Chinese Adaptive Organizations, Past and Present", in Ronald Skeldon (ed.), *Reluctant Exiles? Migration from Hong Kong and the New Overseas Chinese*, Hong Kong: Hong Kong University Press, 1994, pp. 68—84.

④ 相关的研究可参见：Bryna Goodman, *Native Place, City, and Nation: Regional Networks and Identities in Shanghai, 1853—1937*, Berkeley: University of California Press, 1995; Wang Tai-peng, *The Origins of Chinese Kongsi*, Petaling Jaya: Pelanduk Publications, 1996; Li Minghuan, *We Need Two Worlds: Chinese Immigration Associations in A Western Society*, Amsterdam: Amsterdam University Press, 1999; Him Mark Lai, "Chinese Organizations in America Based on Locality of Origin and/or Dialect-Group Affiliation, 1940s—1990s", *Chinese America: History and Perspective 1996*, San Francisco: Chinese Historical Society of America, 1996, pp. 19—75; Liu Hong, "Organized Chinese Transnationalism and the Institutionalization of Business Networks: the Singapore Chinese Chamber of Commerce and Industry as a Case Analysis", *Southeast Asian Studies*, 37 (3), 1999: 392—417; Renqiu Yu, *To Save China, To Save Ourselves: The Chinese Hand Laundry Alliance of New York*, Philadelphia: Temple University Press, 1992.

⑤ Maurice Freedman, "Immigrants and Associations: Chinese in Nineteenth Century Singapore", *Comparative Studies in Society and History*, 3 (1), 1960: 25—48.

系,发现在海外背景下这些关系既有延续性又有变化性。晚清中国的秘密会社是这些社团的前身,对抗满族统治者是这些组织在中国存在的理由,但是在新加坡这种理由已经不那么重要了。在那里,秘密会社被看作"既能够隔离外部社会对华人的干预,又能够平衡相对封闭的各华人群体之间的关系的一种手段"。克里斯曼(Lawrence Crissman)在东南亚和北美的相关研究基础上提出的有关海外城市华人社会的板块理论,为我们提供了一个理解海外华人社会组织的普遍性模型。[①] 在强调海外华人社会多元性和"在地性"的同时,他指出,华人社会并不是同质的,而是依据方言和出生地被划分成许多次集团或者板块。这些板块是彼此关联的、相互交叠的和不固定的。华人次群体的领导权是建立在财富和威望基础之上的。克里斯曼认为:"海外华人社会其实就是一种富豪统治,在这种体系中,财富直接产生威望和权力。"这种领导模式体现了与中国原有统治模式的显著差异。正如王赓武指出的,中国传统理念中的"士"处于社会的顶层并且享有政治特权,"商"则要么处于底层(理论上),要么在"士"之下(现实上)。另一方面,处于殖民统治时代的东南亚华人,"经商和经营小商铺是唯一向他们敞开的致富源泉……因而,从广义上讲,海外华人社会只有两种分类——商人和那些渴望成为商人的人"[②]。

虽然华人自愿性团体最初是为了解决移民在特殊地理环境下的需求而产生的,但是它们的跨国活动不应被忽视。笔者的文章关注的是20世纪80年代初之后兴起的空前高涨的海外华人社团的全球化活动,具体表现为一些经常性的大规模的聚会、体制性的跨国社团的形成,最重要的是,相关个人和机构开创性地利用这样的聚会和机构来建

---

① L. W. Crissman, "The Segmentary Structure of Urban Overseas Chinese Communities", *Man*, 2 (2), 1967: 185—204.

② Wang Gungwu, "Traditional Leadership in a New Nation: The Chinese in Malaya and Singapore", Gehan Wijeyewardene (ed.), *Leadership and Authority: A Symposium*, Singapore: University of Malaya Press, 1968, p. 210.

构商业和社会网络（包括海外华人内部和海外华人与母国之间）。[①] 笔者认为，海外华人社团的全球化体现了在全球多元化背景下结构与文化关系的一种重要变迁。作为历史重构、社会复苏、经济扩张和文化新生的一种重大策略，它深刻地影响着现代华人跨国主义的模式和中国社会经济的发展，也在全球和地区之间创造了一种新的协调模式。

在过去的 20 年间，海外华人商业网络和企业制度成为学术研究的主题和流行的话题。[②] 在解释华人经济活动的过程中出现了两种不同的视野·一个是文化论，另一个是结构论。我称之为"修正主义转向"最近开始出现，其特征是试图超越现有的二分法，对国家、体制和全球化

[①] Liu Hong, "Old Linkages, New Networks: The Globalization of Overseas Chinese Voluntary Associations and Its Implications", *The China Quarterly*, 155, 1998: 582—609. 有关移民社团的全球性比较研究可参见：Jose C. Moya, "Immigrants and Associations: A Global and Historical Perspective," *Journal of Ethnic and Migration Studies*, 31 (5), 2005: 833—864；值得注意的是，移民社团同祖籍国的关系并非始终融洽，对萨尔瓦多移民社团在美国的一项研究显示，它们之间也存在矛盾和冲突，参见：Roger Waldinger, Eric Popkin, Hector Aquiles Magana, "Conflict and Contestation in the Cross-border Community: Hometown Associations Reassessed", *Ethnic and Racial Studies*, 31 (5), 2008: 843—870.

[②] R. A. Brown (ed.), *Chinese Business Enterprise in Asia*, 4 volumes, London: Routledge, 1995; Gary Hamilton (ed.), *Asian Business Networks*, Berlin: Walter de Gruyter, 1996; Chan Kwok Bun (ed.), *Chinese Business Networks: State, Economy and Culture*, Singapore: Prentice Hall, 2000; Henry Wai-chung Yeung and Kris Olds (eds.), *Globalisation of Chinese Business Firms*, London: Macmillan, 2000; Edmund Terence Gomez, and Hsin-Huang Michael Hsiao (eds.), *Chinese Business in South-East Asia: Contesting Cultural Explanations, Researching Entrepreneurship*, Surry: Curzon Press, 2001 and *Chinese Enterprise, Transnationalism, and Identity*, London: RoutledgeCurzon, 2004; Thomas Menkhoff and Solvay Gerke (eds.), *Chinese Entrepreneurship and Asian Business Networks*, London: RoutledgeCurzon, 2002; Henry Wai-chung Yeung, *Chinese Capitalism in a Global Era: Towards Hybrid Capitalism*, London: Routledge, 2004; Liu Hong and Wong Sin Kiong, *Singapore Chinese Society in Transition: Business, Politics and Socio-economic Change, 1945—1965*, New York: Peter Lang Publishing, 2004; Eric Fong and Chiu Luk (eds.), *Chinese Ethnic Business: Global and Local Perspectives*, London: Routledge, 2007; Tan Chee-Beng (ed.), *Chinese Transnational Networks*, London: Routledge, 2007; 廖赤阳、刘宏：《错综于市场、社会和国家之间：东亚口岸城市的华商与亚洲区域网络》，新加坡南洋理工大学中华语言文化研究中心，2008 年版。

及其同华商网络的关系作深入的探讨。① 该卷中的"网络和企业制度"部分以麦基(Jamie Mackie)的文章开始,这是他对华人商业成功和企业经营能力进行的一项早期研究。② 虽然他引用的大部分研究成果都是有关东南亚的,但他是把自己的发现放在移民企业制度这样的大背景下进行考察的,包括移民企业制度与价值、动机和社会经济结构之间的联系。自 20 世纪早期韦伯和熊彼特范式的学术研究的全盛期以来,这些问题一直是有关企业制度争论的焦点。③

前文提到,有关海外华人的研究是国际性的,来自不同学科、不同国家的研究者都在这个领域作出了自己的贡献。因对东亚朝贡贸易体系的创新性研究而闻名遐迩的滨下武志,将日本的汉学传统和丰富的原始性资料介绍给了日本以外的学者,引起了学界的关注。④ 与以往以国家或民族经济为研究单元的惯例不同,滨下武志的论文是将海外华人金融网络放在区域和种族交融的背景下进行考察的,重点关注仁川—上海—大阪(神户)之间广阔的三角贸易体系。在 19 世纪 50 年代西方人用武力强迫日本开国以后,日本人就依靠中国商人和海外华人

---

① Liu Hong, "Immigrant Transnational Entrepreneurship and Linkages with the State/Network: Sino-Singaporean Experience in a Comparative Perspective", in Raymond Wong (ed.), *Chinese Entrepreneurship in a Global Era*, London: Routledge, 2008, pp. 117—149.

② J. A. C. Mackie, "Overseas Chinese Entrepreneurship", *Asian-Pacific Economic Literature*, 6, 1992: 41—64.

③ Howard Aldrich and Roger Waldinger, "Ethnicity and Entrepreneurship", *Annual Review of Sociology*, 16, 1990, pp. 111—135; Patricia H. Thornton, "The Sociology of Entrepreneurship", *Annual Review of Sociology*, 25, 1999, pp. 19—46; Richard Swedberg (ed.), *Entrepreneurship: The Social Science View*, Oxford: Oxford University Press, 2000; Casson, Mark, *The Entrepreneur: An Economic Theory*. Cheltenham: Edward Elgar, 2003, Second Edition.; G. D. Bruton, D. Ahlstrom, and K. Obloj, "Entrepreneurship in Emerging Economies: Where Are We Today and Where Should the Research Go in the Future", *Entrepreneurship Theory and Practice*, vol. 32, no. 1, 2008, pp. 1—14.

④ Hamashita Takeshi, "Overseas Chinese Financial Networks and Korea", in S. Sugiyama and Linda Grove (eds.), *Commercial Networks in Modern Asia*, Surry: Curzon, 2001, pp. 55—70; "Competing Political Spaces and Recreating Cultural Boundaries in Modern East Asia: Regional Dynamism and the Maritime Identity of Asia", in Melissa Curley and Hong Liu (eds.), *China and Southeast Asia: Changing Social-Cultural Interactions*, Hong Kong: Center of Asian Studies, University of Hong Kong, 2002, pp. 27—38.

长期建立起来的商业贸易网络同东亚其他国家和地区建立起了经济联系。韩格理的论文①认为不能将华人资本主义严格地局限于地理疆界之内,他提倡一种更加重视历史因素的研究。华人资本主义的基础是"通过血缘原则而不是依靠一套政治经济体系维持其合法性的"一种社会组织。这些原则哺育了华人的商业网络,而这些网络是"非常灵活的并且能够给华人企业家在供求关系中提供一种比较优势"。

该卷第四部分"文化的问题"所收录的文章主要是帮助我们从文化的视角来理解海外华人。第一篇文章探讨了香港报刊在海外华人意识形成中所扮演的角色。历史上,香港一直是中国向外移民的主要中转站和海外华人社会的连接点(hub)。冼玉仪认为,19世纪后期香港华文媒体是了解华侨信息的一个主要来源。② 通过描述侨胞所遭受的苦难,展现他们共同的经历,以及强调他们与祖国和家乡的联系,香港的媒体在读者心目中创立了"一个现在我们称之为海外华人的跨国实体"。我认为,海外华人的这种重构是与"华侨"的形成和社会政治意义上一个"新南洋"的出现相吻合的,该理念强调了种族、地区和权力之间的错综复杂的关系。③

宗教在华人移民尤其是早期移民对外面世界的想象中发挥了重要作用,它也是连接华人移民与其祖籍地的"文化资本"。陈志明在一项有关东南亚华人的人类学研究中,考察了包括佛教在内的华人宗教的

---

① Gary Hamilton, "Overseas Chinese Capitalism", in Tu Wei-ming (ed.), *Confucian Traditions in East Asian Modernity*, Cambridge: Harvard University Press, 1996, pp. 328—342.

② Elizabeth Sinn, "Beyond *Tianxia*: The *Zhongwai Xinwen Qiribao*, Hong Kong 1871—1872 and the Construction of a Transnational Chinese Community", *The China Review*, 4 (1), 2004: 89—122. 有关 20 世纪初亚洲与华侨观念的建构和变迁,参见:Liu Hong, "Beyond Orientalism and the East-West Divide: China and Southeast Asia in the Double Mirror", *Stockholm Journal of East Asian Studies*, 13, 2003: 45—65.

③ Wang Gungwu, "The Origin of Hua-Ch'iao", in Wang Gungwu, *Community and Nation: China, Southeast Asia and Australia*, St Leonards, NSW: Asian Studies Association of Australia in association with Allen & Unwin, 1992, pp. 1—10; Liu Hong, "Sino-Southeast Asian Studies: Toward an Alternative Paradigm", *Asian Studies Review*, 25 (3), 2001: 259—283; Rebecca E. Karl, *Staging the World: Chinese Nationalism at the Turn of the Twentieth Century*, Durham: Duke University Press, 2002.

形成与构成。① 他认为，这些宗教信仰都是以多神论和混合信仰为特征的，属于民间宗教，是华人认同产生的根本。教育是影响认同的另外一个重要因素。陈绿漪（Tan Liok Ee）考察了马来西亚的华文学校②，这是除中国大陆、香港和台湾之外最全面的华文教育体系。她发现凡是加入国民学校系统，同时又提供多种语言教育的华文学校，都被保存了下来。作为华人从移民社会向独立民族国家成员转变过程中，人口比重、社会文化、经济和政治等因素综合影响的结果，华人的文化教育保持着一种回升的态势。

华人移民的性别问题在近年来得到了越来越多的关注，出现了不少有关华人妇女移民，尤其是北美华人妇女移民的研究。③ 这种研究的障碍之一是缺乏华人妇女移民自身的描述，她们仍是"没有历史的人群"。杨碧芳（Judy Yung）认为，口述史"允许普通人讲述他们自己的历史，填补史料编撰方面的空白，挑战已有的一成不变的他人记载模式并且证明自己的人生"。她满怀希望地得出结论："为了生存、适应，华人妇女总是善于创造新的奇迹，她们对家庭幸福、社会繁荣和国家发展都贡献良多。"④

华人的形象和自我形象塑造是海外华人研究领域学术研究关注的

---

① Tan Chee-Beng, "The Study of Chinese Religions in Southeast Asia: Some Views", in Leo Suryadinata (ed.), *Southeast Asian Chinese: The Socio-Cultural Dimension*, Singapore: Times Academic Press, 1995: 139—164.

② Tan Liok Ee, "Chinese Schools in Malaysia: A Case of Cultural Resilience", in Lee Kam Hing and Tan Chee-Beng, eds., *The Chinese in Malaysia*, Kuala Lumpur: Oxford University Press, 2000, pp. 228—254.

③ Rey Chow, *Writing Diaspora: Tactics of Intervention in Contemporary Cultural Studies*, Bloomington: Indiana University Press, 1993; James A. Geschwender, "Ethnicity and the Social Construction of Gender in the Chinese Diaspora", *Gender and Society*, 6 (3), 1992: 480—507; Sharon K. Hom (ed.), *Chinese Women Traversing Diaspora: Memoirs, Essays, and Poetry*, New York: Garland Pub., 1999; *Bao Jiemin*, Marital Acts: Gender, Sexuality, and Identity among the Chinese Thai Diaspora, *Honolulu: University of Hawaii Press, 2005*; Khun Eng Kuan-Pearce (ed.), *Chinese Women and the Cyberspace*, Amsterdam: Amsterdam University Press, 2008.

④ Judy Yung, "Giving Voice to Chinese American Women: Oral History Methodology", in Judy Yung, *Unbound Voices: A Documentary History of Chinese Women in San Francisco*, Berkeley: University of California Press, 1999, pp. 511—526.

又一趋势。这种形象主要体现在电影、音乐、文学作品中,以及社会经济评论中。① 施蕴玲(Caroline Hau)考察了菲律宾民族主义者眼中的华人形象,从而说明他们既想将华人作为菲律宾民族国家成员的一部分,又想将他们排斥在外,这种矛盾心理存在持续的角力。② 她不仅"提醒我们注意华人的边缘化以及华人作为少数民族受多数民族压迫或者贿略多数民族的表现形式",而且也考察了"对华人有选择地进行吸纳和排斥的机制,有助于准确地将华人这个政治群体想象成菲律宾人"。

唐人街的形成不可避免地受东道国文化、种族和政治权力的影响。在北美,唐人街的典型特征表现为"在一个或多个街区华人人口及其经济活动的集聚中心,是该城市构成的一个独特部分,是在以西方人为主导的城市环境中具有东方社会特质的一个社区"。然而,安德森(Kay Anderson)超越了这种传统的方法,她把唐人街看作"一种具有文化历史、想象传统和制度实践的社会架构,对西方人来说,它既是一种认识上的表征,也是一种物质上的存在"③。她认为:"这是一种属于欧洲白人文化传统的想法。"她对温哥华市政政策及规划的分析表明,欧洲白人认为华人移民与他们之间有着很大的不同。20世纪,唐人街的内部政治及其与中国的跨国联系,是西方国家城市华人社会形成的另一个因素。唐人街不仅是一种概念和想象,而且也是居住和工作之地,在某些情况下甚至已延伸为一个工业部门。周敏和罗根(John Logan)通过

---

① *Overseas Chinese Figures in Cinema*, Hong Kong: Urban Council, 1992; Xiao-huang Yin, *Chinese American Literature since the 1850s*, Urbana: University of Illinois Press, 2000; Shen Yuanfang, *Dragon Seed in the Antipodes: Chinese-Australian Autobiographies*, Melbourne: Melbourne University Press, 2001.

② Caroline S. Hau, "Alien Nation", in idem, *Necessary Fictions: Philippine Literature and the Nation, 1946—1980*, Manila: Ateneo de Manila University Press, 2000, pp. 133—176. 有关印尼原住民对华人看法的研究,可参见:Leo Suryadinata, *Pribumi Indonesians, the Chinese Minority, and China*, Singapore: Heinemann Asia, 1992; Liu Hong, and Goenawan Mohamad, Sumit Mandal, *Pram dan Cina*〔Pramoedya and China〕, Jakarta: Komunitas Bambu, 2008.

③ Kay Anderson, "The Idea of Chinatown: The Power of Place and Institutional Practice in the Making of a Racial Category", *Annals of the Association of American Geographers* 77 (4), 1987: 580—598.

大量的实地调查和数据分析，考察了北美地区最古老的唐人街之一——纽约市唐人街。[①] 他们把唐人街定义为可以为其成员创造在主流社会中得不到的机会的种族飞地。他们发现受教育程度、工作经历、英语语言能力，以及其他形式的人力资本，使种族飞地里的男性工人能够提高他们的赚钱能力。但是，种族飞地劳动力市场内的性别歧视，意味着女性工人的人力资本转换程度最低。

四、全球各地的华人社群

《海外华人》的第一、第二卷主要将海外华人作为一个整体进行分析，第三卷具体考察不同地区和国家的海外华族和华人移民社会，以及他们相应采取的适应策略。这一关注点也是与人类学对移民研究的最新动向相一致的。沃托维克（Steven Vertovec）指出，新的研究方向注重"后移民族群多样性"（post-migration ethnic diversity），并将跨国性（transnationalism）、混杂性（hybridity）、性别（gender）、世界主义（cosmopolitanism）等概念和论题提到更高的分析层次。[②] 前两卷中已经涉及的有关认同、跨国性、华人性和性别等主题，在第三卷中将继续探讨。要论及每一地的华族和华人移民社会是不可能的，因此，我们的关注点

---

① Min Zhou and John R. Logan, "Returns on Human Capital in Ethnic Enclaves: New York City's Chinatown", *American Sociological Review*, 54 (5), 1989: 809—820. 参见：Min Zhou, *Chinatown: The Socioeconomic Potential of an Urban Enclave*, Philadelphia: Temple University Press, 1992; Hsiang-Shui Chen, *Chinatown No More: Taiwan Immigrants in Contemporary New York*, Ithaca: Cornell University Press, 1992; Chen Yong, *Chinese San Francisco, 1850—1943: A Trans-Pacific Community*, Stanford: Stanford University Press, 2000; Peter Kwong, *Chinatown, New York: Labor and Politics, 1930—1950*, New York: New Press, 2001; Adam McKeown. *Chinese Migrant Networks and Cultural Change: Peru, Chicago, Hawaii, 1900—1936*, Chicago: University of Chicago Press, 2001; Flemming Christiansen, *Chinatown, Europe: An Exploration of Overseas Chinese Identity in the 1990s*, London: Routledge, 2003; Kiyomi Yamashita（山下清海）:『チャイナタウン―世界に広がる華人ネットワーク』（*Chinatowns: A Global Network of Ethnic Chinese*），Tokyo: Maruzen, 2000（日文版）。

② Steven Vertovec, "Introduction: New Directions in the Anthropology of Migration and Multiculturalism", *Ethnic and Racial Studies*, 30 (6), 2007: 961—978.

主要是东南亚和北美地区的华人社会,这也是根据华人人口统计和学术研究方向的变化而作出的选择。到 20 世纪 50 年代为止,东南亚都是华人移民的主要目的地,之后它被北美和其他一些工业化国家所取代,然而,仍有约 80% 的华人居住在东南亚地区。西方国家中文化研究和族群研究的产生和壮大,进而推动了海外华族研究与这些新研究领域的结合。

第三卷有关东南亚的部分以施坚雅(William Skinner)的文章作为开端。[①] 他将社会科学研究方法和汉学知识结合起来。他认为,华人文化与本土文化在东南亚"克里奥尔型社会"(creolised)中,达到了一种全新的稳定的社会文化的综合。施坚雅的比较研究方法因特罗基(Carl Trocki)对 18~19 世纪华人商业进行的区域研究视角而得到了补充和完善。[②] 特罗基的研究表明,华人企业的形成早于殖民时代,当时已经出现大量的华人跨国流动现象,公司(kongsis)或股份制成为华人企业的重要组织结构。苏尔梦(Claudine Salmon)重新评估了华人对东南亚的贡献。[③] 与强调华人作为剥削性的中间人的观点不同,她呼吁注意华人史中许多被忽视的方面,包括西方人到来前后的技术援助、经济支持和其他各种实际知识的传播。前三篇文章主要探讨前殖民时代和殖民时代,在这期间华人公开认同中国:既把她看作一种文明,也把她看作一个民族国家。1945 年之后发生了一些根本性的变化,此时,东南亚地区的民族国家开始出现。廖建裕抓住了这些变化并提出了研究这些新现实的概念性的工具。他更喜欢称东南亚地区的华

---

① G. William Skinner, "Creolised Chinese Societies in Southeast Asia", in Anthony Reid(ed.), *Sojourners and Settlers: Histories of Southeast Asia and the Chinese*, Sydney: Allen & Unwin, 1996, pp. 51—93.

② Carl A. Trocki, "Boundaries and Transgressions: Chinese Enterprise in Eighteenth-and Nineteenth-Century Southeast Asia", in Aihwa Ong and Donald Nonini (eds.), *Ungrounded Empires: The Cultural Politics of Modern Chinese Transnationalism*, New York: Routledge, 1997, pp. 61—85.

③ Claudine Salmon, "The Contribution of the Chinese to the Development of Southeast Asia: A New Appraisal", *Journal of Southeast Asian Studies*, 12 (1),1981: 260—275.

人为"东南亚人",既探讨他们的自我认同,也分析土著对他们的看法。①

与东南亚大多数国家倾向于强调单一种族,并把多种族描绘成对民族统一的潜在威胁不同,北美、澳大利亚和新西兰等移民国家,实行的是多元文化政策,包容种族的多样性。这些新政权出现于 20 世纪后期,并且早在它们成立之前就建立了在"种族"基础上的歧视制度(包括歧视华人移民)。这种体制上的种族主义对华人认同的转变、职业模式和华人移民与当地政权及祖籍国之间关系的变化等,都是一种决定性的因素。王灵智认为,美国华人的认同不仅受到主流同化思想(美国)和忠诚思想(对中国)的影响,而且也受到华人与美国白种人实际交流产生的各种思想变化的影响。② 他们之间的互动产生了建立在侨居、同化、融合、种族自豪和异化基础之上的五种类型的认同。陈淑贞(Sucheng Chan)的个案研究与施坚雅有关殖民时代东南亚克里奥尔化华人社会概念的界定迥然不同。③ 她认为,第二代美籍华人是"美国华人社会中社会化程度最高的一个群体",他们努力变成美国人,也渴望被当作美国人来对待。与仍保持中华文化的东南亚华人不同,美国华人意识到"美国"文化与"中国"文化之间存在着不可弥合的差异,对于他们来说,如何在两者之间作出选择是痛苦的事情。④

---

① Leo Suryadinata, "Ethnic Chinese in Southeast Asia: Overseas Chinese, Chinese Overseas or Southeast Asians?" in Leo Suryadinata (ed.), *Ethnic Chinese as Southeast Asians*, Singapore: Institute of Southeast Asian Studies 1997, pp. 1—24.

② Wang Ling-chi, "Roots and the Changing Identity of the Chinese in the United States", in Tu Weiming (ed.), *The Living Tree*, pp. 185—212.

③ Chan Sucheng, "Race, Ethnic Culture, and Gender in the Construction of Identities among Second-Generation Chinese Americans, 1880s to 1930s", in K. Scott Wong and Sucheng Chan (eds.), *Claiming America: Constructing Chinese American Identities during the Exclusion Era*, Philadelphia: Temple University Press, 1998, pp. 127—164.

④ Josephine M. T. Khu (ed.), *Cultural Curiosity: Thirteen Stories about the Search for Chinese Roots*, Berkeley: University of California Press, 2001; Andrea Louie, *Chineseness across Borders: Renegotiating Chinese Identities in China and the United States*, Durham: Duke University Press, 2004. Him Mark Lai, *Becoming Chinese American: A History of Communities and Institutions*, Walnut Creek: Altamira Press, 2004. 周敏:《美国华人社会的变迁》,上海三联书店,2006 年版。

李胜生(Peter Li)的文章追溯了 1858 年到 1930 年间华人在加拿大的移民历程,他指出华人的职业选择受市场条件(包括对廉价劳工的需求)和制度性种族歧视的限制。① 族群企业是作为一种应对敌对环境的方式而出现的。他对种族分层的历史研究方法,不同于强调心理和文化不同的传统研究。米切尔(Katharyne Mitchell)以香港移民企业家组成的具有影响力的自愿社团为例,探索跨国主义、加拿大的新自由主义,以及华人网络之间的复杂关系,强调有必要将华人的跨国主义置于加拿大的国家政治经济架构下进行考察,因为它本身就是全球交流的产物。②

尽管大多数欧洲国家并不像美国、加拿大、澳大利亚和新西兰那样属于移民国家,但在 20 世纪后期它们仍然成为华人移民的主要目的地之一。彭柯(Frank Pieke)认为,欧洲的华人移民是个被忽略的课题,虽然华人向欧洲的移民可以上溯至 19 世纪中叶。到了 20 世纪 90 年代后期,欧洲的华人人数已超过了 150 万。彭柯主张开展比较研究和理论建构,并且建议采用以欧洲代替国家为研究单位的方法。同时,对各国华族和华人移民社会进行研究将为开展全欧洲范围的比较研究奠定坚实的基础。③ 班国瑞(Gregor Benton)的论文认为,跨国实践和跨国体系就如同"英国的华人移民一样历史悠久"④。除了与其他地区的同胞建立跨国联系外,英国华人的跨国世界"根据不同的次集团、政治和阶级划分而有几个相互交叉的层面"。

---

① Peter Li, "A Historical Approach to Ethnic Stratification: The Case of the Chinese in Canada, 1858—1930", *Canadian Review of Sociology and Anthropology*, 16 (3), 1979: 320—332.

② Katharyne Mitchell, "Transnationalism, Neo-liberalism, and the Rise of the Shadow State", *Economy and Society*, 30 (2), 2001: 165—189.

③ Frank Pieke, "Introduction", in Gregor Benton and Frank Pieke (eds.), *The Chinese in Europe*, London: Macmillan Press, 1998, pp. 1—17. Frank Pieke, P. Nyiri, M. Thuno and A. Ceccagno. *Transnational Chinese: Fujianese Migrants in Europe*, Stanford: Stanford University Press, 2004.

④ Gregor Benton, "Chinese Transnationalism in Britain: A Longer History", *Identities: Global Studies in Power and Culture*, 10 (3), 2003: 347—375. 班国瑞有关英国华人的最新成果为:Gregor Benton, and Edmund Gomez. *The Chinese in Britain, 1800 - Present: Economy, Transnationalism, Identity*, Houndmills: Palgrave Macmillan, 2008.

华人在澳大利亚和新西兰的经历与北美极为相似,其中种族主义的移民政策对华人社会都产生了重要的影响。崔(C. Y. Choi)有关 1901 年《联邦移民限制法案》的研究,分析了持续数十年的"白澳"政策的产生和演变。① 该法案要求移民要进行欧洲语言能力的测试。由于这项政策,澳大利亚的华人人口减少了 2/3 以上,从 1901 年的 3 万多人降至 1947 年的约 9 000 人。该政策也加速了华人人口的城市化进程及伴随而来的从矿业和农业向工商业的转变。在 20 世纪 70 年代,来自东南亚、中国内地和香港的华人抵达澳洲前,澳洲并没有出现新移民潮。在这新一轮的移民浪潮中,女性的人数超过了男性。由于对"将华人移民界定为经济主导和男性主导"的研究范式不满,莱恩(Jan Ryan)从性别和阶级角度考察了澳大利亚华人移民的新模式。② 叶宋曼瑛(Manying Ip)根据移民政策的变化考察了新西兰华人移民的发展历程,她描述了新西兰华人社会的人口统计学和就业图景,分析了 20 世纪 90 年代以来新西兰华人的应对策略、族群内部的联系、认同的变化,以及文化复兴。③

　　第三卷的最后一部分是关于其他地区华人社会的研究文章。相对于我们已经考察过的华人社会,这些地区的华人人数无论是从相对数字上,还是从绝对数字上来看,都是比较少的。即使这样,对于他们的研究也会增加我们对海外华人的理解。在论及墨西哥和秘鲁的华人时,胡其瑜(Evelyn Hu-Dehart)指出:"作为农夫和劳工、蔬菜供应者、商人、小店主、工匠和手工业者、开拓者和先驱,华人为拉丁美洲和加勒比地区的经济发展和基础设施建设作出了巨大贡献。"④至于居住在日

---

　　① C. Y. Choi, "Chinese Migration 1901—1947: Under the Commonwealth Immigration Restriction Act 1901", in idem, *Chinese Migration and Settlement in Australia*, Sydney: Sydney University Press, 1975, pp. 36—54.

　　② Jan Ryan, "Chinese Women as Transnational Migrants: Gender and Class in Global Migration Narratives", *International Migration*, 40 (2), 2002: 93—114.

　　③ Manying Ip, "Chinese Immigrants and Transnationals in New Zealand: A Fortress Opened", in Laurence J. C. Ma and Carolyn Cartier (eds.), *The Chinese Diaspora: Space, Place, Mobility, and Identity*, Lanham: Rowman & Littlefield Publishers, Inc., 2003, pp. 339—358.

　　④ Evelyn Hu-DeHart, "Coolies, Shopkeepers, Pioneers: The Chinese of Mexico and Peru (1849—1930)", *Amerasia Journal*, 15 (2), 1989: 91—116.

本的华侨华人，虽然对其研究较多，但是大部分著作都是用日文或者中文写成的。[1] 弗里曼（Richard Friman）强调了在移民政策和强制模式影响下日本华人的转变。一些中国人通过"前门"合法进入日本，同时，也有一些人通过学生和实习生签证从"旁门"进入日本，还有一些人则作为非法移民从"后门"进入日本，以满足日本国内对非熟练劳工的需求。[2]

在有关印度东北部加尔各答市客家人族群认同的研究中，奥克菲（Ellen Oxfeld）指出，族群认同不仅仅是指一个群体选择如何界定自身，而且也包括他人对自己的界定。[3] 族群认同是对话式的或反射性的，它是"通过自我族群与他人之间的持续对比而产生、维持并且重新得到肯定"的。她强调加尔各答客家人认同赖以建立和维持的三种因素："国家和民族政治、一种依据种族不同而建立起来的分层经济，以及拥有以纯洁与否为判别标准的宗教体系的东道国社会。"本卷最后一章是哈里斯（Karen Harris）关于南非华人的论文。[4] 南非华人拥有漫长的斗争历史和跨国交流，而这一点既被南非的历史学家也被海外华人

---

① 有关日本华人的研究，可参见饭岛涉：『華僑・華人史研究の現在』，东京汲古书院，1999；刘宏、廖赤阳：『ネットワーク、アイデンティティと華人研究：二十世紀の東アジア地域秩序を再検討する』，载『東南アジア研究』，2006 年第 43 卷第 4 期，第 346—373 页，以及 http://www. sakura. cc. tsukuba. ac. jp/~yamakiyo/index. htm。

② H. Richard Friman, "Evading the Divine Wind Through the Side Door: The Transformation of Chinese Migration to Japan", in Pál Nyiri and Igor Saveliev (eds.), *Globalizing Chinese Migration: Trends in Europe and Asia*, Aldershort: Ashgate, 2002, pp. 9—34.

③ Ellen Oxfeld, "Still 'Guest People': The Reproduction of Hakka Identity in Calcutta, India", in Nicole Constable (ed.), *Guest People: Hakka Identity in China and Abroad*, Seattle: University of Washington Press, 1996, pp. 149—175.

④ Karen L. Harris, "The Chinese 'South Africans': An Interstitial Community", in Wang Ling-chi and Wang Gungwu (eds.), *The Chinese Diaspora: Selected Essays*, Singapore: Times Academic Press, 1998, vol. 2, pp. 275—299.

研究者所忽视。[①] 哈里斯把南非的华人史描述为"一个充满不平等、矛盾和巨大裂缝的论说"。与其他有色人种一样,华人或多或少遭遇了种族歧视,但是由于他们人数不多、文化特色鲜明,使他们避免了最悲惨的种族隔离制度的严酷折磨,并且得以"在占统治地位的白人精英阶层与以劳工阶层为主的人口众多的黑人的夹缝中生存,虽然有时情况不稳定"。

五、互动的机制与纽带

海外华人的历史与他们和祖籍地之间不断变化的联系相伴随。中国自身的转变导致了华人国际移民的出现,海外华人反过来又影响了近现代中国的发展。在中国与其居住国之间的政治和经济关系中海外华人扮演着重要的角色。第四卷收录的文章将探讨两个相关的主题:海外华人与其祖(籍)国之间的长期联系和海外华人对中国经济发展的贡献,以及海外华人在中国和其他地区之间的相互交流中所扮演的角色。

本卷第一部分"侨乡内外"讨论了海外华人在侨乡及侨乡之外所发挥的作用。陈达比较了移民与非移民社会之间的异同,在这项民族学研究中,他考察了移民社会的生活如何受其海外侨居者的影响。[②] 徐元音(Madeline Hsu)描述了侨居者在改变家乡面貌过程中所扮演的角色,以及在这个过程中他们自身的变化。[③] 她尤其关注侨刊的作用,这

---

① 少数的例外是:Melanie Yap and Dianne Leong Man, *Colour, Confusion and Concessions: The History of the Chinese in South Africa*, Hong Kong: Hong Kong University Press, 1996;李安山:《非洲华侨华人史》,中国华侨出版社,2000 年版;Darryl Accone, "'Ghost People': Localising the Chinese Self in an African Context", *Asian Studies Review* 30, 4, 2006:257—272;有关非洲的华人新移民,参见:Emmanuel Ma Mung Kuang, "The New Chinese Migration Flows to Africa", *Social Science Information* 47, 2008:643—660。

② Chen Ta, "Livelihood", in Chen Ta, *Emigrant Communities in South China: A Study of Overseas Migration and Its Influence*, New York: Institute of Pacific Relations, 1940; reprint: New York: AMS Press, 1978, pp. 58—85.

③ Madeline Y. Hsu, "Migration and Native Place: *Qiaokan* and the Imagined Community of Taishan, Guangdong, 1893—1993", *Journal of Asian Studies*, 59 (2), 2000:307—331.

是"在当地编写和出版的并且分发给世界各地台山人的杂志,旨在培养移居者及其后代与祖籍地台山之间的感情联系"。她认为通过这些侨刊,"在家乡的台山人向在国外的台山人清楚地传达了他们'故乡'的变化,这些变化主要是海外台山人通过他们掌握的资金和技术优势不断支持台山的经济和福利建设而取得的"。

尽管多数的侨乡研究集中在广东和福建,这两地是早期东南亚和北美移民的主要来源地,但是也有许多欧洲的华人是来自浙江的。李明欢有关温州侨乡的文章指出,有大约 25 万温州人居住在海外,其中超过 65％的人居住在欧洲。[①] 贫穷不再是向外移民的主要动机,经济改革和开放提高了人们的生活水平和期望值。李明欢认为,浙江侨乡有一种独特的"移民文化",这里的人把"到欧洲去致富"当作他们生活的共同目标。自 20 世纪 70 年代末期以来,海外华人对中国经济的迅速增长作出了至关重要的贡献,这种益处已经超越了传统侨乡。博尔特(Paul Bolt)描述了中国政府吸引华人投资的各种努力,以及投资者的热情回应,中国从与海外华人的联系中收获颇丰。[②]

中国政府与海外华人之间的互动早在一个多世纪之前就已经开始了。本卷中"国家、地方政治和华侨民族主义"的部分以古德利(Michael Godley)的文章为开端。[③] 他考察了清朝政府利用华侨的资金和技术使 1911 年以前的中国经济现代化的情况。在 19 世纪的最后几十年间,清政府的政策由保护在海外的中国劳工转变为"鼓励与祖国重新恢复联系直到完全利用海外华侨的经验和财富"。这种转变具有深远的意义。颜清湟以新加坡和马来西亚为例,追溯了 19 世纪末 20 世纪

---

① Li Minghuan, "'To Get Rich Quickly in Europe!'—Reflections on Migration Motivation in Wenzhou", in Frank Pieke and Hein Mallee (eds.), *Internal and International Migration*:*Chinese Perspectives*, Surrey:Curzon Press, 1999, pp. 181—198.

② Paul J. Bolt, "Looking to the Diaspora:The Overseas Chinese and China's Economic Development, 1978—1994", *Diaspora*:*A Journal of Transnational Studies*, 5 (3),1996:467—496.

③ Michael Godley, "The Late Ch'ing Courtship of the Chinese in Southeast Asia", *Journal of Asian Studies*, 34 (2),1975:361—385.

初海外华侨民族主义的出现。① 随着国内民族主义情绪的不断高涨，海外华侨的民族主义在访问东南亚的清朝官员、改良派和革命派的影响下也开始形成了。对中国国家主权的外来威胁使这种民族主义更为高涨，强烈关注中国的前途和命运是海外华侨民族主义的主要特征。

王赓武批评了这样描述海外华人的观点：他们要么不关心政治，要么对生活在他们周围的人构成了一种严重的政治威胁。他认为，华人群体不是固定不变的静态社会；相反，他们是"变化的中介"，具有不同类型、可移动性和动力源泉性。② 王赓武把华侨划分为三个主要集团：甲集团主要关注中国的国家政治及其国际意义；乙集团主要关注居住地政治；丙集团则是被动地卷入非华人政治之中，不管是土著、殖民者还是民族主义者。里德（Anthony Reid）在对近代中欧犹太人和东南亚华人进行的比较研究中，考察了这两个外来群体在周围环境不断变化的过程中所发挥的创造性作用，以及他们很容易受到的攻击。③ 里德的文章对"血缘的"和"文明的"民族主义进行了区分，比较了这两个富于进取精神的少数民族转变的方式：对不断扩张的国家，他们作为中间人而崛起、解放，并拥护民族主义。卡拉汉（William Callahan）的文章对多重认同和国内与国际政治的互动进行了另外一种比较研究。中国和泰国的新民族主义者把海外华人当作重新构建民族主义本身和外来者的资源。"华人性"的多样性清楚地表现在不同的经济和文化方面，同时，海外华人是"世界大同主义、民族主义和地方主义产生的一种象

---

① Yen Ching-hwang, "Overseas Chinese Nationalism in Singapore and Malaya, 1877—1912", *Modern Asian Studies*, 16 (3), 1982: 397—425.

② Wang Gungwu, "Political Chinese: An Aspect of Their Contribution to Modern Southeast Asian History", in Bernard Grossman (ed.), *Southeast Asia in Modern World*, Wiesbaden: Otto Harrassowitz, 1972, pp. 115—128.

③ Anthony Reid, "Entrepreneurial Minorities, Nationalism, and the State", in D. Chirot and A. Reid (eds.), *Essential Outsiders: Chinese and Jews in the Modern Transformation of Southeast Asia and Central Europe*, Seattle: University of Washington Press, 1997, pp. 33—71.

征性资源"①。

海外华人在中国与其居住国之间的经济和外交交流中发挥了重要作用。本卷第三部分"种族因素和涉及外交的政治经济",以林满红探讨台湾地区商人在东亚经济现代化转型过程中所扮演角色的文章作为开端②,这也是一个经常被忽视的课题。他们在日本和亚洲的经济活动中,经常受到华商的文化网络和日本政治经济的影响。她认为:"当文化网络发挥作用时,我们可以发现台商或者海外华商的自主性;当日本的政治经济力量产生影响时,我们可以发现台商或者海外华商的从属性。"

菲茨杰拉德(Stephen Fitzgerald)探讨中华人民共和国对海外华人的政策,认为冷战期间"华人问题"先是被看作一种外交障碍,"文化大革命"结束后又被当作一种重要资本。③ 菲茨杰拉德认为,1956 年后的华人政策建立在这样的基础之上,即"对东南亚土著的态度和感情具有高度敏感性,对东南亚地区的形势和华人问题的复杂性有深刻了解并且作出了很现实的估计",这反过来也证明了北京具有"实施理性外交政策的能力"。在美国华人人口不断增长和中美关系日益重要的情况下,华人作为"跨越太平洋的桥梁"的作用开始成为人们争论的话题和

---

① William A. Callahan, "Beyond Cosmopolitanism and Nationalism: Diasporic Chinese and Neo-Nationalism in China and Thailand", *International Organization*, 57, 2002: 481—517.

② Man-houng Lin, "Taiwanese Merchants, Overseas Chinese Merchants, and Japanese government: Taiwan's Economic Relation with Japan, 1895—1945", *Journal of Asia-Pacific Studies*, 4, 2002: 3—20.

③ Stephen Fitzgerald, "China and the Overseas Chinese: Perceptions and Policies", *The China Quarterly*, 44, 1970: 1—37. 有关海外华人与中国外交的关系是个被忽视的课题,这在近年出版的几本有关中国国际关系的研究概述中都被提及。参见:Alastair Iain Johnston and Robert S. Ross (eds.), *New Directions in the Study of China's Foreign Policy*, Stanford: Stanford University Press, 2006. 有关移民与国际关系的联系之理论分析可参考:Yossi Shain and Aharon Barth, "Diasporas and International Relations Theory", *International Organization* 57, 2003: 449—479. 笔者在一篇近作中尝试对此问题进行分析,见:Hong Liu, "Chinese Overseas and a Rising China: The Limits of Diplomatic 'Diaspora Option'", in Zheng Yongnian, ed., *China and International Relations: The Chinese View and the Contribution of Wang Gungwu*, London: Routledge, 2010, pp. 177—199.

学术探讨的焦点。成露西（Lucie Cheng）分析了美国华人在建立美国和亚太地区联系中的重要作用，以及他们自身如何受这种联系的影响。[1] 她也探讨了美国、中国和美国华人之间的三角关系。在构建通向中国的桥梁的过程中，美国华人既对全球化作出了贡献，又对全球化形成了一种挑战。他们的认同包括本地化和跨国认同，因"太平洋时代"的开启而发生了转变。

这套书的最后一部分"世纪之交的华人新移民"，考察了华人新移民。他们是 20 世纪 70 年代末期以来移民出国的人，包括长期居留者和侨居者。新移民主要有四种类型：由学生到移民（在国外学习但是毕业以后留下来或到第三国就业）、技术移民（依靠他们的教育学历和专业经验移民到西方国家）、连锁移民（与已经定居在国外的亲属团聚），以及非法移民（偷渡或者签证过期后滞留不归者）。[2] 朱梅（Mette Thunø）追溯了重新界定中国政府与新移民关系的两种政策的变化：20世纪 70 年代后期，中华人民共和国承认居住在国外的华侨华人是一种爱国主义力量，以及中国政府决定呼吁"华人移民和华族在文化上和民族上对中国忠诚，而无论其国籍为何"[3]。朱梅探讨了宏观层面的政策变化及其影响，而项飙则考察了中国政府对移民的管理，包括出国控

---

① Lucie Cheng, "Chinese Americans in the Formation of the Pacific Regional Economy", in Evelyn Hu-DeHart (ed.), *Across the Pacific: Asian Americans and Globalization*, New York: Asia Society; Philadelphia: Temple University Press, 1999, pp. 61—78. Peter H. Koehn and Xiao-huang Yin (eds.), *The Expanding Roles of Chinese Americans in U. S. -China Relations: Ttransnational Networks and Trans-Pacific Interactions*, Armonk, N. Y. : M. E. Sharpe, 2002.

② Liu Hong, "Explaining the Dynamics of Chinese Migration since 1980: A Historical and Demographical Perspective", *Journal of Oriental Studies*, 39 (1), 2005: 92—110; 刘宏：《作为新政策领域的跨国华人：20 世纪末 21 世纪之初的中国与新加坡》，载《中国研究》，2008 年第 5/6 期，第 252—275 页。当代华人新移民是与海归现象密切联系在一起的。对此可参考：Wang Cangbai, Wong Siu-lun and Sun Wenbin. "*Haigui*: A New Area in China's Policy towards Chinese Diaspora?" *Journal of Chinese Overseas*, 2 (2), 2007: 294—309; 王辉耀：《当代中国海归》，中国发展出版社，2007 年版。

③ Mette Thunø, "Reaching Out and Incorporating Chinese Overseas: The Trans-territorial Scope of the PRC by the end of the 20th Century", *The China Quarterly*, 168, 2001: 910—929.

制、华人政策、学生移民、劳务输出和移民中介机构与人口走私的管理等。[①]

这套书以笔者对华人新移民与祖国联系之间的不确定的未来的初步考察作为一个代结语。[②] 一般认为,海外华人民族主义在20世纪50年代就已销声匿迹了,效忠中国已让位于对当地的认同。笔者的文章分析了海外华人民族主义的复苏,并将其放在历史的大背景下去进行考察。我认为,海外华人民族主义关注的是中国的经济繁荣、文化重建和国家统一。这种民族主义是反应性的而非激进性的,它与跨国主义有一种潜在的矛盾,从而降低了它的向心力强度。所以,它不可能像20世纪30年代(当中国面临生死存亡的危机)那样,发展成为具有集中领导和广泛基础的运动。

综上所述,过去一个世纪以来,海外华人研究的谱系经历了巨大的变化,从完全以民族国家的视野审视某个特定区域的华人社会和文化,到当今从全球的角度,结合"在地性"和变化性来思考海外华人的特殊性和普遍性,并将海外华人的经验同其他移民群体,以及相关的社会科学理论加以比较和分析。随着中国的崛起和日益强大,海外华人同祖籍国和居住国的关系将变得更为复杂,这也使该领域的研究更加充满活力和挑战性。回顾过去数十年的研究成果及其不足,有助于面对未来的挑战。本章强调,历史性(historicity)、跨学科的分析脉络(interdisciplinarity)、流动的多元空间及其研究取向(flexible and multi-sited ethnography)的有机结合与应用,将对海外华人研究的进一步拓展起着至关重要的推动作用。

(本章的初稿曾刊载于《华人研究国际学报》(新加坡),2009年第2期,第1—28页。)

---

① Xiang Biao, "Emigration from China: A Sending Country Perspective", *International Migration Review*, 41 (3), 2003: 21—46.

② Liu Hong, "New Migrants and the Revival of Overseas Chinese Nationalism", *Journal of Contemporary China*, 14 (43), 2005: 291—316.

如本书第一章所述，华人跨国网络研究是近年来甚受学术界瞩目的研究热点之一。经济学、历史学、地理学、社会学，以及人类学等多学科的介入，使得这一领域研究渐趋成熟。本章目的不在于对该领域中的个案研究展开详细的论证，而是就跨国网络的不同类型及其同海洋亚洲的关系，分析现有的研究成果、相关理念及其不足，进而对网络、国家和移民之间的错综复杂的关联作初步的分析。

一、网络与华人的跨国性

如前所述，以往对于海外华人的论述多局限于民族国家范围之内，讨论的主题大多涉及华人移民在所在国的适应、认同、融合或同化等问题，因此，其最终所导致的是海外华人社会被人为地分割为众多处于不同地域空间的独立个体。它们之间彼此隔离，似无联系。这一书写方式实质反映了民族国家视野和框架下的一种定向思维，其所强调的是华人与政治上的国家疆界之间的不可分割性。然而，实际上，海外华人社会并非铁板一块。近年来，随着海外华人跨国活动的日趋频繁，人们逐渐意识到"以民族国家和固定不变的地理（fixed geography）为依托的理论似乎已力不从心"[①]，学术界需要一种新的方法或理论来重新建构和解读过去以及当今的海外华人社会。那么，我们究竟需要怎样的

---

① 刘宏：《跨国华人：实证分析与理论思考》，载《二十一世纪》，2002年6月号，第120页。对这一概念的评介，参看项飚：《跨国华人》，载《读书》，2005年第2期。

一种理论指导或方法，来适应上述的"跨国性"研究呢？

曼纽尔·卡斯特（Manuel Castells）在其所著《网络社会的崛起》一书中指出："作为一种历史趋势，信息时代的支配性功能与过程日益以网络组织起来。网络建构了我们社会的新社会形态，而网络化逻辑的扩散实质地改变了生产、经验、权力与文化过程中的操作和结果。……在网络中现身或缺席，以及每个网络相对于其他网络的动态关系，都是我们社会中支配与变迁的关键根源。因此，我们可以称这个社会为网络社会（network society）。"①他的观点强调了在已经浮现出来的一种新的社会结构，网络成为它的基本分析单位。由于网络具有巨大的空间延展性，因此，网络社会的特征之一表现为"以全球经济为力量，彻底动摇了以固定空间领域为基础的民族国家或所有组织的既有形式"②。卡斯特的研究虽然并非针对华人社会，但其立足于以美国、亚洲、拉丁美洲和欧洲为区域基础的全球视野，再加上其"试图针对不同的社会，研究不同的文化与知识传统"的写作初衷，使书中所涵盖的一些相关理论对海外华人社会研究颇有借鉴意义。

在 20 世纪 90 年代西方学术界出现了"跨国性"或"跨国主义"的学说（transnationalism）。它重视移民的社会网络，尤其关注这种网络联系的跨国性特点。尽管跨国主义理论的提出最初主要是建立在对居住在美国的拉丁美洲之移民群体的实证研究基础上的，但其对当代移民的重新认识，以及对有关跨国性概念（如社会场景、社会空间）的提出，使之成为解析同样具有跨国特征的当代海外华人社会，也是一个有力的工具。据较早提出这一理论的巴赫（Linda Basch）等人的定义，"跨国性"是移民形成并维持其连接祖籍国与移居国的多重社会关系的过程。它强调当今多数移民都建立了跨越地理、文化与政治界限的社会场景，并发展与保持了包括家庭、经济、社会、组织、宗教与政治的多重跨越边界的社会关系，这些移民则被称为"跨国移民"。"跨国性"的一

---

① 曼纽尔·卡斯特（Manuel Castells）：《网络社会的崛起》，夏铸九、王志弘等译，社会科学文献出版社，2001 年版，第 569 页。

② 曼纽尔·卡斯特（Manuel Castells）：《网络社会的崛起》，夏铸九、王志弘等译，社会科学文献出版社，2001 年版，译者序，第 3 页。

个根本要素是"跨国移民"在祖籍国与侨居国社会空间中的多重卷入。……跨国移民在同时联系两个或两个以上国家的关系网络中采取行动,作出决定,发挥主观能动性与发展认同感。[1] 可见,跨国性理论挑战了以地理空间为界限的僵化的民族国家之研究范式,突出了当代移民的跨国流动性特点。那么,我们应该选取怎样的研究途径呢? 波特斯(Alejandro Portes)等人主张以个人移民及其支持网络作为分析单位,来研究活跃于经济、政治和社会文化等多重社会场景下的跨国移民群体。他们认为这一途径不仅是最为可行的研究出发点,而且还可照顾到社群、企业、政治党派等更宽泛的社会结构。波特斯等人的观点在某种意义上与卡斯特所提出的"网络社会"这一理念是相吻合的。

"跨国性"为当代海外华人社会研究引入了可以借鉴的社会科学概念与理论框架,如何将上述理论有选择性地运用到当代海外华人研究领域,并用个案分析来丰富相关理念,是本章所关注之重点。

《无根的帝国》(*Ungrounded Empires*)是由王爱华(Aihwa Ong)和诺尼里(Donald Nonini)主编的第一部用"跨国性"理论对当代海外华人进行研究的论文集。该书视当代华人跨国性为"第三种文化",这种文化提供了晚期资本主义非西方现代性的另一种视野,并产生了独特的社会规则、文化语境、行为方式以及主体性。[2] 这一观点旨在摆脱西方中心观,使华人"跨国性"作为一种"后现代性现象"参与到国际对话中。这是否意味着华人跨国性研究必定要摆脱作为西方现代性话语之一——民族国家的理论束缚呢? 答案是否定的。华人的"跨国性"最终是集聚策略(strategies of accumulation)与离散经历(experiences of dislocation)两者相互作用,以及资本家利益与民族国家所形成的两种不同现代性观点相互作用的共同体现。[3] 因此,在海外华人研究领域,

---

① Linda Basch, Nina Glick Schiller, Cristina Szanton Blanc, *Nations Unbound*: *Transnational Projects*, *Postcolonial Predicaments and Deterritorialized Nation-states*, Amsterdam: Gordon and Breach, 1994, p. 7.

② Aihwa Ong and Donald M. Nonini (eds.), *Ungrounded Empires*: *The Cultural Politics of Modern Chinese Transnationalism*, New York: Routledge, 1997, p. 11.

③ Idid., p. 16.

当我们"在'去民族国家化',将华人置于跨国语境和空间之后",也要"将其重新引入民族国家及其协调和互动机制之中"①。而这恰恰凸显了一个更为深刻的主题——跨国网络与民族国家两者之间的辩证关系。它彰显了国家或地区的历史架构与华人跨国网络的相互协调与互动。

　　将"跨国性"理论与当代海外华人研究领域相结合的另一相关尝试是"跨国华人"概念的提出。笔者在 2002 年首次提出这一概念，并对其进行了范围的界定和初步的分析。我将跨国华人定义为："那些在跨国活动的进程中，将其移居地同（自己的或父辈的）出生地联系起来，并维系起多重关系的移民群体。他们的社会场景（social field）是以跨越地理、文化和政治的界限为特征的。作为跨国移民，他们讲两种或两种以上的语言，在两种或更多的国家拥有亲属、社会网络和事业；持续的与经常性的跨界交往成为他们谋生的重要手段。"②彭柯（Frank Pieke）等人在 2004 年出版的研究欧洲福建移民的基础上，从不同的角度分析了以"华人全球化"为特征的跨国华人的作用。③"跨国华人"概念的产生主要来自于对当代华人移民社会的研究，这一论述还有待深入和具体的实例论证，并进而同华人跨国网络的分析结合起来加以讨论。

　　如何将网络分析与华人跨国性研究有效地结合起来呢？我们必须首先了解前人的研究成果及其所呈现的理念。

二、两类网络的研究：回顾与思考

　　究竟什么是网络及跨国网络？对于网络，至今还没有一个统一的界定。爱德华·洁（Edward Jay）将网络定义为由多种关系连接起来的所有单位的集合体。④ 何梦笔（Carsten Herrmann-Pillath）在社会学与

---

① 刘宏：《跨国华人：实证分析与理论思考》，载《二十一世纪》，2002 年 6 月号，第 130 页。
② 刘宏：《跨国华人：实证分析与理论思考》，载《二十一世纪》，2002 年 6 月号，第 121 页。
③ Frank N. Pieke, Pal Nyiri, Mette Thuno, and Antonella Ceddagno, *Transnational Chinese: Fujianese Migrants in Europe*, Stanford: Stanford University Press, 2004.
④ Edward J. Jay, "The Concept of 'Field' and 'Network' in Anthropological Research", *Man*, vols. 9—10, 1964, pp. 137—139.

信息论的基础上将网络概括为"某种在时间流程内相对稳定的人与人之间相互关系的模式。它是在一定的个人总体中,所有可以想象的人与人之间关系的子集"①。曼纽尔·卡斯特认为网络"是一组相互连接的节点(nodes)。节点是曲线与己身相交之处"②。在最近出版的《网络力》一书中,格威尔(David Grewel)将网络视为相互联系的群体之间为了共同利益而建立的不同形式的交换和互动模式,并强调网络成员的共同行为准则和实践对其合作的重要性。③ 尽管上述定义不尽相同,但它们都蕴含了网络构成的四大要素,即构成、资源、联系机制与功能。由上述概念推广之,所谓的跨国网络就是网络向国界以外的延伸,并由此形成了个人、群体、国家或区域之间的多元联系与协调。

依照跨国网络建构地点和形成的不同,我们可将海外华人跨国网络分为海外华人与中国(尤其是侨乡)之间,以及海外华人内部之间这两种网络类型,两者既相对独立,又有所交叉和重叠。在这两种不同模式之间,"海洋亚洲"构成了其间有机联系的纽带。

(一)跨国网络之一:海外华人与中国

这种网络指的是海外华人与作为民族国家和祖籍地的中国所建立和维系的社会、文化和商业联系。在这方面最早的学术研究或许可以追溯到陈达的《南洋华侨与闽粤社会》④。他用社会学的方法从社会生活、家庭婚姻、社会觉悟、地区教育、思想信仰等多方面,讨论了 20 世纪 30 年代华侨对闽粤地区的影响及侨乡社会的变迁。1949 年新中国成立后,中国大陆开始展开了多次的"侨乡田野"调查工作,一系列成果相

---

① 何梦笔 (Carsten Herrmann-Pillath):《网络文化与华人社会经济行为方式》,山西经济出版社,1996 年版,第 30 页。

② 曼纽尔·卡斯特:《网络社会的崛起》,夏铸九、王志弘等译,社会科学文献出版社,2001 年版,第 570 页。

③ Grewel, *Network Power*: *The Social Dynamics of Globalization*, New Haven: Yale University Press, 2008, p. 20.

④ 陈达:《南洋华侨与闽粤社会》,长沙商务印书馆,1938 年版;Francis L. K. Hsu, "Influence of South Seas Emigration on Certain Chinese Provinces", *Far East Quarterly* 5, 1945, pp. 47—59;有关陈达以来海外华人研究中学术谱系的变迁,参看本书第二章。

继问世。① 然而,上述著作的立足点主要停留在侨乡上,缺乏对诸如建立网络的基础、运作机制等问题的深层次关怀。为条理清楚之需要,我们将侨乡网络划分为商业网络与社会文化网络。这种划分并不意味着两种网络的截然分开,在实际运作过程中他们经常是交织在一起的。

商业网络是侨乡联系的重要组成部分,也是学术界不断探讨的主题之一。从早期华侨汇款的研究②到今日对侨资的关注,反映了不同时代背景下有关侨乡商业网络研究重点的转移。20 世纪五六十年代随着中国政治体制的巨变,以及东南亚华人政治认同的转向,华侨汇款逐渐减少,海外华人与侨乡的联系也趋于减弱。直至 70 年代末期中国改革开放之后,海外华人与侨乡联系才再度兴起。在这一背景下,投资网络逐渐取代早期侨汇而成为当代侨乡与海外经济联系研究的热点之一。博尔特(Paul Bolt)③、古德利(Michael Godley)④等多位学者分别从散居者(diaspora)、道德经济(moral economy)、宗教信仰等多角度所作的探讨,显示了华人投资网络背后所隐含的传统文化与侨乡商业网络这个更为深刻的主题。这种跨国商业联系的实质何在? 80 年代侨乡联系的再度兴起是不是华人民族主义的复兴? 在廖建裕主编的《东南亚华人与中国:政治与经济要素》(*Southeast Asian Chinese and China: The Politico-Economic Dimension*)⑤一书中,何启良(Ho Khai Le-

---

① 如 20 世纪 50 年代中期,厦门大学南洋研究所就曾组织人员进行侨乡调查,在侨乡族谱、侨资企业等课题上皆取得了显著成果。进入 90 年代,晋江侨乡研究课题也在厦门大学南洋研究院、福建省海外交流协会和晋江市侨务办公室等多方机构合作下正式展开。相关研究成果有:沈燕清的《晋江归侨、侨眷在侨乡社会和经济变迁中的地位与作用》,厦门大学(硕士论文),1999;庄国土的《中国侨乡研究》,厦门大学出版社,2000 年版。

② Chun-Hsi Wu, *Dollars Dependents And Dogma*, *Overseas Chinese Remittance To Communist China*, Stanford: Hoover Institution on War, Revolution and Peace, 1967.

③ Paul J. Bolt, *China and Southeast Asia's Ethnic Chinese: State and Diaspora in Contemporary Asia*, Westport: Praeger, 2000.

④ Michael R. Godley, "The Moral Economy of Profit: Diaspora Capitalism and the Future of China", in Leo M. Douw, Cen Huang and Michael R. Godley (eds.), *Qiaoxiang Ties: Interdisciplinary Approaches to 'Cultural Capitalism' in South China*, London: Keagan Paul International, 1999.

⑤ Leo Suryadinata (ed.), *Southeast Asian Chinese and China: The Politico-Economic Dimension*, Singapore: Times Academic Press, 1995.

ong）、张素玉（Teresa Chong Carino）、杨保安（Yong Pow Ang）分别从政治经济学视角深入讨论了马来西亚、菲律宾和新加坡华人与中国之间所建构的投资网络。王赓武以宏观视野对海外华人在中国（特别是在侨乡）的投资作了历史性的比较分析。他认为，在历史上海外华人与中国的商业联系可以归纳为两种类型：一种是陈嘉庚模式（Tan Kah Kee model），归属于爱国主义性质；另一种是先施-永安（Sincere-Wing On）模式，以获取商业利益为目标。就当今的海外华人与中国的投资网络而言，其与陈嘉庚模式相去甚远，又与第二种类型有所区别，即它已不再把对中国的投资作为自己最终要返回祖籍国的前提，而是立足于海外居住地，而把在中国的投资看作自己经济网络向外的扩展与延伸。海外华人在中国的直接投资（FDI）对中国的经济发展起到了重要作用。一项新的研究显示，外资企业对中国贡献了 50％ 的出口和 60％的进口，对 2003 至 2004 年间的中国经济增长作了至少 40％的贡献。如果没有这些直接投资，中国的人均生产总值将减少大约 3.4％。[1]另一项有关侨资的调查则指出，虽然 2006 年和 2007 年中国的外资分别减少了 5.75％和 8.69％，华侨华人在大陆的投资却分别增加了 3.8％和 2.1％，侨资在总体外资中的比重也从 52.3％（2005）增加到63.5％（2008）。[2]

在研究对象方面，众多学者将视线集中于海外华人大企业家，在华人社会中更具代表性的中小企业反而被忽略了。《华人散居者与中国大陆：一个形成中的经济共生体》[3]则部分地弥补了这一不足。作者深入分析了当今海外华人与中国大陆（主要是东南部侨乡地区）的经济跨国网络，尤其对华人中小企业与中国之间的网络建构与运作作了详细的调查与分析。虽然作者的研究对象意在全体海外华人，书中却多以

---

① John Whalley and Xian Xin, "China's FDI and non-FDI Economies and the Sustainability of Future High Chinese Growth", *China Economic Review*, vol. 21, no. 1,2010, pp. 123—135.

② 《中国侨资企业发展年度报告 2008 年》（北京，2009），第1—2 页。

③ Constance Lever-Tracy, David Ip and Noel Tracy, *The Chinese Diaspora and Mainland：An Emerging Economic Synergy*, New York：St. Martin's Press，1996.

香港华人为主,对于占海外华人人口 80％的东南亚地区的华人却较少涉及。实际上,即使同在东南亚地区,居住在新加坡、马来西亚、菲律宾等不同国家或地区的华人也是千差万别的。在深入华人网络研究时,既要看到研究对象外在的趋同性,也要注意到其内部的差异性。

除了商业网络之外,社会文化网络是侨乡与海外联系研究的另一个重要组成部分。中国改革开放之后,曾一度中断的探亲寻根、宗教信仰等联系活动再度展开,这些现象吸引了一大批学者的极大关注,并从人类学与社会学的角度对之进行了多方面探讨。

从联系机制的角度,柯群英以福建安溪柯氏宗族为对象,着重探讨了血缘纽带下新加坡华人与故乡之间宗亲网络的建构,其研究目的在于从文化网络和华人宗族是如何从涵盖范围狭小的社会单位,发展成为跨越国界的网络组织,并在这样的大背景下来考察华人与侨乡的联系。她认为,海外华人与侨乡间的宗族联系本质上是一种文化网络的建构,但宗族组织同时也为其成员进行社会与经济方面的联系创造了全球范围的空间。宗族跨国网络的建构受到多种因素的影响,"在新加坡国家里的位置,以及在祖籍地的位置和身份决定了他们对家乡的记忆和情感,并进而影响到他们的寻根、文化认同、返乡频率,以及对家乡事务的参与和行动"[1]。

范可对 20 世纪 80 年代之后在海外关系影响下而出现的侨乡传统民俗的复兴进行了剖析。他认为,这种传统文化网络的建构,一方面是海外华人在"全球化过程中的'怀旧'现象",另一方面,海外华人则成为"一种社会资本被恢复与再创传统的在侨乡的主要当事人当作政治筹码,用来与国家及其地方代理人讨价还价和进行磋商"[2]。如果从纵向的历史学角度加以考察,随着第二次世界大战之后海外华人与侨乡社会发生的急剧转型,两者之间的宗亲、地缘等社会、文化联系究竟经历了怎样的历史变迁? 这种变迁所反映的深刻时代背景是什么? 其意义

---

[1] Kuah Khun-eng, *Rebuilding the Ancestral Village*: *Singaporeans in China*, Aldershot: Ashgate, 2000.

[2] 范可:《"关系"与闽南侨乡的民间传统复兴》,见杨学瀌主编《改革开放与福建华侨华人》,厦门大学出版社,1999 年版,第 155—166 页。

何在？这是历史学领域需要进一步探索的问题。

20 世纪 90 年代以来，华人网络研究还出现了两个新的关注点：一是地缘、血缘等社团在华人网络中所发挥的作用及产生的影响；二是时、空概念的内涵在网络研究中得到了丰富和拓展。

必须指出，华人社团的研究并非是新近才出现的，它一直以来受到众多学者的关注。从《中国会馆史论》[1]到《当代海外华人社团研究》[2]，再到《1930 年代东南亚的华侨组织》[3]，都是东西方学术界长期以来不断努力的成果。进入 20 世纪 90 年代，华人社团的现象逐渐吸引了一些学者的目光，他们开始把海外华人社团的跨国活动作为研究对象，以此透视出海外华人跨国联系网络所包含的制度化特征及其相应的运作机制，从而纠正以往认识的偏差。其中的研究焦点之一，即海外华人社团与侨乡的联系网络。

冼玉仪（Elizabeth Sinn）以香港地区的社团组织为例，分析了地缘会馆在不同历史时期内在海外华人与侨乡网络建构中的功能变迁。她认为，地缘组织所担负的职能不仅会因不同的经济、社会、政治环境而改变，而且要与会员不断变化的情感保持一致。但是，"只要有关于故乡，无论情感上的还是物质上的，只要家乡在人们心目中占有一个特殊的位置，地缘组织就有可能在华人与其家乡之间维持着桥梁的作用"[4]。笔者则从南洋视角考察了 20 世纪前半期英属马来西亚的华人适应性社会组织的活动，旨在探讨社团组织在侨乡网络方面的功能和影响。我将社团与侨乡间的网络归纳为五种管道类型（参与政治事务，从事经济建设，建立社会保障机制，保护商业信用，促进中华传统文化的发扬），并与 1949 年后的侨乡与海外联系进行比较，最后强调了海外华人社团研究与国际学术界前沿对话的必要性与可能性，如华人社团

---

① 何炳棣：《中国会馆史论》，台北学生书局，1966 年版。

② 李明欢：《当代海外华人社团研究》，厦门大学出版社，1995 年版。

③ George Hicks（ed.），*Chinese Organizations in Southeast Asia in the 1930s*，Singapore：Select Books，1995.

④ Elizabeth Sinn，"*Xin Xi Guxiang*：A Study of Regional Associations as a Bonding Mechanism in the Chinese Diaspora．The Hong Kong Experience"，*Modern Asian Studies*，vol. 31，no. 2，1997，p. 395.

跨国主义的动力机制,地方性认同与跨区域认同的情感整合等。^① 上述研究说明,地方性认同既可以是离心的,也可以是向心的。在海外华人社会,地缘、血缘等社团组织作为地方主义的某种象征符号,在不同历史时期发挥过不同程度亲和力的作用。它们作为一种和家乡联系的桥梁,都扮演了其他组织无法替代的角色。

这种联系网络究竟是如何运作的呢? 在这方面,侨刊资源的挖掘与利用成为近年来相关研究领域的热点之一。冼玉仪以香港三水同乡会为个案研究,论证了香港在地缘网络中的中心地位。她重点针刈三水讯刊的内容作了深入且详细的剖析,揭示了海外华人地缘组织之间网络建构的动力与机制。^② 徐元音的《金山梦、家乡梦》分析了侨刊在海外台山人与侨乡间跨国网络的形成与维系过程中所扮演的重要角色。她认为,侨刊作为传递信息、交流感情的主要方式之一,在很大程度上促进了海外台山人社会与家乡的整合。"通过使海内外台山人几乎在同时分享相同的信息、参与相同的事件,侨刊巩固了跨国台山人社会的联系纽带。"^③侨刊资源的使用为了解和透析海外华人社会的网络运作机制指出了进一步努力的方向。

时、空概念的内涵在网络研究中得以丰富和放大。时间可划分为两种类型,一种是结构时间 (structural time),是指随着国家历史的发展、变更的时间顺序,如殖民地时代、后殖民地时代、民族国家时代等;后一种是文化时间(culture time),是指可追溯到历史中的本土文化和宗教。^④ 对于当代海外华人社会而言,文化时间相比于结构时间则显得更富于现实意义与内涵,这在柯群英的著作中得以彰显。她指出,文

---

① Liu Hong, "Bridges across the Sea: Chinese Social Organizations in Southeast Asia and the Links with *Qiaoxiang*, 1900—1949", in Douw, Huang and Godley (eds.), *Qiaoxiang Ties*, pp. 87—112.

② Elizabeth Sinn, "Cohesion and Fragmentation: A County-Level Perspective on Chinese Transnationalism in the 1940s", in Douw, Huang and Godley (eds.), *Qiaoxiang Ties*, pp. 67—86.

③ Madeline Yuan-yin Hsu, *Dreaming of Gold, Dreaming of Home: Transnationalism and Migration between the United States and South China, 1882—1943*, Stanford: Stanford University Press, 2000.

④ Kuah, *Rebuilding the Ancestral Village*, p. 22.

化时间对海外华人的重要性及特殊性在于它可以被重新找回并被再创造。《华南的全球化》①考察的对象虽并非直接研究侨乡，但作者从文化地理与经济地理的视角对整个华南地区的探讨，让我们看到"地域"概念是如何从一个空泛的地理范畴转变为一个具备了内涵丰富且富于流动性的社会与文化语境下的新概念。在建立地方性认同、次族群认同的过程中，"地域"将具有相似背景与经历的海外华人，紧密地联系在一起，展现了家乡想象与网络建构两者之间的关系。

上述有关时、空概念的探讨具有启发意义，但还需要强调的是海外华人认同空间在网络建构过程中的转移问题。虽然一些学者也对此进行了深入的探讨，但其关注的焦点多在于国家认同的转向，即由原来对祖籍国——中国的政治认同，转变为对定居国的认同。② 实际上，海外华人的地域认同是早于民族国家认同的，后者到 19 世纪末期，孙中山在海外从事革命活动后才出现的。如今，前者又有复兴的趋势。我们该怎样去思考这种认同空间的转移与反复呢？ 同是地域认同，前后差异何在呢？ 地域认同是否在今天的海外华人社会的网络建构中更具有内在的空间张力呢？ 看似狭隘的地域空间又是如何构成和反映了当今时代全球化这个更为宏大的"空间"进程呢？ 这些是我们需要进一步思考的问题。

（二）跨国网络之二：海外华人之间

虽然有关海外华人跨国网络问题的探讨是 20 世纪 90 年代以后才兴起的，但华人网络却并非是一个陌生的话题。欧蒙荷多（John Omohondro）对菲律宾怡朗华商家庭的研究③，以及古斯曼（Jennifer W. Cushman）关于泰国华人许氏（Kwah）锡矿家族的讨论④，都是学术界

---

① Carolyn Cartier, *Globalizing South China*, Malden, MA, Blackwell Publishers, 2001.

② 崔贵强：《新马华人国家认同的转向(1945—1959)》，新加坡南洋学会，1990 年版。

③ John T. Omohondro, *Chinese Merchant Families in Iloilo*：*Commerce and Kin in a Central Philippine City*, Athens：Ohio University Press, 1981.

④ Jennifer Cushman, *Family and State*：*The Formation of A Sino-Thai Tin-Mining Dynasty 1797—1932*, Singapore：Oxford, Oxford University Press, 1991.

较早涉及网络研究的优秀代表作。进入 20 世纪 90 年代后，华人网络的研究视野不仅得以扩大，并对以往的学术成果提出了挑战和修正。

学术视野扩大的表现之一，即努力摆脱民族国家的理论束缚，开始注重华人跨国网络的研究。从网络的构成单位来分析，由于目前家族仍然居于华人商业网络的核心地位，家族同样成为跨国网络研究的焦点之一，学者所持有的观点也纷呈各异。如高伟定（Gordon Redding）探讨了华人家族企业的"华人性"（Chineseness）问题。他指出，即使华人企业已实现了"全球化"，但特有的"华人性"特征仍然会成为其自身发展的桎梏[①]。韩格里（Gary Hamilton）的观点则与之截然相反。通过比较分析，他不仅对华人家族企业的进一步发展持乐观态度，而且指出了其未来发展的大趋势，强调华人在全球范围内的商业网络仍会成为其竞争优势之一。[②]

就网络的联系纽带而言，地缘联系是仅次于家族网络的血缘联系，在华人网络建构中居次要因素。黄绍伦在分析香港商业时，归纳出地缘纽带在网络建构中所具备的四大特性。他认为，历史文化根源、地缘与职业的连锁性、地域认同的灵活性，以及教育的局限性是地缘网络兴盛的主要原因。[③] 高伟定则直接指出了地缘纽带建构下跨国商业网络的特点。"这种新型网络既不受等级制所约束，也不被官僚机制所控制。它实质上是一个被横向组织起来的松散型网络，每个区域个体都

---

① Gordon Redding, "What is Chinese about Chinese Family Business? And How Much is Family and How Much is Business?" in Henry W. C. Yeung and Kris Olds (eds.), *Globalization of Chinese Business Firm*, Houndmills: Macmillan Press, 2000, pp. 31—54.

② Gary Hamilton, "Reciprocity and Control: The Organization of Chinese Family-Owned Conglomerates", in Yeung and Olds (eds.), *Globalization of Chinese Business Firms*, pp. 55—74. 并参见：Timothy Book and Hy V. Luong (eds.), *Culture and Economy: The Shaping of Capitalism in Eastern Asia*, Ann Arbor: University of Michigan Press, 1997; Robert W. Hefner (ed.), *Market Cultures: Society and Values in the New Asian Capitalisms*, Singapore: Institute of Southeast Asian Studies, 1998.

③ Wong Siu-lun, "Chinese Entrepreneurs and Business Trust", in Gary Hamilton (ed.), *Business Networks and Economic Development in East and Southeast Asia*, Hong Kong: Centre of Asian Studies, University of Hong Kong, 1991, pp. 13—29.

有很大的自主权。在许多方面它是虚幻的,但其影响却是实实在在的。"[1]一些学者对于华人跨国网络的影响、意义、动力等方面也进行了有益的探索。如麦基(Jamie Mackie)阐述了跨国网络对华人企业国际化的积极贡献[2];高约翰(John Kao)强调华人在世界范围内的商业网络将是 21 世纪全球经济发展的强劲推动力[3];杨伟聪(Henry Yeung)则深入分析了华人企业全球化的动力问题;等等。[4] 通过对外贸易领域的统计学分析,有学者指出在一些东南亚华人人口较多的国家,华人网络对推动双边贸易贡献了 60%的份额;海外华人也直接推动了居住国与中国的贸易和投资的联系。[5]

　　网络研究不能忽略网络产生的历史根基与社会环境。当众多学者的目光集中在跨国网络的当前性时,另一些学者的研究则开始以历史的视野来重新审视华人跨国网络的兴起、发展与变迁。20 世纪 90 年代中期以后出版的一些论文集便可以说是这一研究取向的代表。《亚洲的华人企业》[6]不仅凸显了网络是华人商业全球化的核心因素,而且更重要的是阐释了华人网络背后所赖以支撑的历史环境和经济结构。刘岛(Leo Douw)有关 20 世纪上半期华侨汇款网络的探讨、波斯特(Peter Post)对于中日商业关系的历史考察,以及巴克(Daniel Van Den Bulcke)关于菲律宾华人家族企业国际化的讨论,皆是这一主题的具体反映。此外,特罗基(Carl A. Trocki)分析了 18～19 世纪东南亚

---

① Gordon Redding, "Overseas Chinese Networks: Understanding the Enigma", *Long Range Planning*, vol. 28, no. 1, 1995.

② Mackie Jamie, "Overseas Chinese Entrepreneurship", *Asian-Pacific Economic Literature*, vol. 6, no. 1, 1992, pp. 41—46.

③ John Kao, "The Worldwide Web of Chinese Business", *Harvard Business Review*, vol. 71, issue 2, 1993, pp. 24—36.

④ Henry Yeung, "The Dynamics of the Globalization of Chinese Business Firms", in Yeung and Olds (eds.), *Globalization of Chinese Business Firms*, pp. 75—104.

⑤ James Rauch and Vitor Trindade, "Ethnic Chinese in International Trade", *Review of Economics and Statistics*, vol. 84, no. 1, 2002, pp. 116—130; Rosalie Tung and Henry Chung, "Diaspora and Trade Facilitation: The Case of Ethnic Chinese in Australia", *Asia Pacific Journal of Management*, vol. 27, 2010, pp. 371—392.

⑥ R. A. Brown (ed.), *Chinese Business Enterprise in Asia*, London: Routledge, 1995.

华人企业的跨国行为[①]；廖赤阳以"泰益号"为例讨论了20世纪初日本华人家族企业的裂变与商贸网络的扩展[②]；滨下武志则论述20世纪初中、日、韩三国间的贸易、金融网络及其运作模式。[③]

伴随着学术视野的纵向扩展，研究取向也开始往横向拓宽，人们开始注意到华人跨国网络的制度化问题，这在本章所关注的当代华人网络研究中显得十分重要，因为制度化已愈来愈成为当代华人跨国网络的明显特征之一。笔者以新加坡中华总商会为个案[④]，论证了亚洲跨界华商网络制度化的形成、巩固与发展，并尝试从理论上去建构华人企业网络的全球化与制度化的内在联系。以地方性和宗亲关系为指导原则的海外华人社会组织的全球化，乃是"建立在频繁的跨地区交往的历史先例之上，为华人企业网络在全球经济空间中的形成和扩张奠定了重要基础。这些制度化的联系进而构成跨国的社会空间，为华人企业的全球化提供便利"[⑤]。

三、海洋亚洲与海外华人的互动模式

前文从制度和文化的角度分析了有关华人跨国网络的研究状况，网络的空间性和变迁性是另一个值得关注的论题。作为世界上最主要的移民群体之一，海外华人的形成与发展同海洋亚洲密不可分。广义上的海洋亚洲涵盖了欧亚大陆东部地域沿海、半岛及岛屿，包括东北亚

---

① Carl A. Trocki, "Boundaries and Transgressions: Chinese Enterprise in Eighteenth- and Nineteenth-Century Southeast Asia", in Ong and Nonini (eds.), *Ungrounded Empires*, pp. 61—85.

② 廖赤阳：《日本华人家族企业的裂变与商贸网络之扩大》，载《亚洲文化》，1997年第21期，第192—206页。

③ Hamashita Takeshi, "Overseas Chinese Financial Networks and Korea", in S. Sugiyama and Linda Grove (eds.), *Commercial Networks in Modern Asia*, Surrey: Curzon, 2001, pp. 55—70.

④ 刘宏：《足遍区域、心系本土：新加坡中华总商会与亚洲华商网络的制度化》，见刘宏著《中国-东南亚学：理论建构、互动模式、个案分析》，中国社会科学出版社，2000年版，第162—188页。

⑤ 刘宏：《华人企业网络的全球化、制度化及其历史与社会基础》，见周南京主编《华侨华人百科全书（总论卷）》，中国华侨出版社，2000年版，第279—288页。

与东南亚。它既是一种地理概念,也具有深刻的文化和族群内涵。海外华人是海洋亚洲多元和复杂的场景中的重要一环,两者之间长期的和有机的互动,对亚洲乃至全球历史的变迁均有不可忽视的影响。

20世纪以来,不少学者对海洋、贸易、移民及其在世界历史上的作用进行了深入的分析。法国年鉴学派大师布罗代尔(Fernand Braudel)将地中海描述为一个通过贸易和文化交织而构成的多元文明组合。他强调,地中海并非单纯的海洋,而是被不同岛屿和海岸线隔离开来的"海洋的综合体"(a complex of seas)。[①] 滨下武志则通过对朝贡贸易、亚洲交易圈和华商网络的具体研究,指出:"以海域融合为主的观念来说明亚洲的历史,比过去以土地为主的观念可以涵盖更多的地区和呈现不同的内容。亚洲海域包括中国的东海、黄海、南海,从印度洋到澳大利亚大陆有西里伯海、阿拉福拉海、珊瑚海、塔斯曼海等,以上各海域连接起来,使得海洋与半岛、岛屿之间互相联系,构成历史上中心与周边的关系。沿海的作用性和以国家为主的地域关系不同,它是以海域为主关系。特别是亚洲的海域关系,比其他的大陆如南美洲大陆、非洲大陆等更为绵长。"[②]

海洋亚洲构成了中国移民走向世界的关键性桥梁,并由此将华人在中国大陆所建立与完善的文化和制度带到海外。王赓武认为,在历史上的1 000多年间,中国人从华北和华中向海洋的推进,一直伴随着其陆地价值观向整个沿海地区的成功移植,并实现了由"陆地中国"向"海洋中国"的转变。[③] 台湾海峡两岸的学者也充分注意到了作为观念

① Ferdinand Braudel, *The Mediterranean and the Mediterranean World in the Age of Philip II*, trans. Siân Reynolds, 2 vols. , New York, 1972, vol. 1, p. 17.

② 滨下武志:《亚洲价值、秩序与中国的未来——后国家时代之亚洲研究》,台北"中央研究院"东北亚区域研究,2000年版。

③ Wang Gungwu, *The Chinese Overseas: From Earthbound China to the Quest for Autonomy*, Cambridge: Harvard University Press, 2000. 孔飞力教授亦强调中国历史与海外华人移民史之间的密切关联性,参见:Philip Kuhn, "Toward An Historical Ecology of Chinese Migration", in Liu Hong, ed. , *The Chinese Overseas*, London and New York: Routledge, 2006, vol. 1.

与实践的海洋中国的重要性和多元性。① 在太平洋的彼岸，不少亚裔美国学者从文学、移民和制度的层面分析了亚裔美国人的跨洋经历及其对海洋亚洲的贡献，他们也同时建构了多元的太平洋想象。②

笔者 2007 年主编的论文集《海洋亚洲与华人世界之互动》（新加坡：华裔馆出版）分别从历史、本土、国家以及网络这四个层面，进一步探讨海洋亚洲与海外华人之互动在不同历史时期的动力、机制、进程与特征。这些论述对前文所讨论的论题作了进一步的补充和深化。

（一）历史

《海洋亚洲与华人世界之互动》的第一部分，"郑和与海洋亚洲"，追溯郑和七下西洋以及 15 至 17 世纪期间海洋亚洲形成的历史过程中海外华人的作用。虽然华人国际移民的历史可以上溯到自秦汉到唐宋，由行商到坐贾，加上元明逃避战祸的难民，构成了早期华侨的主体，但明代可被视为一个转折点。明代以及以后的中国典籍（正史和游记）对东南亚地区的华侨开始有了较多的记载。郑和下西洋无疑对海外华人社会的逐渐形成起到了一定的影响。③ 郑一均在其《郑和远航与海洋亚洲和平发展格局的形成》论文中指出，发生在 600 年前的郑和远航是一次"由国家组织实施的规模空前的远洋航海活动"。郑和下西洋主要目的之一，是发展和扩大海外贸易。不同于洪武时代所实行的锁国和海禁政策，郑和所采取的是"派出去"与"请进来"相结合的方针。所谓"派出去"，就是以郑和下西洋为主体，派遣众多的外交贸易使团，组成规模不等的船队，遍布东西洋各国，进行广泛的贸易活动。所谓"请进来"，就是当船队结束在各国的访问时，又邀请各国派遣使臣来中国访问，附带进行一些贸易活动，明朝政府也给他们提供各种方便。这些贸易活动为 17 世纪中国在世界贸易中所具有

① 杨国桢：《海洋与中国》（丛书），江西高校出版社，1998 年版；台湾"中央研究院"中山人文社会科学研究所主编和出版的《中国海洋发展史论文集》，已出版 9 卷。

② Matt K. Matsuda, "The Pacific", *American Historical Review*, vol. 111, no. 3, 2006.

③ 《郑和下西洋与华侨华人》，网页 http://www.fjql.org/zt/002.htm 有数十篇相关的论文。

的重要地位奠定了基础,这也是李金明的《十七世纪初全球贸易在东亚海域的形成与发展》所探讨的主题。他指出,当时世界贸易形势发生了巨大变化,葡萄牙、西班牙和荷兰商人为贩运中国的生丝和丝织品,在东亚海域展开了激烈的商业竞争。他们把东南亚的香料、印度的纺织品,随同欧洲的商品一起运到广州,然后将中国的生丝和丝织品载运到日本、马尼拉、拉美和欧洲等地,同时也把中国的丝织品和瓷器出口到果亚,从那里再分配到印度、非洲和欧洲各地,在东亚海域基本上形成了全球贸易态势。当时中国生产的生丝和丝织品不仅在全球贸易中占主导地位,而且吸收了世界各地生产的白银,使"中国成为当时全球贸易的中心"。

贸易的扩展为华侨社会的产生和壮大提供了有利的契机。在 15 至 17 世纪期间,不少华人由于仕禄或是经商的关系,很早就在暹罗(泰国)定居,部分拥有高阶的职位和官职,其他大部分是富商、代理人、贸易商、水手。吴龙云的《通事、谋士与海商:暹罗华人在明代的角色与机遇》分析了暹罗华人在中暹之间的朝贡贸易、暹罗同荷兰和葡萄牙商人及暹罗同日本贸易中具有不可或缺的作用。作为当时世界贸易的中心之一,海洋亚洲也不可避免地被卷入奴隶贸易体系之中。廖大珂在其《明代"佛郎机黑番"考释》中指出,16 世纪初葡萄牙人东来后,将奴隶制输入中国。因为葡萄牙人将比他们肤色深的东方民族统称为"黑人",这种"黑人"不仅是指非洲人,而且也是指来自其他不同的民族,包括马来人、印度人、帝汶(Timor)人等。他认为葡萄牙人在亚洲马六甲等地建立殖民地后,通过掳掠、买卖和雇佣等方式,役使大量"黑人"奴隶,广泛用于航海、驾船、贸易、劳役、铸铳、作战和家庭奴婢,同时"黑奴"也成为葡萄牙东方贸易中的重要商品。因此,"佛郎机黑番"不仅对明代中葡关系的发展产生了重要影响,对葡萄牙海上帝国的形成和生存也起了关键的作用。

如同近年国内外学术界有关马可·波罗是否到过中国的论争一样[①],学术界对郑和是否到过菲律宾也颇多争议。吴文焕的《郑和到过

---

① 1995 年大英图书馆中国部主任弗兰西斯·伍德出版了《马可波罗到过中国吗?》(Frances Wood, *Did Marco Polo Go To China?* London: Secker & Warburg, 1995),认为马可波罗并未到过中国,"集前此怀疑和否定马可·波罗到过中国论者之大成"。杨志玖教授曾撰文反驳,见杨志玖:《马可·波罗在中国》,南开大学出版社,2000 年版。

菲律宾吗?》对论战双方的论据进行了梳理,他认为,15 世纪郑和下西洋的时期,苏禄(今天菲律宾的一部分)仍为文莱所管。从此后的一些有关苏禄及其同文莱的关系的记载来看,"这些数据多少可为我们前面提到的关于郑和到过苏禄的一种可能性"提供了证据。或许有学者未必同意该文的结论,但是,该文为我们提供了可供进一步思考的问题。例如,他认为,由于中国古籍中有关东南亚各地的记载过于简略,加上东南亚各国的历史变化,"仅仅依据中国古籍的记载有时是很难作出较可靠或准确的考证的"。

(二) 地方性认同

《海洋亚洲与华人世界之互动》的第二部分,"认同与本土性",从信仰、仪式、观念和政治等方面分析海洋亚洲形成中的文化认同与本土性之间的关联性。霍尔(Stuart Hall)认为,至少可以从两个层面思考文化认同,其一是单一、共有的文化内部的视野,它所注重的是同一性和现存的状态 (being);其二是注重构成"真实的我们"背后的差异性,或者说"历史如何干预,使我们变成现在的状态 (becoming)"[①]。他指出:"文化认同并不是固定的,文化认同一直处于混合的状态。不过,这是因为文化认同源自各自特殊的历史形构,源自非常特殊历史的文化残码,所以文化认同到建构'后殖民性',而我们暂时称之为'认同'。"[②]如何理解认同与本土、国家和区域之间错综复杂的关系是许多研究者关注的论题。

源自本土的观念与实践是海外华人文化认同的重要基础。陈春声的论文《侨乡的文化资源与本土现代性——晚清以来潮汕地区善堂与大峰祖师崇拜的研究》,以潮汕地区众多善堂信奉的大峰祖师为中心,讨论大峰祖师崇拜作为一种本土的文化资源,在侨乡社会发展的不同阶段,自晚清以来如何为不同背景的商人和华侨所利用。他指出,在复

---

① Stuart Hall, "Cultural Identity and Diaspora", in Kathryn Woodward, ed., *Identity and Difference*, London: Sage, 1997, pp. 51—59.

② Stuart Hall、陈光兴:《文化研究:霍尔访谈录》,唐维敏译,台北元尊文化企业有限公司,1998 年版,第 60 页。

杂国际色彩的文化环境中,大峰祖师不断改变形象并被赋予相关的"合法性",这一历史记忆过程彰显了"侨乡文化"的特质及其同海外华人的互动。善堂不仅存在于华南侨乡,也成为东南亚华人信仰世界和认同元素中的组成部分。李志贤的论文《柳缘渡人:从宗教仪式看新加坡潮人善堂信仰的文化内涵——以"扶乩"仪式为例》,通过潮州人善堂的扶乩仪式分析其所体现的文化内涵,阐明善堂的生存与发展有赖于慈善事业、宗教仪式和社群认同的"三元互动";宗教仪式和社群认同这两股强大的柔性动力为善堂的慈善事业提供了基础。值得指出的是,这种社群认同是与方言和地缘群认同紧密相连的,从而使本土性的建构跨越了环南中国海区域。

历史记忆和对历史的不同阐释是海外华人社会和文化演变中的组成部分。安焕然的《郑和形象与郑和诠释——以马来西亚华人社会为例》,解读了马来西亚华人社会对郑和形象的塑造,即郑和"开拓先驱"的形象、种族偏见与文化优越感、郑和的当代象征意义。他所引用的资料除了史家之论著外,还包括当地本土化的民间传说和神话,民间口传的"故事"、政治领袖的辞令、华人社会的呐喊和呼声,以及近来旅游业为吸引游客,导游编造的无稽笑话等,以探讨郑和下西洋之后,那些在"马华"社会具有本土性意义的郑和故事。他发现,同中国官方政治性的话语(把郑和塑造成"和平使者"的象征)类似,在马来西亚华人社会中,"郑和的象征意义亦常常是超越史实的";他成为海外华人"神格化的象征符号"。曾玲的《一个闽南侨乡的郑和传说,习俗与崇拜形态及其社会文化意义》,分析了东南亚华人和中国民间文化范畴中的"郑和记忆",以及由此产生的"郑和崇拜"。她认为,这条文化纽带既承载了华南移民东南亚的历史记忆,也维系着东南亚华人与祖籍地关系的过去、现在与未来。她对闽南鸿渐村的太保公庙及其崇拜形态的个案研究说明,东南亚华人与祖籍地之间存在的文化联系并非单向的而是互动的,传承自东南亚的中国民间对郑和的崇拜,在历史变迁的演化中也经历了本土化的变迁过程,并演化成具有侨乡特色的民间文化的组成部分。段颖的《异域,孤军,华人族群:泰国北部原国民党军队及其后裔的社会变迁与认同建构》,以本土性和族群认同为主体,考察了生存于泰国清迈省北部的云南人(原国民党军队、眷属及其后裔)村落及其族群、文化特征。作者尤其关注这一"异域孤军"是如何在复杂而多元的社会背景中通过调适自身同泰国、中国台湾及云南的文化关联的,从而在新的本土上延续、建构其多元而动态的族群认同,并完成从"孤军"、难民到华人族群的认同、建构与历史的转变。

(三) 国家

《海洋亚洲与华人世界之互动》的第三部分,"国家与族群性",讨论了 20 世纪初以来,民族国家(中国和东南亚)对海洋亚洲与海外华人社会的重要影响。19 世纪末叶之后,随着清朝政府的衰落和民族主义运动的逐渐兴起,中国政府的华侨政策亦随之发生改变。古德利(Michael Godley)曾考察了清朝政府利用海外华侨的资金和技术,使 1911 年以前的中国进行现代化建设的情况。他指出,在 19 世纪的最后十几年间,清朝政府的政策由保护在海外的中国劳工转变为"鼓励与祖国重新恢复联系直到完全利用海外华侨的经验和财富"[①]。颜清湟也以新加坡和马来西亚为例,追溯了 19 世纪末 20 世纪初海外华侨民族主义的出现。[②] 随着国内民族主义情绪的不断高涨,海外华侨的民族主义在访问东南亚的清朝官员、改良派和革命派的影响下也开始形成了。

对中国国家主权的外来威胁使这种民族主义感情更为高涨;对中国的前途和命运的强烈关注是海外华人民族主义的主要特征。这一特征是同中国政府在华侨教育方面的努力密不可分的。刘慧宇的《浅析国民政府时期华侨中小学校教科书的编写及其特点》,分析了国民政府时期华侨教育政策及其在教科书上的具体体现。她指出,华侨中小学教科书由国民政府委托专门的侨校教科书编辑机构负责组织编纂,并经由教育部审查、校定、整理后交由侨校使用。这些教科书所强调的内容为:"参照教育部所颁布修正中小学课程标准外应顾及注意当地生活

① Michael Godley, "The Late Ch'ing Courtship of the Chinese in Southeast Asia", *Journal of Asian Studies* 34, 2, 1975, pp. 361—385.

② Yen Ching-hwang, "Overseas Chinese Nationalism in Singapore and Malaya, 1877—1912", *Modern Asian Studies* 16, 3, 1982, pp. 397—425.

所必需之知识,以培植适于海外生存之能力,国民移植和民族主义之关系,华侨自治事业和民权主义之关系,华侨经济事业和民生主义之关系,华侨与国民革命之关系,各国殖民事业与华侨之关系,日本南侵和华侨生存之关系,世界弱小民族与三民主义之关系。"马来西亚归国华侨伍连德是 20 世纪上半叶海外华人民族主义运动高涨的象征性代表。连心豪的《伍连德与近代中国公共卫生事业》,以出生于马来西亚,曾留英、旅欧 7 年的伍连德医生为研究对象。伍连德从"归返祖国视作新生命的开始",并付诸行动:迅速扑灭东北鼠疫,成功举办国际防疫大会,领导东三省防疫总处和收回海港检疫主权,等等。中国的防疫抗灾能力也因此得到长足的进步,初步建立起公共卫生防疫体系和国境卫生检疫网络。伍连德的个案彰显了海外华人对中国命运的强烈归属感:"战前大部分海外华人对南来移居的国家的政治前途并无什么兴趣,更说明了他们的民族主义并非当地民族主义的组成部分,而是现代中国民族主义的延伸。"

　　随着第二次世界大战结束后东南亚民族主义运动的迅速发展和当地民族国家的建立,国家的作用则更为重要。与殖民当局不同,新兴的独立国家都将少数族群的控制与管理纳入国家建设(nation-building)的范畴之内,从而对东南亚华人的政治经济生活和文化认同均产生了深刻的影响。[①] 徐杰舜的《同化还是融和:东南亚国家民族政策取向的战略选择》认为,当代东南亚国家民族政策有两个不同的战略选择。一些国家(如印尼、菲律宾、马来西亚、越南等)大多选择了同化政策;而另一些国家(如泰国、新加坡等)则选择了融合政策。两种不同类型的政策导致了两种不同的结果,同化政策执行的结果是"排华"事件不断,不仅使华人无法融入当地社会,也阻碍了这些国家社会和经济的发展;融合政策执行的结果是,不仅使华人逐渐融入了当地社会,而且促进了这些国家社会和经济的发展。陈衍德的《东南亚族际关系中的华人族群:以菲律宾为例》,以菲律宾为中心,从土著与华人两个不同的视角来考

---

① Leo Suryadinata, ed., *Ethnic Relations and Nation-Building in Southeast Asia. The Case of the Ethnic Chinese*, Singapore: Institute of Southeast Asian Studies, 2004. 亦可参见:David Brown, *The State and ethnic politics in Southeast*, New York: Routledge, 1994.

察东南亚华人在族际关系中的位置，以图超越华人本位的研究局限，进而探讨了华人在东南亚多元民族、多元文化格局形成过程中所发挥的历史作用。他强调只有将华人置于"所在地族际关系的大格局下"进行研究，才具有更大的意义。华人的命运取决于多元种族格局下的利益平衡，一旦平衡被打破，即便华人欲置身事外，在"替罪羊"效应的作用下，华人亦难免受害。由此可见，对华人之研究无法离开东南亚社会的大环境。

（四）网络

《海洋亚洲与华人世界之互动》的第四部分"网络与跨国性"，尝试从超越本土和民族国家的角度分析网络在海洋亚洲与海外华人演变过程中的作用。如前所述，网络的视野有助于摆脱海外华人研究中占主导地位的民族国家论述的局限性，并凸显海外华人行动逻辑的跨界性。在海洋亚洲和海外华人的语境下，网络的跨国性可以从不同的角度加以阐释，包括地域之间和次族群（sub-ethnic groups）间的网络，组织之间的制度化联系，个人在跨国地域与组织中的长期和系统的关系建构等。这些既有联系又有不同的网络及其相互交织成为海洋亚洲的重要特征。①

王维和廖赤阳的《在日福清移民的社会组织及其网络——以福建同乡会的活动为焦点》，以在日本的福清帮为中心，分析其运作模式和组织特征。他们指出，福清帮的网络是由地缘（福清）、业缘（行商）与血缘（姻戚）三重关系所结成的。行商的谋生手段使得福清华侨以长崎和九州岛为据点，其足迹遍布日本各个角落及中国和东南亚，从而确立了其广泛而强大的同乡网络。他们还进一步通过旅日福建同乡恳亲会

---

① 滨下武志：《香港大视野：亚洲的网络中心》，香港商务印书馆，1997 年版；刘权、罗俊翀：《华商网络研究现状及其分析》，载《暨南大学学报》（哲学社会科学版），2004 年第 2 期；郑一省：《多重网络的渗透与扩张——海外华侨华人与闽粤侨乡互动关系研究》，世界知识出版社，2006 年版。Eric Fong and Chiu Luk, eds., *Chinese Ethnic Business: Global and Local Perspectives*, London: Routledge, 2007; Tan Chee-Beng, ed., *Chinese Transnational Networks*, London: Routledge, 2007; and Raymond Wong, ed., *Chinese Entrepreneurship in a Global Era*, London: Routledge, 2008.

这种制度性组织，来进行民族教育和同胞团结，加强与中国的联系。这种同中国的联系成为跨国民族主义的载体之一，也是吴前进的论文《冷战后海外华人的民族主义——以美国华人为例的跨国主义视角分析》的研究对象。她运用跨国主义（transnationalism）的分析视角，考察冷战后华人民族主义兴起的背景、主体、特征、局限与前景，说明海外华人民族主义的群体特征对中国与居住国的双重影响和多种意义。[①] 该文还注意到传统民族主义和跨国民族主义的区别：前者主体是华侨中包括下、中、上阶层中不同群体的最大部分成员，共同致力于祖国——中国的民族复兴和解放事业。而海外华人的跨国民族主义主体是华族社会中的部分精英人士，他们的情感归宿和行为目标倾向在出生地和居住地之间游走、互动；跨国社会网络的建构与社会资本的积累既变成了手段，也可能成为目的。

比较视野为跨国网络研究提供了新的空间和论题。张秀明的《全球化时代移民的跨国影响——美国华人和印度人的比较分析》，力图摆脱"华人例外论"的认识，她通过对美国华人和印度人的个案分析来说明全球化时代移民的跨国作用。她从政策的角度分析了中印两国之间的不同及其在海外移民群体中的反响。印度政府所实行的双重国籍政策，表明印度的侨务政策虽然起步晚，但步子迈得大。美国华人和印度人在努力融入所在国社会的同时，也维持着强烈的对母国文化和社会的认同，并与母国保持着密切联系，对祖籍国产生着多方面的影响。

以上事例彰显了在日益全球化时代跨国网络与民族国家的联盟，然而，网络也有其黑暗面，并可能在跨国舞台上挑战民族国家的权威。[②] 钱江的《市场，网络与方言群运作原则：对中国非法移民潮之观察与思考》，探讨来自福建（尤其是福清一带）的非法移民及其如何利用

---

① 关于当代海外华人民族主义的讨论，参见：Liu Hong，"New Migrants and the Revival of Overseas Chinese Nationalism"，*Journal of Contemporary China*，vol. 14，no. 43，2005，pp. 291—316.

② Liu Hong，"Network Building between the State and Society in the Asian Context"，in Zhang Yuling，ed.，*State and Civil Society in the Context of Transition：Understanding Non-Traditional Security in East Asia*，Beijing：World Affairs Press，2005，pp. 8—35.

乡土联系,通过不同的方式和渠道进入西方国家和日本。① 他还详细分析了国际移民理论及其对中国非法移民研究的适用性,强调华人的方言群组织原则在非法移民的形成和发展中的显著作用。顾长永的《台湾移民在东南亚:经济成长的驱使》,研究中国台湾移民与东南亚经济成长的相关性。他指出,当台湾地区经济成长时,移民东南亚就会增加,台湾地区与东南亚的经济关系亦增强;当台湾地区经济成长减缓时,移民东南亚就受到影响,台湾地区与东南亚的双边实质关系亦受到冲击。在台湾地区经济成长因素减缓的同时,大陆的经济成长因素却在增加,因而造成台湾地区移民流动的转向。与19世纪末的华南移民不同,台湾地区移民东南亚虽然是经济因素所使然,却并非原生地经济困顿的因素,而是经济成长因素所驱使,因此,他们更多的是依靠行业组织(如台商协会)而非地缘网络来扩展自己在东南亚的经济活动,且更多地受到政治局势和区域环境变化的影响。

总而言之,以上论文所解析的历史、本土、国家,以及网络的作用并非发生于孤立和隔绝的环境下,在它们之间还是存在着千丝万缕的联系的,并也会导致新的认同和身份的建构。在经历了600年的风风雨雨之后,作为空间的海洋亚洲与作为行动者的海外华人之间错综复杂的互动和共生仍在不断的演进之中——波音747已取代郑和的宝船成为人口流动和贸易交往的主要工具,互联网则成为信息传播的关键载体。

四、结　语

综上所述,本章分析了跨国网络(海外华人与中国、海外华人之间)、海洋亚洲、地方性认同之间内在与复杂的相关性。在这里,以口岸城市为代表的海洋亚洲成为网络建构的空间,地方性认同则作为社会

---

① Liang Zai and Wenzhe Ye, "From Fujian to New York: Understanding the New Chinese Immigration", in David Kyle and Rey Koslowski, eds, *Global Human Smuggling: Comparative Perspectives*, Baltimore: Johns Hopkins University Press, 2001, pp. 187—215.

基础,跨国社会和商业网络作为表现形式,三者之间构成了一种错综交织、彼此纠结、相互作用的图景。

任娜在对海外晋江人跨国网络的实证分析中指出[①],马尼拉、新加坡和中国香港作为三大国际口岸城市或地区,已成为海(境)外晋江人跨国网络的主要建构空间。借地理优势与当地晋江人社会之特色,这些口岸城市不仅成为海外晋江人与祖籍地晋江之间网络的主要起始点和连接点,而且也成为海外晋江人社群内部跨国网络建构的中心支点。前者在个体行为方面表现较为突出,后者则在社团活动中体现更为明显。

作为传统华人社会的主要组织原则,地方性认同也是早期海外晋江人社群网络建构的重要而坚实的社会基础。然而,随着第二次世界大战后外部环境的变化,以及海外晋江人社群内部的变迁,建构网络的传统性认同规则发生了不同程度的演变。一部分认同原则被逐渐淘汰,一部分原则还仍然保留并至今发挥着重要的作用,还有一部分虽尚存在,但已与现代社会的认同因素相互交织。因此,当地方性认同作用于当代海外晋江人跨国网络时,其表现必定是传统性与现代性的有机结合。海外晋江人跨国网络个案研究为我们呈现了海洋亚洲和地方性认同相结合的具体画面,从而也使本章所着重分析的有关跨界网络的理论有了一个借以扩展的平台和今后可资努力的方向。

(本章的第一、第二部分初稿原载任娜、刘宏:《华人跨国网络研究的理念与实践:兼以晋江人为中心》,刊于廖赤阳、刘宏编著《错综于市场、社会和国家之间——东亚口岸城市的华商与亚洲区域网络》,新加坡南洋理工大学中华语言研究中心,2008年版,第75—106页。本文第三部分取材于刘宏:《导论:理解海洋亚洲与海外华人的互动模式》,见刘宏主编《海洋亚洲与华人世界之互动》,新加坡华裔馆出版,2007年版,第1—9页。)

---

① 任娜:《跨越国界的社群:当代海外晋江人跨国网络之研究》,新加坡国立大学中文系(博士论文),2008年。

Ⅱ 跨界亚洲的历史性与流动性

第四章
"中国隐喻"与软实力的建构
——苏加诺的中国观及其对印尼政治变革的影响

　　作为决定 20 世纪印尼历史发展轨迹的最重要的政治家之一,苏加诺(1901—1970)对印尼内政和外交的深远影响已经被全面地分析。[①]虽然人们对苏加诺总统(任期为 1945—1967)在印尼政治发展中的贡献已达成了某种基本共识,然而针对他的思想根源,学者们的意见却大相径庭。有人认为从本质上说他所接受的西方教育及其民族主义运动的经验塑造了他的思想,可是其他人则认为是传统的爪哇本土思想指导他的一言一行。在这个本质上以西方为中心的社会发展范式的框架内,已经没有探讨苏加诺对其他亚洲国家(如中国)经验的看法与自身思想发展的关联性的空间。

　　本章重点探讨苏加诺中国观的构建并由此联系到它与苏加诺思想发展的关系。苏加诺创造并展现了充满希望、鼓舞人心的中国形象,与其说反映了中国现实,倒不如说反映了他自己对国内政治的不满与知识分子的暧昧立场。在重新构想印尼发展时,他总将印尼的社会弊端与心目中中国的长处相比照。通过把中国作为一种政治陈述和社会策略,苏加诺在以"有领导民主制"(guided democracy)取代西方议会民主制的过程中,融汇了一些中华人民共和国的思想和变通方法。苏加

　　① John D. Legge, *Sukarno: A Political Biography*, Sydney: Allen and Unwin, 1990 (1972); Bernhard Dahm, *Sukarno and the Struggle for Indonesian Independence*, Ithaca: Cornell University Press, 1969; C. L. Penders, *The Life and Times of Sukarno*, Kuala Lumpur: Oxford University Press, 1974; Benedict Anderson, "Bung Karno and the Fossilization of Soekarno's Thought", *Indonesia*, 74, 2002, pp. 1—19; Bob Hering, *Sukarno: Founding Father of Indonesia*, 1901—1945, Leiden: KITLV Press, 2002.

诺由此将自己心目中的中国形象转换成了一种隐喻,一面能折射出超出本来内涵、意义深远的多种可变性的镜子。

从中国的角度来看,在冷战的大背景下,作为东南亚地区最重要的国家,印尼是中美对抗中的重要一环。中国政府所采取的一系列政策和措施(包括公关外交),努力树立一个欣欣向荣与和平发展的国家形象,展现了早期的软实力的某些特征,这一历史经验对我们当今推动公关外交和软实力的建构也有重要的启迪作用。[①]

一、1956 年之前的苏加诺与中国

苏加诺在 1956 年首次访华之前已经对中国的政治和社会发展有所了解。他很早就认识到中国的重要性,1930 年他曾评论:"谁能控制中国的局面,谁就能掌制整个东方世界。"[②]在荷属东印度时期,苏加诺对中国的了解主要有两个来源:有关中国的出版物,以及同印尼华侨的私交。前者包括孙中山、毛泽东、蒋介石的原著及传记和一些同情中国革命的西方记者所写的关于中国的报道。例如,哥特(John Gunther)的《红色中国的挑战》一书,由林群贤翻译并在 1949 年以《重庆与延安》为名出版。[③]斯诺的《西行漫记》一书可能是影响印尼民族主义者了解

---

    ① 公共外交是以公众为受体的外交形式,作为主体的政府对他国民众(包括外国的非政府组织和社会公众舆论)的外交活动。据软实力(soft power)一词的发明者约瑟夫·奈的定义:"在国际政治中,一个国家可以由于别国愿意追随它,景仰它的价值观,向它学习,追求它所达到的繁荣与开放的高度,而获得它所期望的结果。这种软实力(让别人也想获得你希望实现的结果)靠的是与人合作而不是强人所难。软实力来自于塑造他人行为偏好的能力。"约瑟夫·奈、王缉思:《中国软实力的兴起及其对美国的影响》,载《世界经济与政治》,2009 年6 月号。

    ② Sukarno, *Indonesia Accuses*, Kuala Lumpur: Oxford University Press, 1975, p. 17.

    ③ 有关 1950 年前印尼出版的介绍中国的书籍,参见:Claudine Salmon, *Literature in Malay by the Chinese of Indonesia: A Provisional Annotated Bibliography*, Paris: Editions de la Maison des Sciences de l'Homme, 1981, pp. 66—67, 75—76; Kwee Kek Beng, *Doea Poeloe Lima Tahoen Sebagai Wartawan*, 1922—1947, Batavia: Kuo, 1948, pp. 32—43; 吴文华、甘美凤:《二十世纪 30 年代至 50 年代印尼的中文书籍》,载《东南亚纵横》,1993 年第 3期,第 41—46 页。

中国的一部最重要的书籍。1938 年萧玉灿翻译此书并在《新直报》上连载。[①] 苏加诺同支持他的印尼华人建立了密切的私人关系,而且还定期与其讨论民族主义活动的策略问题。荷属东印度的华人社团为这个国家的社会和政治觉醒起了重要作用,他们对现代化、政治解放的渴望及对泛亚洲主义的倡导,都积极地影响了印尼的民族主义事业。例如,郭克明(1925—1947 年任《新报》主编)就撰写过关于新中国的有影响力的书籍,同时他还是 20 世纪 20 年代末期、30 年代早期苏加诺的《青年印度尼西亚之声》的撰稿编辑。他是这一时期苏加诺的印尼民族党(PNI)最主要的支持者之一[②],郭克明经常免费印刷、分发民族党的期刊。中国的革命形象部分是通过这些华人中介展现给苏加诺的,这或许能说明苏加诺与中国革命者建立联系的强烈兴趣。[③]

1956 年前,苏加诺的中国观有三个主要特点。首先,他的中国形象充满了浓厚的民族主义色彩,同时他也不断从中吸取灵感。作为一名热诚的民族主义者,在第二次世界大战之前最令苏加诺关心的事是赢得独立,这是中国进入他重建外部世界的时代背景。苏加诺认为印尼的民族主义运动是东方民族的有机组成部分,正如他 1928 年所言:"印尼民族主义运动诞生的原因中包括吸取其他亚洲国家运动的灵感。"[④]中国发挥亚洲民族主义重要典范之一的作用,孙中山则是中国民族主义梦想的灵魂人物。苏加诺把自己视为孙中山的学生,孙中山被他描绘成"最伟大的民族主义领导人"及"中国民众的国父"[⑤]。他坦承孙中山思想在发展印尼民族主义及国家意识形态(潘查希拉)为他提

---

① Mary Somers, "Peranakan Chinese Politics in Indonesia", Ph. D. diss. , Cornell University, 1965, p. 100.

② Bob Hering, *Sukarno: Founding Father of Indonesia*, 1901—1945, Leiden: KITLV Press, 2002, pp. 62—67.

③ Kwee Kek Beng, *Doea Poeloe Lima*, p. 35;洪渊源:《洪渊源自传》,中国华侨出版公司,1989 年版,第 79 页。

④ Sukarno, "Indonesianism and Pan-Asianism",1928, in idem, *Under the Banner of Revolution*, vol. 1,Jakarta: Publication Committee, 1966, pp. 67—71.

⑤ Sukarno, *Nationalism, Islam and Marxism*, Ithaca: Cornell University Modern Indonesian Project, 1984(1926), p. 43; Sukarno, *Indonesia Accuses*, p. 55; *Sin Min*, Semarang, 14 November 1956.

供了重要的激励。在 1945 年对草拟印尼宪法委员会所作演说中，苏加诺宣称："自 1918 年，通过孙中山的三民主义（民主、民权、民生），民族主义已深入我心。"①他评论说，孙中山的三民主义有助于令一位 16 岁青年从曾珍爱的国际公民思想转变为民族主义，所以三民主义在他心中蓬勃发展。他对孙中山"永远心存感激"②。苏加诺最早对泛亚洲主义思潮的了解也来自孙中山。③ 他 1928 年的一篇文章解释了这个观点，例如"印尼主义"和"泛亚洲主义"，类似于孙中山所阐述的相关问题，两者都强调亚洲国家和人民的共同命运。

其次，苏加诺认为在民族独立斗争中，印尼、中国都有着同样的目标和共同的愿望。这种信念是他的泛亚洲主义的扩展。正如他在 1928 年《印度尼西亚青年之声》（*Suluh Indonesia Muda*）中所写：

> 人们开始意识到中印尼两国人民都是东亚人，都是受苦受难的人，都是为自由生活斗争、挣扎的人……因为亚洲人民共同的遭遇必然会产生共同的行动；共同的命运必定产生共同的情感；在抵抗大英帝国主义和其他帝国主义的斗争中，埃及、印度、中国、印尼人民面对同样的敌人……因此，我们应一起建立一个亚洲社会，抵抗外国帝国主义壁垒，这是我们为什么要坚持泛亚洲主义原则的原因。④

---

① Sukarno, "The Birth of Pantja Sila", 1945, in *Pantja Sila*: *The Basis of the State of the Republic of Indonesia*, Jakarta: Department of Information, 1964, p. 27。据 Bernhard Dahm 所言，"潘查希拉思想很可能效仿了三民主义"。见 Bernhard Dahm, *Sukarno and the Struggle for Indonesian Independence*, Ithaca: Cornell University Press, 1969, p. 339。

② Bob Hering, *Sukarno*: *Founding Father of Indonesia*, 1901—1945, Leiden: KITV Press, 2002, p. 353.

③ 1950 年苏加诺会见中国驻印尼首任大使王任叔时说他已经认真研究过孙中山的三民主义，并且非常赞同孙中山的亚洲合作的建议。参见《我驻印尼大使与苏加诺总统谈话纪要》（1950 年 8 月 27 日），中华人民共和国外交部档案，卷宗号 105 - 00070 - 02）。Bernhard Dahm 也指出苏加诺呼吁全亚洲人民合作的思想"毫无疑问深受孙中山的影响"。Bernhard Dahm, *Sukarno and the Struggle for Indonesian Independence*, Ithaca: Cornell University Press, 1969, pp. 115—116.

④ Sukarno, "Indonesianism and Pan-Asianism", p. 67; Hering, *Sukarno*, *Founding Father of Indonesia*, 1901—1945, Leiden: KITV Press, 2002, p. 153.

他在结论中谈到印尼、中国两国人民是同一命运的同志、共同斗争的同志、同一战线的同志。1946 年苏加诺告诉一位来访的国民党官员说印尼的国家理论同孙中山的理论并无太大区别。[①] 因为这种认知的一致性,苏加诺喜欢参照孙中山国共两党合作的策略,并以此为自己努力促成民族主义、马克思主义和伊斯兰的团结辩解。[②]

第三,1949 年后的中国在苏加诺的想象中仍然是一个民族主义和民粹主义国家。与同一时期的知识分子一样,他认为毛泽东的新民民主主义理论真正表达了中国的民族主义,并且发展了"三民主义"。[③] 他密切关注 20 世纪 50 年代上半期中国政治的发展,民主集中制给他留下了深刻的印象。1954 年他提议印尼应成立与中国类似的人民代表大会。[④] 苏加诺也相当熟悉毛泽东和中国著名左翼作家鲁迅的政治与文化著作。[⑤]

简言之,苏加诺的中国观中共产主义的意识形态并不明显,民族主义的想象占了首要地位。将共产主义同中国区分开来是苏加诺 1956 年之前的中国观的核心。淡化共产主义的作用的重要原因之一,在于他对印尼国内的关注形成了他的中国观。当民族独立成为他首先考虑的问题时,他认为中国为民族主义者提供了启示。同样的,他对西方式民主制的批评及与日俱增的沮丧激发了他对中国的兴趣。一个看似非共产主义的中国为他提供了一种貌似合理的选择。

---

① Raliby Osman, *Documenta Historica*, Jakarta: Bulan-Bintang, 1953, p. 213; *Merdeka*, 10 Jun. 1946.

② Sukarno, *Nationalism, Islam and Marxism*, pp. 40—41, 43, 58, 60.

③ 有关苏加诺对新民主主义的看法的信息是由苏加诺的中国事务私人助理及中文翻译司徒眉生先生提供的（作者的个人访谈）。据他称,苏加诺对中国政治体制的理解很大程度上受巴里安(Barioen)的 *Melihat Tiongkok Baru*(Jakarta: Rada, 1952)影响,该书用民粹主义者赞许的目光描绘中国。有关司徒眉生卷入中印尼关系的记载,参见袁厚春:《一个参与创造历史的华人——司徒眉生传奇》,香港三联书店,2005 年版。

④ R. Howie, "Sino-Indonesian Relations, 1950—1959: A Study of the Chinese People's Republic's Policy towards a Non-Communist State in South East Asia", M. A. thesis, University of Western Australia, 1966, pp. 109—110.

⑤ 与陈丽水访谈,陈丽水在 20 世纪 50 年代为中国驻印尼大使的印尼语翻译,并在不少正式及非正式场合见到过苏加诺。

中国的领导层在 20 世纪 50 年代前半期对印尼及苏加诺也表现出强烈的兴趣，主要因为印尼是这个地区与中国建交的最重要国家。在 1950 年初，外交部在发给中国驻东南亚使馆的指示中也特别强调，宣传新中国的建设成就是当地使节的重要任务之一。① 尽管苏加诺在当时是一位仅拥有象征性权力的总统，可是中国却把他当作对印尼国内外政治拥有最高权力的、至高无上的领袖。因此，苏加诺成为赢得印尼人民同情和支持的中心人物。显然，中国希望一位亲中国的总统会积极影响印尼公众对新中国的态度。黄镇在 1954 年驻印尼大使之前已决心把外交重心放在苏加诺身上。周恩来总理确信苏加诺是一位爱国者、民族主义领导人，他指示黄镇与苏加诺发展亲密关系②，中国对苏加诺的浓厚兴趣不仅表现在政策层面，而且反映在个人关系上。比如大使的厨师定期为苏加诺送上他最爱吃的点心。③ 对绘画的共同爱好也有助于发展苏、黄之间的个人关系。④ 1956 年夏天，苏加诺要求黄镇安排在北京出版六册一套的中文版藏画册，而这套书从未用其他语言（包括印尼语）出版过。中国同期还出版了一册苏加诺强调反对帝国主义与亚非团结为主题的演讲选集。这表明中国明确地认为苏加诺是新独立国家的一位重要反西方的领导人。那个时期从未有其他印尼领导人，甚至是印尼共产党主席艾地也没得到过类似的推崇。⑤ 苏加诺的

---

① 《外交部就东南亚华侨国庆庆祝活动向有关使馆指示》（1951 年 9 月 10 日），中华人民共和国国外交部档案，卷宗号 117－00081－08（1）。

② 朱琳：《大使夫人回忆录：匈牙利、印尼、法国、美国》，世界知识出版社，1991 年版，第 44 页；姚仲明等编：《将军、外交家、艺术家——黄镇纪念文集》，解放军出版社，1992 年版，第 342—343 页。

③ 朱琳：《大使夫人回忆录：匈牙利、印尼、法国、美国》，世界知识出版社，1991 年版，第 63—64 页。

④ 黄镇在加入中国共产党之前毕业于著名的上海美术学院。1958 年应苏加诺的要求，中方将黄镇大使的任期额外延长了三年。这在中印尼两国外交实践中都是史无前例的。参见姚仲明：《将军、外交家、艺术家——黄镇纪念文集》，解放军出版社，1992 年版，第 341—343，361 页。

⑤ 姚仲明：《将军、外交家、艺术家——黄镇纪念文集》，解放军出版社，1992 年版，第 633—634 页；朱琳：《大使夫人回忆录：匈牙利、印尼、法国、美国》，世界知识出版社，1991 年版，第 64 页；David Mozingo, *Chinese Policy toward Indonesia, 1949—1967*, Ithaca: Cornell University Press, 1976, p. 150.

著作和藏画集在中国的出版令他心花怒放。他说："这些书让全世界人了解印尼艺术。"[1]同时，中印尼关系在 1955 年万隆会议后得到极大改善。在此次会议上，周恩来务实、谨慎的外交政策备受广泛赞誉，这无疑促进了苏加诺对中国的正面看法。中印尼双重国籍条约的签订为苏加诺即将访问中国铺平了道路。[2]

苏加诺对中国的吸引力与后者打算加强他对华支持的意图不谋而合。当苏加诺表达访华的兴趣时，中国马上发出邀请，于是他便开始了具有历史意义的 1956 年中国之行。[3]

二、苏加诺进京

（一）社会环境

苏加诺 1956 年秋出访中国，这在印尼后殖民地历史和他个人探索历程中是一个关键时刻。[4] 1955 年末，印尼赢得独立后的人们的理想远未实现的现实越发凸显出来，政治动荡、经济停滞、社会混乱的现实粉碎了人民建立公平、繁荣的社会的梦想。1955 年，印尼虽然进行了第一次全国普选，但也加剧了现存社会的分歧，印尼的问题进一步恶化。在这个动荡不安的环境中，印尼的政治家和知识分子领袖面临着一系列重要问题：国家的弊病在哪里？西方民主对这个国家是最好的政治制度吗？如果不是，又有什么合适的选择呢？

在表达与西方的疏离感和挫折感时，苏加诺是一位主要的政治家，同时他也在痛苦地探索前进。早在 1956 年前，他已直言不讳地批评了

---

① 与陈丽水访谈。

② Ronald C. Keith, *The Diplomacy of Zhou Enlai*, London：Macmillan, 1989, pp. 80—87；and Mozingo, *Chinese Policy toward Indonesia*, Chapter 4.

③ 笔者与司徒眉生及陈丽水访谈。哈马（Willard A. Hanna）认为中国是在美国和苏联邀请苏加诺之后才向苏加诺发出访华邀请的，这一观点是错误的。参见：Willard A. Hanna, "Sukarno：The Devolution of a Revolutionary", in *Eight Nation Makers*, New York：St. Martin's Press, 1964, p. 71.

④ 莱格（John D. Legge）指出，"1956 年末标志着苏加诺政治生涯的转折"。John D. Legge, *Sukarno：A Political Biography*, Sydney：Allen and Unwin, 1990, p. 271.

西方议会民主制。但是那时他还不能确信什么样的政治社会体制能更好地取代现存制度,他也不能确定这个新体制的理论该是什么。尽管他在 20 世纪 50 年代早期就提到有领导的民主制,许多问题却无法得到解答。例如,如何以民主平衡权力? 如何在保持政治稳定的同时,发动群众进行社会经济建设? 对于设想中的新政治体系,什么是最有效的思想指导? 苏加诺无法明确地回答这些迫切的问题。在这个关键时刻,中国的范例成为影响他改革印尼的一个十分重要的因素。

苏加诺的 1956 年海外之旅至关重要,因为此次访问给苏加诺在国家建设方面提供了参照系,相应地也对发展印尼国家构想方面发挥了重要作用。这些旅行意义深远,还因为他们赋予苏加诺观察、比较世界两大社会体系的良机。① 在 1956 年 5 月 6 日访问美国和西欧之后,苏加诺访问了东欧、苏联、蒙古和中国。苏加诺在去这些国家之前,宣布他有一个意义深远的计划:"从这些国家访问回国之后,我可以肯定地说什么是国家建设的最佳途径。"②印尼外交部长阿都干尼(Roeslan Abdulgani)后来用同一语调向议会汇报总统的海外之旅:"我们在这些国家的见闻能作为对照和参考,并用在我们建设国家的努力中去……我们可以在多方面利用它们的经验。"③

苏加诺的美国之行令他非常失望。尽管苏加诺对美国的物质进步

---

① 苏加诺四处游走,全面地体验东方及西方社会,他在国外度过了 319 天,访问了 41 个国家。尽管其中不乏私人旅行,但是很多旅行属于国事访问。这些旅行包括日本(60 天,其中大约 33 天是私人旅行)、奥地利(44 天,大部分属于私人旅行)、意大利(20 天)。在美国逗留 15 天(1959,1960,及 1961 年),苏联 14 天,古巴 5 天,南斯拉夫 17 天,东欧社会主义阵营的其他国家逗留 26 天。因此,他大约 50% 的时间在亚洲、非洲和拉丁美洲度过,30% 的时间用来访问北美和西欧,20% 的时间在共产主义国家度过。Jeroen Touwen, "Indonesia's Foreign Policy and Trade, 1957—1965: Economic Reorientation versus Political Realignment", in *Europe-Southeast Asia in the Contemporary World*: *Mutual Images and Reflections 1940s—1960s*, eds. , Piyanart Bunnag, Franz Knipping, and Sud Chonchirdsin, Baden-Baden: Normos Verlagsgesellschaft, 2000, p. 176.

② Ganis Harsono, *Recollections of an Indonesian Diplomat in the Sukarno Era*, St. Lucia: University of Queensland Press, 1977, p. 145.

③ Roeslan Abdulgani, *The Foreign Minister's Report to Parliament on President Soekarno's Second Tour*, *August 26—October 16, 1956*, Jakarta: Department of Foreign Affairs, 1956, p. 47.

印象深刻,但他意识到两国处于不同的发展阶段,印尼很难赶上美国。印尼是一个刚独立的国家,而美国是工业化程度最高的国家。同时,作为鄙视资本主义,以及由此滋生的社会不平等的一位政治家,当代美国的经验不可能吸引苏加诺。这或许说明了为什么苏加诺告诉他的印尼听众,美国之行在政治之上无足轻重的一个重要原因。[1]

虽然苏加诺及其代表团成员受到苏联的热情接待,但是他们对此次被称作"名不副实"[2]的成功的苏联之行不太满意。首先,许多印尼人把苏联看作现代西方国家。然而苏加诺及其代表团成员惊奇地发现苏联存在着严重的社会问题。例如,尽管苏联取得了重大物质进步,可是它依然面临污秽、贫穷、政治腐败,以及 19 世纪而非 20 世纪的工作环境。苏联对待穆斯林的做法同样地令他们很失望。印尼议会第二副议长阿里芬(Zainul Arifin)指出:"在苏联,伊斯兰教就像盏油尽将熄的灯,但是却无人为它添油。"[3]苏加诺的助手说:"虽然苏联精心策划,希望得到苏加诺的好感,但我看不到苏加诺观点转变的任何迹象。我想 1956 年 9 月 17 号美国《时代》杂志的评论是正确的:苏加诺是苏联的兄弟,但决不是同志。"[4]

苏加诺对美、苏的冷淡态度中有一种明显的文化因素。正如先前提到的那样,苏加诺长期以来一直拥护泛亚洲主义的观点,而且倾向于把世界看作东西方分庭抗礼、一分为二的世界。他逐渐认识到东方能够发挥世界道德领袖的作用(这种信念明确地表现在 1956 年于西德海得堡发表的一篇题为"作为世界道德力量的亚洲精神运动"的演讲中)。他明确地表露出这种信念,断言西方国家所重视的经济、军事力量和效

---

① 例证见:"Mengapa Presiden Ambil Tjontoh Pembangunan dari RRT?" *Sin Min*,31 Aug.,1957. 美国驻印尼大使休·史密斯·卡明(Hugh S. Cumming)也有同样的印象。卡明(Cumming)回忆道:"苏加诺对自己 1956 年的美国之行没什么好说的。苏自己的书中流露出他对美国没有给予其热情款待的失望。他的幻想有点破灭。"参见:"A Transcript of a Recorded Interview with Ambassador Hugh S. Cumming, Jr.",1 Dec. 1966,*The John Foster Dulles Oral History Project*,Princeton University Library, pp. 23—24.

② Willard A. Hanna,"Moscow Comes to Bung Karno-And So Does Peking",*American Universities Field Staff*,Southeast Asia Series,no. 20,30 Nov. 1956, p. 4.

③ 同上,p. 6。

④ Harsono,*Recollections of an Indonesian Diplomat*,p. 160.

率与东方的道德原则相比无足轻重。苏加诺宣称：

> 世界上最强大的力量是观念。我们的哲学建立在道德原则基础之上，我们的国家也建立在这种道德伦理基础之上。道德伦理原则决定我们生活的全部。精神的力量优于所有其他力量。一直以来，所有国家都认识到这一点并且确定了精神和道德秩序。但是你可能经常误用这种秩序，并给它打上物质主义者的烙印，结果严生了原则和实践之间的矛盾。[①]

总之，不尽如人意的印尼国内局势，促使他对照国内外的局势，努力寻求出路。然而美苏之行令人失望的结果进一步促使他视中国为思想灵感的源泉。苏加诺在一个被广泛定义为东方传统的框架内，建立国家未来政治体系的愿望，令新中国范例的魅力有增无减。

(二) 苏加诺在中国：思想转变的动力

1956 年 9 月 30 日，苏加诺抵达北京。他飞机一着陆就立刻注意到中国接待的热情，使其对其他所有的国事访问显得相形见绌。苏加诺被中国赞誉为最尊贵的客人，一位坚定的反殖民主义的先锋。他的此次访问也被称颂为印尼、中国关系中最有意义的事件。[②]

一位中国记者生动地描述了当时绚丽多姿的欢迎场面：

> 中国人民对苏加诺的热情欢迎充分反映出苏加诺总统访华的重要性。他所到之处都受到广大群众的欢迎，欢呼声震耳欲聋，实际上整个中国领导层都到机场迎接他。一望无边的车队紧随他和毛主席乘坐的轿车。当第一辆车驶进城墙环抱的城市时，其他许

---

① C. L. Penders, *The Life and Times of Sukarno*, pp. 154—155.

② *Presiden Sukarno Mengunjungi Tiongkok*, Issued by the Chinese Embassy in Jakarta, 1956, p. 1.

多车辆甚至还没出机场,迎宾队伍多么长啊![1]

从机场到市中心公路两旁 30 多万中国人夹道欢迎苏加诺总统。苏加诺的私人助理说道:"苏加诺一抵达就被淹没在由毛主席亲自率领、令人激动的红色'人毯'之中。这张'人毯'欢呼'苏加诺万岁!'"[2]这次接待给阿都干尼留下了同样深刻的印象:"它是如此多姿多彩,好像再现了中国几千年古老的历史和文化的辉煌。"[3]

如苏加诺的助手回忆道:"两国领导人之间的联络交流似乎立刻建立起来,他们像两个知己老友一样相互拥抱。"[4]中国领导人不断强调互惠互利的主题增强了彼此之间的亲密感。在致欢迎词中,毛主席赞扬苏加诺在反殖民斗争中杰出的领导才能,并提醒他的客人们两国有着同样的愿望:"印尼人民的理想是什么? 那就是独立、和平和新世界,中国人民拥有完全相同的理想。"[5]苏加诺重申了毛主席的这一观点,宣布:"中印(尼)人民有很多共同之处……你们的理想也可以看作与我们相同的理想。你们的理想是建立一个没有剥削、没有痛苦、没有压迫的新世界——一个人民自由、幸福生活的新世界。这同样也是我们的理想。"[6]苏加诺不但把中国视为兄弟而且视其为"并肩作战"的同志。他宣称:"中国的胜利就是印尼的胜利,印尼的胜利就是中国的胜利。"[7]

在友好的气氛中,苏加诺在中国访问了 17 天,参观了北京、沈阳、

---

[1] Wang En-yuan, "President Sukarno in Peking", *People's China*, no. 21, 1 Nov. 1956, p. 8.

[2] Harsono, *Recollections of an Indonesian Diplomat*, p. 162.

[3] Roeslan Abdulgani, *The Foreign Minister's Report*, p. 54.

[4] Harsono, *Recollections of an Indonesian Diplomat*, p. 162.

[5] Michael Y. M. Kau and John K. Leung eds., *The Writings of Mao Zedong*, 1949—1976, vol. 2, Armonk: M. E. Sharpe, 1992, pp. 143, 145.

[6] 摘自邹声编:《苏加诺总统在中国》,香港中华书局,1957 年版,第 167—168 页。本书收录了苏加诺在华的演讲。印尼版本题为 *Presiden Sukarno di Tiongkok*,于 1956 年由北京外文出版社出版。

[7] 《新明》,1956 年 10 月 5 日、6 日。与先前美国之行、苏联之行不同,印尼媒体全面、正面地报道了苏加诺的中国之行。例证见:A. Karim D. P., "Dengan Bung Karno Melihat Dunia Baru: Perobahan Tjara Berpikir di RRT", *Sin Po* (Jakarta), 13 – 16 Nov. 1956; Adinegoro,《一个新世界:与总统一起出访国外》,载《新报》1956 年 10 月 23 日至 11 月 1 日。

鞍山、长春、旅大、南京、杭州、武汉、广州和昆明。像许多其他在20世纪50年代访华的印尼人一样，苏加诺对中国的印象非常好，而中国方面特地向他展示社会、经济进步的先进模范，使其更加强化了这种印象。中国的经济进步、有力的领导、政治的稳定，斗志昂扬的群众，这些特别令苏加诺惊愕不已。

苏加诺真诚地钦佩中国经济大规模的长足发展。作为一位训练有素的工程师，他对中国在建的大型工程项目（如南京长江大桥）特别感兴趣。[①] 苏加诺热情盛赞中国进入了前途光明的新时代。他说现存的非凡成就之后，经济领域将取得新的成绩。[②] 外交部长阿都干尼递交给印尼议会的报告反映了苏加诺对中国发展的着迷。报告指出代表团带着中国的具体印象回国——"目前，中华人民共和国正在赶超西方的工业生产水平。"[③]

对于苏加诺来说，中国成功的关键不在于其共产主义意识形态，而在于中华民族一家亲的政治稳定。他声称："正因为这种团结，中华人民共和国才永远不会被消灭。"[④]一个强大、团结的领导集团的存在进一步促进了政治稳定。苏加诺告诉印尼记者："中国领导人是模范的劳动人民，他们说得少，做得多。"[⑤]

中国人民斗志昂扬的精神给苏加诺留下了极为深刻的印象。他和大多数印尼的中国观察家对此都作出了民粹主义的诠释：是人民而非共产党成就了中国的非凡事业。这种解释暗示了要削弱共产主义意识形态和阶级斗争论的影响。苏加诺把中国的迅猛发展归因于两大因素：中国具备经济发展所必需的一切自然资源；更重要的是人民——中国最宝贵的财富——辛勤工作，愿意为国家的利益牺牲个人的利益。苏加诺对中国的所有观察自始至终强调了中国人民的昂扬斗志、勤劳、

---

① 与司徒眉生访谈。

② 邹声编：《苏加诺总统在中国》，香港中华书局，1957年版，第162—163页。

③ Roeslan Abdulgani, *Foreign Minister's Report*, p. 47.

④ 邹声编：《苏加诺总统在中国》，香港中华书局，1957年版，第154页。

⑤ A. Karim D. P., "Dengan Bung Karno Melihat Dunia Baru", *Sin Po*, 16 Nov. 1956.

守纪。"在抗日和国共内战期间,毛主席生活在山区,他拥有什么? 他的追随者又有啥?"苏加诺对他的中国听众提出了这个问题并作出回答:"他们只有高昂的士气和燃烧的革命斗志,这一切足以说明毛主席为什么最终能建立中华人民共和国。"①这种精神能够产生实际而明确的结果。他对鞍山的工人们说:"因为有颗炽热的心和燃烧的革命斗志,你们会在此建成一个巨大的工业企业。"苏加诺推断强大有力的昂扬斗志是中印尼两国人民拥有的最有效的武器。②

早在苏加诺访华之前,重视精神力量,有力地领导和团结人民,确实构成了他思想中的重要组成部分。然而在中国的见闻第一次向他证明这些因素对成功的民族主义运动不仅极为重要,而且还是国家建设的关键。中国范例再次向他确证了他这一根深蒂固思想的有效性。这样的启示将成为苏加诺日后努力改变印尼社会和政治制度的主要动力之一。

基于对中国发展及其动力的理解,苏加诺对中国如何缔造、激发民众精神力量的方法饶有兴致。在华期间,他向中国领导人提出了许多有关国家发展的尖锐问题。他的问题旨在找到解决本国国内问题的方法。他最关注民主、独裁、政治稳定和执政领导权之间的关系。毛泽东一直认为民主只是达到目标的手段,而且对苏加诺表示,民主是必要的,但也要统一,以"避免混乱"。据报道,毛泽东、周恩来两人都说过苏加诺不会是一名共产主义者,而是一位能团结所有政治派别的孙中山式的人物。③ 副总理陈毅元帅在向苏加诺传达有关中国的正面信息方面扮演了重要角色。陈毅于1955年万隆会议上与苏加诺会过面,并在其访华期间全程陪同印尼代表团。苏加诺请陈毅详细说明中国经济发展的经验。④ 有一次,苏加诺向陈毅询问掌控军权的策略(这反映出苏

---

① 邹声编:《苏加诺总统在中国》,香港中华书局,1957年版,第117页。

② 邹声编:《苏加诺总统在中国》,香港中华书局,1957年版,第117,132页。

③ 与陈丽水访谈,他在毛泽东与苏加诺会晤时在场。副总理、外交部长陈毅元帅1961年4月访问印尼时对苏加诺说:"我们把你当成朋友看待。我想作为一位资产阶级革命者并无大碍;孙中山先生是我们伟大的历史人物。"参见《陈毅传》,当代中国出版社,1991年版,第574页。

④ 何小鲁:《元帅外交家》,解放军文艺出版社,1985年版,第187页;蒋洪斌:《陈毅传》,上海人民出版社,1992年版,第702—703页。

加诺打算治理印尼日益紧张的军政关系）。陈毅谈及最有效的方法之一是军区司令的轮替制。① 同时，他向苏加诺说明了"民主集中制"领导的基础，以及它与西方虚假文明之间的差别。在离开中国前，苏加诺向陈毅问起统治泱泱大国的新中国的治国之道。陈毅答道："毛主席已经制定出最好的治国之道，他过去常说最重要的是提出鼓舞人心的思想以及充分发挥干部的作用。"陈毅还详述了这些方法的应用。②

总之，形成苏加诺中国观的一个重要因素是他 1956 年的中国之行。他认为在新独立的国家中，中国的社会、经济发展是一个成功的典范。他喜欢对照中国来证明印尼后殖民地时期社会发展的不足。他相信中国所发生的一切实现了他自己对印尼所抱有的理想。在回国路上，苏加诺告诉印尼记者："在我访问这些新兴的人民民主国家期间，我见证了 1929 年以来心中宿愿的实现……在中国，我看到了有领导民主（demokrasi terpimpin）的实践，只有这种民主才能带领人民进入一个新世界，一个真正公正、繁荣的新世界。"③

三、苏加诺的中国观及其对印尼的重构

（一）中国情结与有领导民主的建立

苏加诺制定印尼发展蓝图的关键时期是 1956 年至 1958 年。这一期间，他始终不断地以中国为范例对印尼社会进行根本性变革，并发表自己的政治宣言和政策主张。回国之后，他在几乎所有重要的讲话中，经常把中国挂在嘴边。具体地说，他的中国形象准确无误地与其变革印尼社会的思想相吻合，他的思想体现在三个方面：变革的愿望、变革的目标、变革的手段。

---

① 与陈丽水访谈。

② 何小鲁：《元帅外交家》，解放军文艺出版社，1985 年版，第 188 页；《陈毅传》，当代中国出版社，1991 年版，第 573—574 页。在与黄镇大使经常性的会见中，苏加诺对中国的社会、经济发展，以及机制有着同样的兴趣，见姚仲明：《将军、外交家、艺术家——黄镇纪念文集》，解放军出版社，1992 年版，第 376—378 页。

③ *Harian Rakjat* (Jakarta), 17 Oct. 1956；*Hsin Pao*, 18 Oct. 1956.

首先,中国范例坚定了苏加诺认为印尼应当摒弃现存政治体制的信念。政治混乱、动荡的国内局势与他在中国的所见所闻形成了鲜明的对比。1956 年 10 月 17 日,他一抵达雅加达就说看到这儿的情况令他感到厌恶,而印尼政党的堕落使他大为惊愕。[1] 10 月 28 日,在他海外之旅返国后的第一次演讲中,苏加诺声称,中国人民建设新社会的干劲给他留下了极为深刻的印象。他对中国的赞赏是批评印尼动荡局势的一个借口:"在 1945 年,我们鼓励成立政党、政党、政党,我们犯下了一个非常严重的错误。"[2]两天后,他透露他有一个解决国家问题的构想。苏加诺说他早就不满政党沦为替党魁个人私利服务的工具,但是他先前从未流露出这种不满。中国之行似乎转变了他的思想。苏加诺宣称:"访苏、访华归来后,我不再梦想,我提议人民领导者召开会议,来决定埋葬所有党派。"[3]1957 年 7 月 22 日于马辰发表的演讲中,苏加诺再次声讨不适合本国的议会民主制,并鼓励印尼人民采取中国的方法摆脱当前困境。[4]

其次,真切可感的中国范例给苏加诺一个作为变革目标的可行模式。如果变革势在必行,那么变革的目标是什么? 苏加诺明确表示西方民主和西方思维模式在印尼不起作用。同时,他也断言美国和苏联过于发达,印尼很难从中学到任何具有实用价值的东西。另一方面,苏加诺对中国实践的观察强化了他认为亚洲社会是一个不同于西方的社会,而且亚洲问题应由亚洲模式来解决的观点。作为一个新独立的亚洲国家,取得了非凡成就的中国显然对他有着强烈的吸引力。他与毛泽东一样,渐渐意识到民主仅仅是达到目的的手段。苏加诺提出的新体制中两个基本因素可能是领导权和社会民主。他耳闻目睹中国领导

---

① *Sin Min*,1 Nov. 1956.

② Sukarno,*Indonesia*,*Pilihlah Demokrasimu Jang Sedjati*(*Pidato Presiden Sukarno pada Hari Sumpah Pemuda tgl. 28 Oktober* 1956 *dan Pidato Presiden Sukarno pada Resepsi Kongres P. G. R. I. ke*-8 *tgl.* 30 *Okt.* 1956),2nd printing,Jakarta:Jajasan Prapantja,1961,p. 11.

③ Arnold C. Brackman,*Indonesian Communism:A History*,New York:Frederick A. Praeger,1963,p. 227.

④ 美联社快讯(雅加达),1957 年 1 月 20 日,引自《参考消息》,1957 年 1 月 22 日。

权及其稳定性的重要作用,这从某种程度上激发了他的这一信念。1956 年 10 月 30 日,在一次名为"观念性演说"(conception speech)的演讲中,苏加诺宣称:

> 我希望印尼可能拥有的民主不是西方自由化的民主……我希望印尼的民主是一种有指导的民主、有领导的民主。有指导的民主受到准则指导,但依然具有民主性。尤其是如果我们打算像我所访问国家的人们一样(例如中国)建立民主制度。①

他为革除社会弊端而开出的详尽具体的方法折射出苏加诺对中国社会民主实践的理解。1957 年 7 月 3 日在万隆的印尼民族党大会召开之前,苏加诺发表了自认为一生中最重要的讲话之一。② 他在区分社会民主制和作为新兴资产阶级哲学的议会民主制时,谈到印尼应采取能够引导人民走向经济繁荣和社会平等的社会民主制。为了实现这个目标,有必要在恰当的环境中来理解自由的概念。"在美国人们最重视的是言论自由,其次是摆脱贫困的生存自由。"苏加诺认为这种实践产生了社会不平等。另一方面,在苏联和新中国,"首先人们重视和追求摆脱贫困的生存自由,言论自由——如有必要的话——位居其次。"③然后,他详细地说起几个月前在北京同宋庆龄的谈话,并以赞许的语气引用了宋庆龄回答他为什么中国脱贫自由先于言论自由:"因为肚子不想等待。"④他总结说:"印尼应像新中国和苏联一样建立一种议会,有权决定国家政治、经济政策的社会民主制度。"⑤

第三,新中国成为如何引发积极政治变革的典范。变革必要性及方向性的问题解决之后,如何实施转变的问题便显露出来。苏加诺再

---

① Sukarno, *Indonesia*, *Pilihlah*, p. 24.

② 见乔治·卡欣(George Kahin)为苏加诺所做序言。*Marhaen and Proletarian*, Ithaca: Cornell Modern Indonesian Project, 1960, p. ⅲ.

③ 同上, p. 19。

④ 同上, pp. 19—20。

⑤ 新华社稿,1956 年 11 月 14 日。亦见:"Mengapa Presiden Ambil Tjontoh Pembangunan dari RRT?" *Sin Min*, 31 Aug. 1957.

一次利用中国作为证明自己方法的一种政治手段。两种方法引起了他特别的注意：动员群众及干部制度的建立。动员群众是苏加诺长期钟爱的社会变革方法，中国的实践经验坚定了他对这个方法有效性的信心。例如，他指出中国在生产领域取得了显著发展，印尼可以效仿它的一些做法。[①] 访华归来后，苏加诺进一步阐明了自己的观点：中国的成功不在于它的政治制度而在于全民动员、群情激昂。[②] 接下来的问题就是如何发动群众。针对这个问题，苏加诺可能会想起他跟陈毅元帅的一次长谈。陈毅指出中国执政方法的重要因素是对人民提出一些鼓舞人心的思想，同时充分发挥干部的作用。在回国途中，苏加诺嘉许地谈及中国的典范："因为中国人民有明确的目标和高昂的斗志，他们能进行大规模的建设。印尼领导人为了经济的发展，应当以理想鼓舞民众。"[③]干部制度同样也引起他的注意。在 1956 年 10 月 30 日的演说中，苏加诺申明了自己的观点，中国大规模的群众动员是一个能有力团结国家的、组织有序的干部制度的产物。同时，他呼吁要形成一种与此相似的、鼓舞人心、促进国家团结的制度。[④] 苏加诺强烈地感到，为了摆脱现存的政治经济困境，印尼须采用中国通过建设性的批评实现团结的做法。[⑤] 在万隆对一群军官所作的演讲中，苏加诺谈到中国军人的榜样：他们服从革命需要，不会结成军事派系，他以此为自己保持文官至上的诉求寻找依据。他也谈到政府应派代表团去中国研究如何协调军民关系的问题。[⑥]

苏加诺对中国经验的理解及其思想相应的转变构成了 1959 年他建立有领导民主制国家的最重要依据之一。这个新的政治制度在组织机构上表现在三个方面。首先 1945 年的宪法规定总统对国内、外政策拥有最高权力。其次，内阁遵循互助原则展开活动，包括共产党在内的

---

① 《大公商报》，1957 年 6 月 11 日。

② 《生活报》，1957 年 4 月 20 日；Brackman, *Indonesian Communism*，p. 227。

③ 《新报》，1956 年 10 月 18 日.

④ Sukarno, *Indonesia*, *Pilihlah*, pp. 21—22.

⑤ 美联社快讯(雅加达)，1957 年 1 月 20 日，引自《参考消息》，1957 年 1 月 22 日。

⑥ 《新报》，1956 年 11 月 12 日；*Sin Min*, 13 Nov. 1956。

所有政党参与决策过程。第三,国家委员会(Dewan National)取代议会。这个委员会是个高级咨询机构,代表不同的社会团体——工人、农民、民族商人、青年、妇女等。它通过协调和共识而非投票方式来运作。①

在整个有领导民主制时期（1959—1965）,苏加诺依然对中国模式着迷。例如,仅在1965年9月,他就派遣了6个政府代表团到中国,它们都带着了解"中国当前发生的并且日后对印尼有用的事情"的重要使命。② 中国因素日益明显地表现在印尼国内外政治方面。在有领导民主制的末期(1964—1965),苏加诺越来越担心自己对与其分庭抗礼的军队无能为力。他设想的维护文官至上的方法之一,即武装工农,组建一支"第五兵种"与日益强大的陆军抗衡。③ 而更为有效的方法在于影响军官们的思想。苏加诺对中国政治灌输的技巧印象深刻,因此,他请陈毅元帅于1965年8月去雅加达给印尼将军举办讲座。其中一次演讲持续了5个小时,期间陈毅详尽地说明了中国的世界观和他本人对国际局势的分析。④

---

① 对整个有领导民主制时期的印尼政治最好的研究是：Daniel Lev, *Transition to Guided Democracy*: *Indonesian Politics*, *1957—1959*, Ithaca: Cornell University Modern Indonesian Project, 1966; Herbert Feith, "Dynamics of Guided Democracy", in *Indonesia*, ed. Ruth McVey, New Haven: HRAF Press, 1963, pp. 309—409. 参见: *Democracy in Indonesia*: *1950s and 1990s*, ed. David Bouchier and John Legge, Clayton: Centre of Southeast Asian Studies, Monash University, 1994.

② Radhi S. Karni, *The Devious Dalang*: *Sukarno and the So-called Untung Putsch*, *Eye-Witness Report by Bambang S. Widjanarko*, The Hague: Interdoc, 1975, p. 100.

③ PKI领导人首先提议这一方案。Ide Anak Agung Gde Agung, *Twenty Years Indonesian Foreign Policy*, pp. 441—442; and Mozingo, *Chinese Policy toward Indonesia*, p. 227.

④ 采访黄书海(陈毅的翻译)及司徒眉生。陈毅自己在后来于1965年9月29日在北京召开的一次重要的记者招待会上重复了此次谈话的一些细节。在这次记者招待会上,他的谈话涉及各种国际问题,包括中国-印度边界问题,第二届亚非会议,中国核武器开发及中美关系问题。陈毅以这番话结束此次会议："打败美帝国主义之后,全世界的帝国主义、殖民主义被真正消灭的时代也会随之来临。只要全世界不同社会制度的国家和平共处,真正成为一个国际社会,这个理想就一定会实现。中国愿意为这个崇高的理想作出必要的牺牲。"陈讲话的全文,参见: Harold C. Hinton, *The People's Republic of China*, *1949—1979*: *A Documentary Survey*, vol. 2, Wilmington, Del.: Scholarly Resources Inc., 1980, pp. 1247—1253.

（二）全新的社会工程

如上所述，苏加诺中国观的构想主要是为了处理国内问题。他眼中的中国成为知识分子思想判断的准绳和政治观念的参照系。换言之，中国作为一种隐喻，一面镜子，折射出他对印尼后殖民转型期的不满和愿望。中国隐喻不仅是影响苏加诺制定国家政策的重要因素，而且它在印尼以新型的社会工程巩固新制度方面发挥了作用。1959—1965 年，苏加诺动员印尼民众的计划，相应地受到中国自上而下社会变革方法的影响。新生活运动就是一个例子。

在 1957 年 8 月国庆演讲时，苏加诺宣布全国努力力行简朴、自律、勤劳。这场运动的直接启示源自于苏加诺对中国人非凡的纪律性与勤奋的仰慕。1957 年 4 月，苏加诺呼吁"自律与自修"[①]，此举不禁令人联想到他对中国通过"批评和自我批评"实现团结的赞赏。此次呼吁可能被看作新生活运动的起点。可是在苏玛诺（Sumarno）上校访华归来之前，此次运动的具体内容并不明确。身为印尼红十字会副主席及陆军卫生局主任[②]的苏玛诺担任 1957 年 5 月军方访华团的副团长，陆军副总参谋长苏布罗托（Gatot Subroto）将军担任团长。在为期 40 天的访问中，他们的足迹遍及中国的不同地区，并带着对中国军民团结、经济发展、社会充满活力的赞赏，满载而归。[③]

访华团 6 月回国之后，苏玛诺在雅加达对政府官员发表了一次公开讲话，他对中国每年一次的全国卫生运动，政府教育公民的倡议，以及领导层身先士卒、率先垂范的努力工作大加赞赏。他接着建议印尼政府和人民以中国为榜样，开展新生活运动。[④] 8 月初印尼、中国友协进一步推动了这一观点[⑤]，8 月中旬，苏加诺正式宣布新生活运动的开

---

① *Sin Min*, 27 Apr. 1957.

② 1960 年苏加诺任命苏玛诺（Sumarno）为大雅加达市市长，直接向总统汇报。

③ 《生活报》1957 年 6 月 27 日；夏明志：《印度尼西亚的将军们在北京》，载《民主日报》1957 年 6 月 28 日。

④ Kol. Dr. Sumarno, "'New Life Movement' di RRT Dapat Tjontoh di Indonesia", *Sin Min*, 29 Jul. 1957.

⑤ *Sin Min*, 6 Aug. 1957.

始,这场运动的主旨与他对中国的好评及苏玛诺的建议不谋而合。新生活运动的目标是节制有度的生活,健康、卫生,有文化。苏加诺本人也向上层社会的生活方式挑战,身体力行简朴生活,为人民树立榜样。[①]

虽然这场运动过早夭折[②],然而它的确地表明了苏加诺利用国家为中介,变革社会的坚定决心。这场运动的逻辑思路与苏加诺对领导权和人民是政治变革的动力的坚定信念是一致的。在有领导民主制时期,人们在社会管理工程方面,做出了类似的努力,这些努力在某种程度上深受中国的影响。例如,在教育领域,印尼引入了中国知识分子和人民群众相结合的路线,鼓励大学生走出"象牙塔"到乡村去,并建议他们应像中国学生一样每年至少有两个月待在农村与农民一起工作、生活。他们只有真正了解人民群众的生活,才能缩小体力劳动者与脑力劳动者之间的差距,因此有助于促进国家的团结。[③] 1965 年初,作为苏加诺军事顾问的印尼空军参谋长苏约德里曼(Surjadi Surjadarma)元帅称赞中国选大学生下乡巩固社会团结的榜样。[④] 苏加诺呼吁将印尼革命进行到底,他直言不讳打算在一定程度上使用中国"到基层去"的群众路线来弥合社会精英阶层与人民大众之间的鸿沟。正如霍斯维德尔(Peter Hauswedell)所言,尽管这一方法被 1965 年的政变所打断,然而"在爪哇人精英政治的社会环境之下,向人民大众学习,更不用说是真正到人民群众中去,就已经是革命性的文化意义了。"[⑤]"到基层去"的思想确实也影响了印尼左翼作家的文化、政治观点。例如,20 世纪 60 年代前半期著名作家普拉姆迪亚·杜尔就热情洋溢地实践了这种

---

① 苏加诺:《1957,决定印尼历史的一年》,载《印尼观察家》(雅加达),1957 年 9 月 1 日,第 14—15 页。

② 关于这场运动的进展,参见:Van der Kroef, "Indonesia's 'New Life' Movement", *Eastern World*, 11, Nov. 1957, pp. 16—19.

③ "'Turun ke Desa' dari 'Ivory Tower'", *Suluh Indonesia*, 17 Jan., 1964.

④ *Mingguan Seng Hwo Pao*, Jakarta, 1 Jan. 1965.

⑤ Peter C. Hauswedell, "Sukarno: Radical or Conservative? Indonesian Politics, 1964—1965", *Indonesia*, 15, 1973, p. 136.

做法。①

四、结语:剖析苏加诺对共产主义中国的迷恋

显而易见,中国为苏加诺在 1956 至 1965 年间改革印尼社会政治制度的努力提供了观念的和实践的启示。1959 年当被问及印尼的社会政治制度有没有模仿某些已实施民主集中制之嫌时,苏加诺回答说在国外找不到恰当的榜样,然而他却同意:"如果是有几分相似的问题,那么就是同中国有几分相似。那里有被称作国会的人民代表机构,而且那里发生着一些事情,一场鼓舞人心、充满活力的运动。那里存在一种结合,共产党与知识分子、工农兵的结合。"②

当时印尼观察家也注意到苏加诺采纳中国的实践方法。例如,民族主义报纸《独立报》的一篇社论就指出苏加诺的新构想可能受到他在中国见闻的启示。③ 曾在 1956 年末两次发动政变的卢比斯(Znlkifli Lubis)上校谴责苏加诺将中国人民代表大会制度带到印尼。④ 外交部长阿贡(Ide Anak Agung Gde Agung)也承认:"苏加诺在制定有领导民主制时深受其在中国见闻的影响。"⑤

我们如何解释共产主义中国的实践对苏加诺这样一位热诚的民族主义者所具有的魅力呢? 答案部分在于他的折中主义,下面的描述可以生动形象地说明这一点:

苏加诺对采访他的法国记者蒂伯·米堤亚(Tibor Mende)说:"我的哲学是由民族主义、宗教信仰和马克思主义的历史分析所构成的。"当记者暗示总统他的穆斯林信仰和马克思主义的历史

---

① 详见刘宏:《中国-东南亚学:理论建构·互动模式·个案分析》,中国社会科学出版社,2000 年版,第33—54 页。

② *The Indonesian Revolution: Basic Documents and the Idea of Guided Democracy*, Jakarta: Department of Information, Republic of Indonesia, 1960, p. 90.

③ *Merdeka*, 30 Oct. 1956.

④ *Keng Po* (Jakarta), 14 Dec. 1956.

⑤ Ide Anak Agung Gde Agung, *Twenty Years Indonesian Foreign Policy*, p. 414.

分析是同床异梦的一对时,他友好地、带着同情和嘲弄的目光看着他说:"你们西方人不懂我们,我就是这样一位复杂的个体。"①

苏加诺确实是一位复杂的人,中国展现给他的形象也呈现出这种复杂性。诚然,他有意把中国的观念和实践方法融入到自己的观念之中,可是他认识的中国与西方政治家及学术界眼中的中国截然不同。在西方,中国被描绘成一个压抑的、残酷的共产主义国家。苏加诺想象中的中国本质上是一个受到人民拥护、全心全意为人民谋福利的民粹主义政体,社会和谐、国家团结至高无上。② 当他从中国吸取发展的灵感时,苏加诺实质上所持的是一种把中国与共产主义分离开的中国观,他淡化或者完全忽略了中国的思想意识形态。他反复强调印尼打算向中国学习,思想意识形态的差异不是问题。③ 这足以说明他在赞扬中国的成就时,为什么特别补充说明并不是所有的中国人都是共产党员的原因。例如,苏加诺喜欢提醒印尼听众,宋庆龄并非共产党员。④ 应当指出,中国政府在公关外交和文化外交领域的积极作为,并通过这些来展现自己的光彩和正面形象,这无疑也增进了苏加诺对中国的好评。⑤

尽管苏加诺在同一语境中经常提到中国和苏联,他最惯用的语句

---

① *Soekarno, Leader of the Indonesian People: A Short Biography*, Issued by the Embassy of the Republic of Indonesia in Peking, 1956, p. 14.

② 苏加诺思想的重要特点是他重视团结与和谐的主题。用认识苏加诺 30 多年的穆罕默德·哈达(Mohammad Hatta)的话说:"作为一名艺术爱好者,苏加诺从事物美好的一面,在其和谐的环境中,及其完美统一性中来观察每一件事物。这是为什么团结统一性对他至关重要并成为他奋斗目标的原因。"*Antara News Bulletin*, 1957 年 3 月 8 日。

③ 苏加诺,*Indonesia, Pilihlah*, p. 21;他 1956 年 11 月 9 日万隆的讲话,载 1956 年 11 月 14 日新华社通讯。

④ Sukarno, *Marhaen and Proletarian*, p. 19.

⑤ Liu Hong, "The Transnational Construction of 'National Allegory': China and the Cultural Politics of Postcolonial Indonesia", *Critical Asian Studies*, vol. 38, no. 3, 2006, pp. 179—210.

"特别是在中国"①,足以表现他认为中国的典范别具魅力,而且他喜欢把中国从苏联阵营中分出来。他感到在苏联没有言论自由,苏加诺认为中国人享有某种言论自由,尽管它是排在脱贫的生存自由之后。例如,他反复告诉印尼人民在中国没有劳改,没有兵营化的强行管制②,这从另一侧面表明,在苏加诺心目中,中国不仅仅只是一个共产主义政体。这种观点和他长期坚持的泛亚洲主义,对他将中国形象理想化,并与之产生认同感发挥了重要作用。

如果我们说,苏加诺对中国的看法决定了其政治思维模式和内容,这可能言过其实。然而,他将中国作为自己重构印尼发展计划的一个重要灵感来源,这是事实。实际上,中国对他的吸引力存在着某种历史的根基。因为他认为毛泽东的新民主主义是对他一直仰慕的孙中山的"三民主义"的发扬,所以他对中华人民共和国必然备感亲切。17 天的中国之行为他提供了目睹一个新成立的亚洲国家建设过程的机会。苏加诺,一位摒弃阶级斗争论并孜孜不倦地追求实现国家团结的民族主义者,倾向于把中国理解为一个和谐、团结的社会。换言之,他相信中国国家建设的思路与他本人为印尼前景的设计相当吻合。正是这种信念让他宣布中国的民主集中制实现了他自 1929 年以来所倡导的理想。正是这种信念,让他提议印尼应该——也能够——向中国学习。另外,苏加诺的思想中之所以包含了中国观是与他本人的政治性格特点有关的。正如莱格(John Legge)所言,苏加诺不是一位非常有创见的思想家,他的政治思想是"累积性的而非系统性的"③。20 世纪 20 年代后,苏加诺对中国知识的不断积累,他对孙中山的景仰以及对新中国社会、

---

① 美国驻印尼大使休·史密斯·卡明(Hugh S. Cumming, Jr.)证实了这种观察。他报告称苏加诺对中国高层在领导执政方面表现出的信心及共产主义中国经济发展的外部面貌留下了特别深刻的印象。他说:"印尼人民对中华人民共和国的热烈反应部分是因为印尼人在被称作反对帝国主义,反对殖民主义的斗争中,对同为亚洲国家的共产主义中国备感亲切。"参见"印尼大使馆发给国务院的电报"(1956 年 10 月 27 日),见罗伯特·J.麦克马汉(Robert J. McMahon)等编:《美国外交关系,1955—1957》第 22 卷(东南亚)(华盛顿:政府出版办公室,1989),第 316—317 页。

② Brackman, *Indonesian Communism*, p. 227.

③ John D. Legge, *Sukarno:A Political Biography*, Sydney:Allenand Unwin, 1990, p. 338.

经济发展的面貌的了解,加快了他将中国经验融会到自己的思想和改革计划中去的趋势。他凭借着将中国观转化为一种中国隐喻,由此找到了终结议会民主制,建立有领导民主制的关键性观念和实践的灵感。

由于篇幅所限,本章不能全面深入地论述中国软实力在历史上的表现。[①] 但本章的个案凸显了观念对外交和内政的重要影响。约瑟夫·奈指出:"在国际政治中,软实力在很大程度上来自于某个组织或国家所表达的价值观,这种价值观体现在它的文化中,体现在它根据内部实践和政策所树立的榜样中,也体现在它处理对外关系的方式中。一个国家的软实力主要有三个来源:文化(在很多方面对他国具有吸引力),政治价值观(在内外事务中遵守并实践这些观念),以及对外政策(正当合理,并具有道德上的权威性)。"中国在冷战时期通过建立自身的积极形象,并将建国和发展过程中所形成的新的价值观(如团结、奋进的对内社会政策与和平共处的外交原则)有效地以不同方式转达给外国领导人和公众,使之对中国模式产生发自内心的景仰,这些都构成了早期中国公关外交和软实力建构的成功事例,值得我们重温并记取。

(本章初稿原载周宁主编:《世界之中国:域外的中国形象研究》,南京:南京大学出版社,2007 年版,第 191—215 页。)

---

① 笔者对此问题的详细论述,参见:Liu Hong, "The Historicity of China's Soft Power: The PRC and the Cultural Politics of Indonesia, 1949—1965", in Yangwen Zheng, Hong Liu, Michael Szonyi, eds., *The Cold War in Asia: The Battle for Hearts and Minds*, Leiden: Brill, 2010, pp. 147—182.

第五章
写在"民族寓言"以外

——中国与印尼左翼文学运动

　　"我们必须自上而下地建立并推广民族文化的概念",阿赫默德说道。"这就是为什么我同意雅兴林兄到中国去学习人民文化发展的计划。他也许会学到很多东西,并被中国的榜样所激励。"……苏约诺说:"你们看,毛泽东领导下的中国在各个领域发生了多么巨大的进步;如果他们能做到,为什么我们不能?"

　　这段对话来自印尼著名作家默赫塔·卢比斯(Mochtar Lubis)备受称赞的写实主义小说《雅加达的黄昏》(印尼文 1957 年版)。它生动而真实地描述了 20 世纪 50 年代中期印尼首都社会各阶层(尤其是知识分子)在国家面临急剧转折时期的复杂心态与憧憬;以上两个文化青年的对话就是在这一语境下展开的。由此,也就引发了与本文相关问题的讨论:在苏加诺时期(1950—1965)的印尼,中国对当地的文化(特别是左翼文学运动)有何影响? 这种影响是通过哪些方式传播的? 其作用如何?

　　这些问题并非仅仅涉及印尼,而且与第二次世界大战后亚非国家的民族国家建立进程,以及文化在其中的重要作用等论题息息相关,同时也从一个独特的角度折射了文学与政治在跨国/跨文化语境下所衍生的错综复杂的关系。然而,鲜有学者对印尼个案及其含义展开分析。印尼现代文学研究权威、荷兰莱登大学教授特乌(A. Teeuw)在其经典性的二卷本《现代印度尼西亚文学》(1979 年海牙出版)中深入分析了现代印尼作家及其主要代表作,然而对于他们的文学与理论渊源(包括来自中国的影响)并无涉及。1998 年苏哈托下台后,印尼社会和知识分子开始重新审视 20 世纪五六十年代的左翼运动,并从中发掘社会平等和进步的因素。但这一尝试主要是从国内的政治和文化方面着手的,并未涉及中国的影响。①

本章以后殖民时期印尼左翼文学运动中的中国影响作为分析的切入点,讨论中国的文学理论与实践是如何通过不同的方式被引入印尼文学话语论争(discourse)之中,并逐渐被内化(internalized)的,从而构成印尼文化政治(cultural politics)的有机组成部分,进而影响苏加诺时期的政治发展。从文学理论的角度来看,本章的个案或许能够作为詹明信(Fredric Jameson)的"第三世界文学都是民族寓言"这一著名论题的注脚与引申。不过,本文叙述对象的语境则是发生在跨国想象与交流基础之上的。从资料方面来讲,本章则试图以印尼文、中文、英文的作家原著及部分官方论述为基础,辅以同当事人的口述历史采访②,从中建构一幅后殖民时期第三世界民族国家之间文化互动的复杂图景。

一、龙在的天堂鸟的故乡:中、印尼互动的语境

1945 年 8 月 17 日,在日本宣布无条件投降后的第三天,苏加诺宣布印尼共和国成立。此后,印尼人民与重返当地的荷兰殖民者进行了不屈不挠的四年游击战争,直到 1949 年 12 月,印尼的独立与主权才完整获得国际社会的承认。在此前的两个月,中华人民共和国成立,它不仅改变了国际政治版图,而且也对印尼文化发展产生了直接或间接的影响。那么,为什么印尼这样一个中立的民族主义国家会受到社会主义中国的影响呢?而这种影响又怎样构成了印尼(左翼)文学发展的关

---

① Vedi Hadiz, "The Left and Indonesia's 1960s: The Politics of Remembering and Forgetting", *Inter Asia Cultural Studies*, vol. 7, no. 4,2006, pp. 554—569.

② 笔者曾访问了陈霞如女士(原中国作家协会印尼文翻译)、陈文献先生(原中国驻印尼使馆文化处工作人员)、黄书海先生(原外交部印尼文翻译)、尚努先生(印尼华裔作家、翻译家)及司徒眉生先生(苏加诺总统私人助理)。本文多处资料来源于同他们的访谈。

键语境之一呢？简单地说，这是由于印尼社会政治与文化内在矛盾演变的结果，而中国与印尼之间广泛与多层面的交流则为中国文化形象的建构创造了客观条件。

（一）通往"文学危机"的道路：印尼作家的困境与出路

随着国家独立，印尼人民都渴望能够早日踏上"繁荣与公正社会"的金光大道（苏加诺语）。然而现实却是另外一回事。1950—1957 年，在这短短的几年间，印尼先后更换了 10 余届内阁，并经历了此起彼伏的地方政变，经济停滞成为常态。这种状况对印尼作家产生了消极的影响，其鲜明表现就是 1953 至 1955 年在印尼文学评论刊物中所频繁出现的"文学危机"的论题。这一讨论围绕着三个主题：危机是由于革命失败造成的；西方对印尼文学的消极影响是危机的原因之一；知识分子与人民的疏离进一步加剧了危机。许多作家认为，随着 1945 年民族革命的结束，印尼文学也进入了低潮，读者群剧减，印尼也缺乏优秀的文学批评。[①] 尽管他们都意识到，消除危机的方法主要来自国内，但也有越来越多的作家开始寻求来自外部世界（特别是第三世界）的灵感。一些著名的文学评论杂志（如《印度尼西亚》、《文化》、《文学》等）也广泛地报道外国文学的发展。正是在这一背景之下，诸如鲁迅、丁玲、茅盾等人的作品及其文学理论在印尼获得了广泛的介绍，它们成为 20 世纪 50 年代中国在印尼总体形象的一个有机组成部分。

必须强调的是，这一中国形象的建构，以及对此的认可，是与 20 世纪 50 年代末期印尼政治和外交的逐渐激进化相一致的。在内政上，苏加诺总统在 1959 年宣布了"有领导民主制"（它在很大程度上是中国"民主集中制"的变体）的建立，强化了以总统为核心、印尼陆军和印尼共产党为辅助的这种"三驾马车"的政治格局。在外交上，印尼政府在 60 年代上半期，与中国、越南、朝鲜等社会主义国家建立了较密切的关系。

---

① A. Teeuw, *Modern Indonesian Literature*, The Hague：Martinus Nijhoff, 1979, pp. 139—142.

所以,在苏加诺时期的印尼,中国主要是以一个现代化的、充满生机的、团结的和经济迅速增长的国家形象出现的。正如我在别处分析过的,这种形象只是部分地反映了中国的现实;在更大程度上,它们是印尼知识分子对自身困境不满的反映和对前景的一种憧憬。作为一个同时建立的新兴独立国家,中国似乎给在困境中的印尼知识分子提供了某种值得追求的"隐喻与象征"。①

(二)中、印尼文化交往的两种模式

作为东南亚最大的国家和亚非新兴国家的代表,独立的印尼从一开始就成为新中国领导人关注的对象。中国对 1955 年在万隆举行的亚非会议的积极支持和参与就是一个明证。中国领导人清楚地意识到,由于中、印尼两国有着共同的历史文化背景和相似的(半)殖民化经历,它们有可能排除意识形态上的差异而成为国际舞台上的朋友。因此,中国政府明确阐释了不干涉印尼内政的方针,并采取了以民间外交为基础开展文化交流活动,以加深同印尼各界,特别是文化界的关系。

这种文化交流是以两种模式展开的:"请进来"与"走出去"。一方面,中国邀请了众多的印尼知识分子访问中国,他们在回国后写了大量的有关中国的报道,因而成为传播中国文化理论与实践的重要的渠道(对印尼人而言,也是可信的)。中国驻印尼使领馆成为传播中国文化和政治理念的重要机构。1955 年,大使馆在印尼 10 个不同的地区先后 97 次播放了三部有关新中国的纪录影片,观众达 79 000 人。驻棉兰领事馆也先后 20 次播放了 7 部中国电影,吸引了 5 401 名观众。②另一方面,中国政府也派出了不少文化代表团访问印尼,介绍并宣传传统文化(如京剧),以及当代中国文化。这些活动通常都得到印尼民众的欢迎。如 1955 年中国文化代表团在雅加达独立广场公演时,"晚上八点开演,下午三点钟就开始有人在广场等候了。快到六点的时候,整

---

① 详见本书第四章。

② 《1956 年驻雅加达总领馆和驻棉兰领事馆有关文化教育工作的总结报告》,中华人民共和国外交部档案馆,卷宗号 118 - 00560 - 04、118 - 00560 - 05。

个广场已被五六万人站满了。许多人租了板凳来看，一张可以站四个人的板凳的租金从 20 盾逐渐涨到 100 盾的高价。"①

这两种方式在印尼有效地传播、介绍了中国文化和政治价值观。除此之外，北京外文出版社所出版的印尼文书籍数量仅次于英文。《人民中国》《北京周报》的印尼文版在当地也有广泛影响。例如，中国驻棉兰领事馆在 1955 年就分发了包括《中国建设》《人民文学》在内的各种书刊达 6 426 份之多。② 在印尼当地和中国本身，也有大量的中国文学作品被翻译出版，如鲁迅的小说，贺敬之的《白毛女》等。杨沫的《青春之歌》（由尚努译为印尼文）更成为印尼文坛的畅销书；据此改编的电影也得到印尼青年（尤其是左翼青年）的广泛欢迎。一个美国政府官员在 1956 年的东南亚之行后写的一份内部报告显示："该地区充斥着红色中国的出版物和消费品。"③这些都从一个侧面证明了本章开篇所引的《雅加达的黄昏》中的对话的真实性。

笔者之所以较详细地阐述中国对印尼影响的内外因素及其渠道，主要是想说明"历史化"（historicizing）和"语境化"（contextual-izing）的重要性。中国对（左翼）印尼文学的影响并非是一种孤立的现象，它是中、印尼文化与政治交往的一个重要组成部分，也是中国政府的文化外交（cultural diplomacy）的成果之一。这种跨国文化交流又与国际性的冷战环境有着密切的关系，因而文学与政治也进一步结下了不解之缘。例如，在 1958 年于苏联塔什干举行的亚非作家会议上（有数位著名印尼作家参加），茅盾、郭沫若、周扬、刘白羽、郭小川等人都分别强调："亚非各国文学与文化的发展及其在为人类进步、民族独立斗争中，在反对殖民主义、保卫自由与世界和平的斗争中的作用。"他们也指出："亚非作家是亚非人民的代

---

① 周而复：《东南亚散记》，中国青年出版社，1956 年版，第 84—145 页；彭迪、钱行：《轰动印度尼西亚的中国艺术的演出》，载《世界知识》，1955 年第 15 期。

② 详见本书第六章。

③ 转引自：Meredith Oyen, "The Cold War Battle for Diaspora Loyalty", Yangwen Zheng, Liu Hong, Michael Szonyi, eds., *The Cold War in Asia：The Battle for Hearts and Minds*, Leiden：Brill, 2010.

言人,为了取得斗争的胜利,我们要紧紧握起文学的武器";"作家,诗人通常是人民的喉舌。我们亚非国家的人民有了共同的奋斗目标,我们国家的作家也就有了团结的基础。"①

二、印尼作家的中国:再生的火凤凰

如前所述,苏加诺时期印尼的国内外环境为印尼文学的左倾化提供了赖以生长的条件。以"印尼人民文化协会"(Lekra)为代表的左翼文化机构以及相关的作家,则构成了这一运动的主体。他们的文学思想和创作风格在不同程度上都受到中国的影响(详见第三部分)。而这种影响的渠道则是建立在他们对新中国的赞美和向往的基础上的,进而引发了他们向中国作家学习的愿望与实践。

大体说来,1950 至 1965 年间,印尼作家通过文学作品以及评论等方式,大量地描述了新中国各方面的成就;对他们而言,中国成为新兴亚非国家现代化进程的楷模。从知识分子的角度来看,印尼作家所塑造的中国是以三种主体论说的形式出现的:中国正进入了"文艺复兴"的辉煌时期;中国作家在社会政治变革中扮演了举足轻重的角色;中国的文学作品是现实生活的真实反映。这三种主体论说构成了印尼作家对中国看法的核心内容,这些观念在印尼的实践,构成了当地文学左倾化的重要动力之一。

(一)中国的"文艺复兴"

印尼作家认为 20 世纪 50 年代是中国文化发展的辉煌阶段。巴里安(Barioen)评论道:"在今天的中国,艺术和文化当然地在社会和人类发展中扮演着相当重要的角色。"普瑞炯诺(Prijono)教授(后来任文化及教育部长)认为:"在中国,艺术是为人民的进步而服务。"苏普拉提·萨米尔(Suprapti Samil)则指出:"1950 年代的中国文化是民族的复兴

---

① 《文艺报》,1958 年第 17 期;《人民文学》,1958 年第 10 期。

的时代。"①作家阿南达古纳（Anantaguna）这样描述："啊，这个中国，它的发展不是跑步式的，而是跃进。这真是令人惊讶。在这里出现了群众性的写诗绘画运动……农民才摘掉文盲的帽子就能写诗，这真是文化史上的一件奇迹。然而，这究竟是事实。而且还会逐步从他们手中写出伟大的交响乐来。"②

印尼作家意识到，中国文艺的复兴是建立在社会经济迅速发展的基础上的，用诗人西托尔·西托莫朗（Sitor Situmorang）的诗来表述，中国已进入一个新纪元：

> 北京、上海、武汉／人们穿上蓝布衣衫／三班不停地工作／从清晨到下午／直到晚间／沿着天边／千万个社会主义的烟囱冒出烟雾／二十世纪的标志正在这里出现……／这儿建设的／是人类的新纪元③

（二）作家作为中国建设与发展的灵魂

印尼作家为中国的文化变迁进程所吸引。在 20 世纪 50 年代初期访问中国之后，一个印尼文化代表团发表声明：

> 在中国，我们注意到文化被赋予了极大的关注，艺术和文学的使命感十分明确，这就是为全社会（特别是工人和农民）服务。艺术和文学工作者站在民族斗争和国家进步的行列中。④

著名作家普拉穆迪亚·阿南达·杜尔（Pramoedya Ananta Toer）

---

① Barioen, *Melihat Tiongkok Baru*, Jakarta, 1952, p. 111；"Kesan² Prof. Dr. Prijono tentang Kundjungannja ke RRT", *Merdeka*, 22 October 1954；Suprapti Samil, *Laporan Kundjungan dua Utusan "Perserikatan Perhimpunan² Mahasiswa Indonesia"*, Np：May/June 1954, p. 25.

② 阿南达古纳：《新中国永远是新的》，原载雅加达《人民日报》1958 年 11 月 15 日，陈霞如译，载《世界文学》1959 年第 9 期。

③ 西托尔·西杜莫朗著：《诗集》，陈霞如等译，作家出版社，1963 年版，第 10 页。

④ Barioen, *Melihat Tiongkok Baru*, Appendix 16.

写道：

> 中国作家享有崇高的地位。社会听得到他们的声音；他们与政治家一起组成了精神领导层，在这个时代的国家建设中发挥了重要角色。①

画家古苏迪亚佐（Kussudiardjo）指出：与印尼相比，中国的艺术家得到了很好的照顾，"政府每天早上给舞蹈家们提供了牛奶、鸡蛋和日常生活品"。阿尔敏·巴尼（Armijn Pane）认为："从 1919 年五四运动以来，中国新知识分子就成为国家的先驱。"②

（三）中国文学与现实生活的关系

印尼作家意识到，中国作家获得崇高的社会政治地位，这是由于他们积极参与了国家的建设，他们的作品反映了现实。苏迪亚佐说："今天中国的艺术是真正来自人民，为了人民。"艺术家瓦汉纳（Wisnoe Wardhana）评论道，由于中国艺术来自真实的和丰富多彩的生活，它"既充满活力，又是现实主义的"③。巴里安认为："中国艺术家贡献了他们的艺术作品，作家和诗人则努力写出人民大众所理解和需要的文学作品。"一份介绍电影演员田华的印尼杂志指出："田华之所以出名，并不是因为她有什么理论，而是因为她同现实生活紧密相连，与工农兵打成一片。"④

由此可见，印尼作家关于中国文化的三个主体论说虽然带有不同程度的罗曼蒂克化色彩，但它们折射了印尼作家对自身不受重视和地位低下这一现状的强烈不满（例如，普拉穆迪亚羡慕中国作家得到丰厚

---

① Pramoedya, "Sedikit tentang Pengarang Tiongkok", *Mimbar Indonesia* 3, 19 January 1957, p. 22.

② Armijn Pane, *Tiongkok Zaman Baru*, Jakarta：Arbati, 1953, p. 20.

③ B. Kussudiardjo, "Kesan-kesan Perlawatan ke RRT", *Budaja* 4, 1, January 1955, p. 6；Wisnoe Wardhana, "Tari dan Opera di RRT", *Budaja* 4, 4/5, 1955, p. 187.

④ Barioen, *Melihat*, p. 111；"Tien Hua：Artis Kenamaan Tiongkok jang Datang ke Indonesia", *Camera：Madjalah Film dan Umum Populer*, 22, 3/4, 1964, p. 5.

的稿酬的同时,就感叹印尼作家即使全职写作也难以养家糊口)。因此,在他们看来,中国不仅仅代表了一种社会经济变革的正确方向,而且也为文化发展提供了一种典范。通过学习中国模式,他们也能改善与提高印尼作家自身的地位与作用。这样,中国成了他们的一种隐喻(metaphor)和参考(reference)。

三、从政治化的文学到文学的政治化

在动荡不安的苏加诺时期,印尼作家对中国社会经济的迅速发展以及"文艺复兴"的蓬勃状况充满了憧憬。他们也相信,同样作为亚洲国家的印尼可以从中国的榜样中学习到实用的经验,从而成为改变印尼社会的动力。随着印尼文学"左倾"化的趋势日益明显,文坛内部冲突也白热化。在文学理论的层面,这种冲突的主轴是文学应该反映现实并作为改革社会的工具,还是"为艺术而艺术"的文学。在政治层面,冲突双方都有鲜明的政治立场和暧昧的政治伙伴。因此,文学的政治与政治的文学交织一起,构成苏加诺政权后期(1963—1965)印尼场景的一幅吊诡图景。毫无疑问,印尼文化政治演变的最主要动力是国内的社会与阶级因素。但是,由于中国被当作隐喻,中国的文学思想与创作方式也不可避免地影响了印尼的文化发展。在20世纪60年代上半期,中国对印尼文学的影响有三种基本模式:作为左翼文学运动的典范;作为中间派作家转向激进化的动力;作为"为艺术而艺术"文学流派的对立面。

(一)"印尼人民文化协会"与中国文学思想

成立于1950年8月17日的印尼人民文化协会(下称"人民文协")是印尼共产党领导下的统一战线组织,它也是苏加诺时期最重要的左翼文学组织。人民文协的文艺指导思想明显地受中国影响。早在1950年,印尼共产党领导人之一约多就撰文介绍了中国的新文学及毛泽东的文艺思想。他赞赏地评论中国文学的指导方针:"很明显,在中国，文学已成为真正的革命武器，用来团结、教育人民和打击敌人。"①

　　在整个 20 世纪 50 年代到 60 年代中期，人民文协书记处和中央理事会的数十名委员（如鲁吉娅、尤巴尔·阿尤普、阿南达古纳等）都先后多次访问过中国，他们的作品中有不少也反映了中国的建设成就（如班达哈罗 1962 年的诗集《来自红色国土》）。在一首题为《北京》的诗中，努沙南汀写道：

　　　　旧时的北京已被埋葬/年轻的北京在生长茁壮/你经历的时代啊是多么美好/你的太阳蕴藏着多少温暖的光……/啊，你的名字谁不知晓/充满希望的青春国度/继续大踏步地前进/无产阶级的大旗紧握手中②

　　人民文协在 20 世纪 60 年代上半期的文化路线中明显打着中国的烙印。"政治挂帅"成为指导协会所有活动的最重要信条。其他文学准则有"深入基层"和"既普及又深入"的内容。它们与毛泽东早在 1940 年延安文艺座谈会上阐述的观点（1950 年由印尼共领导人约多翻译出版）有着颇多类似之处。③"既普及又深入"的说法承袭了毛泽东关于"提高艺术标准，同时提高艺术的普及"的理论。另一方面，"到基层去"成为社会主义的现实主义推动力。源自中国的"革命浪漫主义"理论也逐渐融入人民文化协会知识分子的文化运动之中。④

---

　　① Njoto, "Literatur Baru: Bagaimanakah Pendapat Mao Tse-tung tentang Literatur?" *Republik* 1，4，1950，pp. 36—37.

　　② 努汀南汀:《北京》，陈霞如译，载《人民日报》1963 年 11 月 3 日。

　　③ 参见约多翻译的毛泽东所著: *Front Nasional dalam Pekerdjaan Kebudajaan*，Jakarta: Lekra, 1959.

　　④ Keith Foulcher, *Social Commitment in Literature and the Arts: The Indonesian "Institute of People's Culture 1950—1965"*，Clayton，Victoria: Centre of Southeast Asian Studies，Monash University，1986.

（二）一个左翼文学运动旗手的诞生①

作为印尼最具影响的作家，普拉穆迪亚曾多次获诺贝尔文学奖提名，并被誉为"东南亚在世的最伟大作家"。在 20 世纪 60 年代的上半期，他同时也是左翼文学运动的旗手。不过，普氏在 1956 年之前基本上还是一个"中间派"作家。这时，他的思想和文学作品都表现了"人类的普遍孤独感"这一沮丧主题。例如，他的小说《追捕》和《游击队之家》有着浓厚的普遍人道主义色彩，对印尼共产党亦表反感。

中国文学的理论与实践是促使普拉穆迪亚转变的重要动力。1952年，普拉穆迪亚写的一篇题为《文学作为工具》的文章中，引用了毛泽东的文章来支持自己的观点，即文学只是人们用来实现自身目标的工具。1954 年，他从英文或是荷兰文翻译了周扬的一篇文章：《社会主义的现实主义——中国文学的前进之路》。1956 年初，他从英文版翻译了丁玲的一篇题为《生活与创作》长文。丁玲认为一部好的文学或艺术作品只能从亲身经历中产生。要创作有价值的作品，作家必须"走进生活，与人民生活在一起"。

1956 年是普拉穆迪亚文学与政治生涯的转折点。1956 年 10 月，他应全国文联主席郭沫若、作协主席茅盾和对外友协负责人楚图南的邀请，到中国进行了为期一个月的访问。普拉穆迪亚在中国的第一项活动是参加鲁迅逝世 20 周年的纪念大会。作为应邀在大会发言的外宾之一，他指出："鲁迅是他的民族的喉舌，是他的人民的声音。鲁迅体现了充满对全人类有良好愿望的人们的道德觉悟。他并非仅仅停留在希望上，而是采用了他认为最好的和最恰当的方式——文学，而积极斗争，来实现这些希望。"普拉穆迪亚对鲁迅的理解显然点燃了他自己对印尼知识分子的希望：

> 每个作家都有责任，正是由于这个责任而产生了选择。鲁迅

---

① 本节资料主要取自：Liu Hong, Geonawan Mohamad, and Sumit Mandal, *Pram dan Cina*（普拉穆迪亚与中国），Jakarta：Komunitas Bambu，2008（印尼文版），第 1—72 页。

选择了遭受苦难的人民的一边……但是鲁迅不仅仅是选择,他还进行了斗争,使得他选择的对象不停留在文学作品上,使它成为现实。他是一位思想的现实主义者,行动的现实主义者。①

在中国期间,普拉穆迪亚与中国著名作家和文化官员有着频密的接触,他们包括周扬、茅盾、巴人、杨朔、刘白羽、刘之侠、郭小川等。他们之间的会谈是在亲切的气氛中进行的。会谈主要围绕两个主题。首先是中国"社会主义的现实主义"的文学路线。这种文学路线的核心是艺术作品应该反映社会现实和人民生活。其次,中国作家也批评了"为艺术而艺术"的概念。

1956 年之前,普拉穆迪亚对"为艺术而艺术"和"艺术为人民服务"这两种观念抱着矛盾与不确定的态度。然而,在 1956 年底之后,他完全倾向于后者。普拉穆迪亚在 1956 年 11 月从中国回国后,他的文化观和政治态度发生了关键性的转变。在重新建构对印尼的政治和文化设想时,他明显地采用了从中国获得的灵感及其对中国文化路线的理解。1956 年底之后,普拉穆迪亚由一个孤独的作家变成了积极的战士;他的普遍人道主义也被虔诚的社会主义的现实主义所取代。

普拉穆迪亚的转变首先是政治上的:他由一个独善其身的知识分子变成了一个政治活跃人士。1959 年 1 月,他被选入人民文协的中央领导层,并兼任其机关报《东星报》文学论坛《灯笼》的编辑。在创作方法上,1956 年底之前,普拉穆迪亚的文化思想基本上是在普遍人道主义的框架之内。他对穷人表现出真诚的关心,但并没有看到社会中的阶级差别。此后,普拉穆迪亚对群众与精英的关系,以及文学如何反映这种关系有了全新的评价。这可以由他从中国回来后所写的第一部小说《南万丹事件》中得到证明。他意识到"与农民和工人一同生活"以准确地描述他们的生活的重要性,因此他在 1957 年底"深入基层"到万丹的乡下,与农民和矿工生活在一起。这部小说有着浓厚的政治色彩,描

---

① 《印度尼西亚作家普拉穆迪亚·阿南达·杜尔的讲话》,见《文艺报》,1956 年第 20 期,第 15—16 页。

写了被压迫者与剥削者之间的阶级冲突。其潜藏的含意是小人物不再仅仅是被剥削的对象，如果他们团结起来反抗不公，就能改变自己的命运。由此可见，对中国文学指导理论和创作实践的理解与模仿构成了普拉穆迪亚从中间派作家向左翼文化运动领袖转变的重要驱动力。

（三）左翼文学运动的对立面

如前所述，无论在文艺的指导思想或创作方式上，以人民文协为代表的作家都受到中国的影响。然而，在苏加诺时期的印尼，作为隐喻和象征的中国是以多重形象出现并被"内化"的。它不仅仅成为左翼文学运动的外在动力，也成为其对立面的（想象的或真实的）批判目标。围绕着这一争论的核心问题依然是文学与政治的关系。

作家兼画家德里斯诺·苏玛尔佐（Trisno Sumardjo）可以被视为这一批判潮流的代表人物。他是印尼全国文学协商会秘书长并兼该协商会所办的《印度尼西亚》文化月刊编辑。在政治态度上，他属于"中间偏右"[1]。1957年，他率印尼作家代表团对中国进行了为期一个月的访问。苏玛尔佐承认新中国在经济发展方面取得了不小的成就，社会秩序井井有条。但是，他对中国的文学发展则持强烈的批评态度。他指出，在与中国作家的交谈中，后者只谈意识形态的东西，虽然有"百花齐放"，但"社会主义的现实主义"却占了绝对的主导地位。因此，在他看来，百花齐放只是"表面文章"，中国作家却牺牲了个人的创作自由。至于社会主义的现实主义，虽然容易被人民大众理解，但由于文学被用于改变工农兵的精神面貌，它已沦为一种"宣传工具"，这就使中国无法产生伟大的艺术作品。他的结论是，在文学创作的艺术性和社会责任感之间，作家应该选择前者。[2]

在同一访华代表团的其他几位印尼作家与苏玛尔佐有着类似的看法。例如，巴尔法斯（Balfas）对中国小说中只有"建设"这一单一主题感到失望。拉马韩（Ramadhan）对中国文学中的"政治统帅"以及"简单

---

① 《印度尼西亚文化概况》（北京：对外文化交流委员会第二处，1962年），第24页。

② Trisno Sumardjo, "Sebulan di RRT", *Budaja*, 7, 1958.

化"的社会主义的现实主义亦持批评态度。他认为这不仅导致中国作家"自我设限",而且也无法真实和艺术地再现复杂的生活。[①]

因此,不同的作家从中国这面镜子中看到迥异的形象与象征。尽管以上所讨论的这几个作家的观点在印尼人的中国观中并不占主导地位,但它们却构成了左翼文学观点的对立面;对中国文学原则的批评加剧了印尼国内文化界的对立,并形成鸿沟。尤为重要的,当这些对立的文学观点与作家(及其组织)和不同的政治机构结成松散联盟时,政治化的文学就逐渐演化成文学的政治化,它进而加深了印尼国内错综复杂的政治对立。

人民文协的作家们在政治上与印尼有着紧密的联系,与苏加诺的关系也较密切,而所谓"1945年一代"的作家(他们多数主张"为艺术而艺术")则逐渐与右翼陆军领导层和保守的穆斯林派结盟。在文化上,两个集团有着决然相反的审美观点。人民文化协会派的作家坚信艺术应该为人民和政治服务,而"1945年一代"坚持艺术应该有自身的审美标准,应与政治分离。政治文化观点上的这些冲突最终导致了1963—1964年的《文化宣言》事件(manikebu)的发生。[②]

与此同时,中国的文学方针也从印尼知识传统的边缘转移到20世纪60年代文化争论的中心。支持"普遍人道主义"的作家强烈反对将这些包含中国色彩的路线引入印尼。《文化宣言》的年轻成员古纳汪·穆罕默德(Goenawan Mohamad)于1963年撰文批评中国的文学观念。中国诗人冯至曾宣称"(政治)口号就是有力的诗歌";古纳汪主张诗歌

---

① "Kesan² Sastrawan Indonesia tentang Tiongkok", *Sin Min*, 3 December 1957; Ramadhan, "Kesan² Perdjalanan ke RRT, (IIX): Segala Mengabdi Pada Politik Negara", *Siasat* 11, 552, 8 January 1957.

② 1963年9月,16名与"1945年一代"相关的作家联署一份《文化宣言》,强调"普遍人道主义",拒绝艺术为政治服务的观点。这导致他们与左派作家的尖锐笔战。1964年5月,苏加诺介入,禁止《文化宣言》,并解除有关作家的公职。详见:Keith Foulcher, "A Survey of Events Surrounding 'Manikebu': The Struggle for Cultural and Intellectual Freedom in Indonesian Literature", *Bijdragen tot de Taal-Land-en Volkenkunde* 125, 4, 1969, pp. 429—465.

是人的自由的心声表达,而非"伪君子"的自白。^① 由于反对人民文协的运动旨在公开质疑"政治挂帅"的正确性,因此它也带有明显的反华政治内涵,而这又与右翼军人的对华立场相一致。

四、结语:"民族寓言"的跨国建构

詹明信在分析第三世界文学时曾强调:

> 所有第三世界的本文[原译文如此,应为文本]均带有寓言性和特殊性……[它们]总是以民族寓言的形式来投射一种政治:关于个人命运的故事包含着第三世界的大众文化和社会受到冲击的寓言。^②

毫无疑问,在很大程度上,后殖民时期的印尼作家也是不断地通过政治的文学来反映或折射国内复杂的政治局势。在这一个过程中,他们始终在寻求一种可资利用的精神资源;正如艾勒克·博埃默所说的:"民族主义作家是文化流亡者,他们试图找回或者虚构一个伊甸式的家园,找回业已失去了的精神传统,它深埋在未受任何劫掠的田园牧歌式的过去。"^③

对于后殖民时期的印尼作家来说,他们的精神资源并非仅仅来自国内传统,以及牧歌式的过去;它们也深受第三世界其他国家的影响。中国与印尼有着悠久的历史和文化交往;这一交往又随着20世纪五六十年代中、印尼之间广泛的交流,以及中国政府的文化外交政策而获得延续。更重要的是,五六十年代中国社会经济的繁荣同印尼当时的政

---

① Goenawan Mohamad, "Seribu Slogan dan Sebuah Puisi", 1963, *Potret Seorang Penjair Muda Sebagai Si Malin Kundang*, Jakarta: Pustaka Jaya, 1972, pp. 31—32.

② 詹姆森:《处于跨国资本主义时代中的第三世界文学》,见张京媛主编《新历史主义与文学批评》,北京大学出版社,1993 年版,第 230—231 页;并参看赵白生:《民族寓言的内在逻辑》,载《外国文学评论》,1997 年第 2 期。

③ 博埃默:《殖民与后殖民文学》,盛宁、韩敏中译,辽宁教育出版社,1998 年版,第 133页。

治混乱与社会冲突形成了鲜明的对照。在这一国内语境以及亚非文学运动和冷战的大环境之下，中国变成了一种象征和隐喻，或用阿南达古纳的话来说，"北京成了亚非人民向往的麦加"。它被纳入有关印尼文学的论争与实践之中；民族寓言的建构因而也被打上鲜明的跨国的、政治的印记。

因此，中国对印尼左翼文学运动的影响并非是一种单向的、由此及彼的过程，它更多的是通过后者有意识地将中国文学理论引入印尼的实践之中而实现的。这一外在因素的内化过程也就不可避免地引起印尼国内不同的文学/政治力量的论争。"设言托意、咏桑寓柳"（曹雪芹语）成为苏加诺政权后期扑朔迷离的文化场景中的常态。通过跨国建构的"民族寓言"也随之变成国内政治斗争的重要工具之一。

本章的个案也提示我们仔细思考跨国语境下第三世界文学的性质与特点。詹明信的前引文虽然题为"跨国资本主义时代"（multinational capitalism），但他只是将第三世界作为一个单一的、与第一世界相对立的文化概念，并未注意到第三世界内部的差异性以及"他者"的建构。正如本章以及一些相关的研究所凸显的[①]，非西方国家之间在文学上的相互想象，以及随之产生文化利用是整个世界文学发展的一个不可忽视的组成部分，因而应引起我们更多的重视。

（本章主要内容曾刊载于《写在"民族寓言"以外：中国与印度尼西亚左翼文学运动》，载《文艺理论与批评》，2001 年第 2 期。"*The Transnational Construction of 'National Allegory'：China and the Cultural Politics of Postcolonial Indonesia*"，Critical Asian Studies vol. 38，no. 3，2006，pp. 179—210.）

---

① 乐黛云、张辉：《文化传递与文学形象》，北京大学出版社，1999 年版；张淑英：《拉丁美洲现代主义文学中的中国》，载《中外文学》，2000 年第 29 卷第 2 期。

第六章
信息流动与经济交往

——新马华人社会与华南互动之探讨

一、引　言

有关商会及商人在中国近代社会经济发展中的作用,已经成为近年来许多学者关注的重点,他们对这一课题进行了深入而具体的研究,并推出了一批颇具分量的学术论著与资料汇编。① 与此同时,学术界也十分重视血缘性、地缘性和业缘性的会馆在亚洲区域近代化过程中所扮演的重要角色。② 这类研究大多集中于一国之内的商会及会馆、经济组织,例如有关中国商会在中国近代经济发展中所发挥的作用,或

131

---

① 例如,徐鼎新:《上海总商会史》,上海社会科学院出版社,1991年版;唐力行:《商人与中国近世社会》,浙江人民出版社,1993年版;朱英:《转型时期的社会与国家——以近代中国商会为主体的历史透视》,华中师范大学出版社,1997年版;马敏、付海晏:《近20年来的中国商会史研究(1990—2009)》,载《近代史研究》,2010年第2期,第126—143页。

② 廖赤阳:《在日华商的社会组织及其商贸网络——1860—1950年代的长崎福建会馆》,见《东京大学东洋文化研究所纪要》第134册,1997年版,第109—173页;魏文享:《近代工商同业公会研究之现状与展望》,载《近代史研究》,2003年第2期,第287—314页;朱英:《中国行会史研究的回顾与展望》,载《历史研究》,2003年第2期,第155—174页;马敏:《中国同业公会史研究中的几个问题》,载《理论月刊》,2004年第4期,第5—9页;应莉雅:《近十年来国内商会史研究的突破和反思》,载《中国社会经济史研究》,2004年第3期。Gary Hamilton, "Nineteenth Century Chinese Merchant Associations: Conspiracy or Combination?" *Ching-Shih Wen-ti*, vol. 3, no. 8, 1977, pp. 50—71; Bryna Goodman, *Native Place, City, and Nation: Regional Networks and Identities in Shanghai, 1853-1937*, Berkeley: University of California Press, 1996. 有关当代中国商会的自主性问题,参见: Zhang Jianjun, "Business Associations in China: Two Regional Experiences", *Journal of Contemporary Asia*, vol. 37, no. 2, 2007, pp. 209—231.

会馆、各经济组织在海外华人社会中所起的领导性作用。但是,对于侨乡社会而言,这种社会经济组织的作用经常是超越国家疆界的,其在国家与社会的联系上也具有特殊性,因为这种联系是跨越国界的,从而形成一种跨国联系的桥梁。①

在华南侨乡社会,国家的控制不时渗透进民间社会,其政策也产生一定作用。而这些都会或多或少地影响到侨眷,并进而扩展到海外华人社会。因此,海外华人会通过自己的力量(以社群组织或商会组织为基础)尝试影响中国政府的决策,或者与地方政府机构紧密合作;社群组织和国家之间建立起一种跨国的互动。以往对中国社会群体与经济组织的研究,大多数学者关注的是实质性的经济交往,而忽视了建立这种交往所依靠的信息和观念的流动,笔者认为,这种互动是基于信息和观念流动的基础上的。通过这种信息和观念的流动,海外华人对侨乡社会有所了解,进而促成了会馆、商会等与中国政府及各地方机构之间的互动,并参与到中国的经济活动中去,其活动场域不断移动,并进而形成跨国经济活动网络。这种跨国性同"超地域中国"(Translocal China)密切相连,后者指的是在超越地缘性之上所形成的人口、资本、观念、货物和形象的流动,由此建构联络、网络、非中央性(decentered-ness)和非地域性(deterritorialization)。② 本章着重探讨的是海外华人社会与华南侨乡社会之间信息的往来、观念的建构及华人社会组织和它们所从事的社会经济活动之间是如何互相影响的,在跨越国家地理疆界的范围内是如何运作的,并进而建构一种全新的跨国华人社会。本章从 1945 年至 1965 年,具体分析这种联系是如何随着外部政治、经济形势的变动而变化的。当然,本章也会涉及 1945 年以前一直存在的新加坡和马来西亚(新马)华人社会与华南侨乡的互动,以探究这种互动模式的历史延续性及其嬗变。

---

① 参见刘宏:《中国-东南亚学:理论建构·互动模式·个案分析》,中国社会科学出版社,2000 年版。

② 对此概念的理论和方法论分析,参见: Tim Oakes and Louisa Schein, "Translocal China: An Introduction", in idem (eds.), *Translocal China: Linkages, Identities and the Reimagining of Space*, London: Routledge, 2006, pp. 1—35.

二、隐形之交流：跨国信息流动

　　由于特殊的地理位置及悠久的移民历史，华南侨乡与新马华人社会一直有着密切的联系与往来，虽然这一联系在不同的历史阶段有疏密之分，但从未完全中断过。这一联系最直接的表现就是海外华人与侨眷的关系，前者通过侨汇、信件及不定期的往来，与家乡保持联系，了解家乡的情况，关心及帮助侨眷解决生活上的一些困难。同时，海外华人社会和经济组织也与华南侨乡一直保持着联系。这一联系不仅体现在他们与侨乡的关系上，也体现在他们与不同级的行政单位及社会组织的密切关联上。这种联系纽带本身的内容主要是人口、货物及资本的双向流动，而它所依赖的基础是信息的往来。

　　本章所涉及的信息主要是指新马华人获知的关于中国及华南侨乡包括政治、社会、经济等方面的各种消息。传递信息的载体是多样的，它们在私人领域、公共领域之中或是介于这两个领域之间流传。例如，华人与侨眷之间的家信往来（即"侨批"）主要是私人之间的信息交流。会馆组织所出版的会刊和报刊、侨刊则流传于公共领域之中，为新马华人提供了一个了解侨乡的重要渠道。而会馆的会议记录则既涉及它们与中国社会组织、各级政府之间的公开往来，也有与华南侨眷之间的私人交流，所以它们是属于私人与公开之间的中间领域。此外，这些信息的流通及接收渠道也是有差别的。如"侨批"主要是个人与个人之间的通信往来，它刚开始是通过一些经常往来于新马和华南的人（俗称"水客"）传递的，当专门的"侨批局"出现后，才通过"侨批网络"进行传递。而报刊或会讯、侨刊则主要是由会馆或华人组织出版，它们的消息来源主要是通过在中国的一些人提供或者是转载自中国的报刊。会讯主要是在一些会馆组织内部流传，报刊和侨刊则是向公众开放的。会馆的会议记录则主要是在会员内部传递。本章所关注的信息来源主要是报刊、会讯、侨刊及会馆会议记录，它们不仅与海外华人社会经济生活密切相关，也对国家-社会的跨国互动模式有所影响和折射。

　　我们认为，信息的流动在新马华人社会与华南社会的互动及跨国联系网络的建构中起着不可忽视的作用，并使海外华人产生了一种"既在此处又在彼处"的心态。正是这种跨越国界的流动性及其"既在此处又在彼处的"的心态构成了东南亚华人的一个重要特征，并帮助维系了中国-东南亚之间的互动。

海外华人社会与华南社会之间的信息流动在历史上就一直存在，自从有华人移居东南亚开始，就产生了华人社会与华南侨乡联系的渠道之一——"侨批"。[①] "侨批"的内容各异，但大多数是向家人介绍其在海外的情况，并询问家乡情况及汇出一定款项帮助家里。例如，抗日战争时期的一封"侨批"[②]里就提到："男在外身子粗安，切勿介意耳。遥想大人年迈以及家庭一切全赖吾母维持，男未能在家侍奉，老迈受苦，为儿子者罪职重重。时时念之，为之一叹。此时中日战事潮汕一带有何影响，见信之后须欲示明为要，方免男在外经朝愁叹。今逢叻轮归国之便，付批局带呈一信外并国币十元，至时查收，以应家中之用。""侨批"使海外华人与华南侨乡的家眷可以互通信息，并使侨眷了解海外华人的生活情况。另一方面，华人也通过侨眷寄来的信了解亲人、家乡及祖国的情况。在一些会馆的会议中，就经常讨论到华南侨乡来信时所涉及的一些问题。例如，在丰顺会馆的会议记录中就提到："祖国（县）参议会来快邮代电呼吁海外同乡社团急赈家乡粮荒及呼吁宪属缓提军粮以苏民困事。"另外，汕头市的丰顺同乡会也曾来函"吁请邑侨捐输会所"。

除了这些个人与个人及社会组织与社会组织之间的信息交流外，华人社会的另一类重要组织——经济组织，也与华南及中国的社会经济及政府组织有着密切的联系。新马当时最重要的经济组织——中华总商会，自从成立起就一直与中国及华南侨乡之间有着密切的互动。新加坡中华总商会成立于1906年，作为新马华人社会重要的商人组织，它从成立之初，就不断参与到中国及华南侨乡社会的政治、社会和经济事务中。例如，在成立的前几年，总商会就多次

---

① "侨批"是专指海外华人通过民间渠道寄回国内，连带家书或简单附言的汇款。

② 潮汕历史文化研究中心所藏"侨批"中，潮安金石龙阁乡陈金炳在1938年从新加坡寄给母亲的一封信。

捐款救济广东的灾民。在1914年,总商会就接到驻新加坡胡总领事函抄粤自治研究社公电称:"广肇水灾,基围纷决,已发急赈,灾广款绌,乞速提倡电汇。即议决先将电文登报布告,再将捐册送同济医院及各公局各团体请协同劝募赈款,一面通函南洋各商会,请协助筹赈,募得之款先交本会汇粤,由总理签给临时收条,俟正式收据寄叻换回。"①在获此信息后,总商会立即作出回应,于次年就"捐助叻银一千三百二十七元五角折省毫银二千一百元即电汇粤交救灾公所发赈,一面再函同济医院继续劝捐汇去接济。"②

可见,正是在信息流动的基础上,海外华人社会能够及时获取祖国及华南侨乡的情况,并对此迅速作出回应,从而形成一个跨国的资讯和联系网络。到了20世纪中叶,另一种信息传播渠道——侨刊,也成为了新马华人社会与华南侨乡之间交流的重要桥梁。

侨刊意为"华侨的杂志",其目的在于在海外华人社会中维持一种对于家乡的意识和了解。其是传递信息、观念和情感的便捷方式,侨刊也有助于海外华人维持对于祖国的想象及从未离开家乡的感觉,从而把海外华人和家乡连接成一个虽分属不同空间,却有相同生活体验的共同体。③侨刊中传递的主要是华南社会的具体情况,它使远离家乡的华人可以了解并参与到家乡的事务中,在心理上缩短与家乡空间的距离,从而建立起一种跨越国界的想象。例如,20世纪中叶在新马潮汕人社会中广为流传的一份侨刊——《潮州乡讯》中,就涉及多方面的内容,有对国家或地方政治的评论;潮州各地的新闻;领袖和广告收入;南洋各地潮侨动态;潮州的文化、典故、景物等,也有人物专访和行业特写。范围包括政治、经济、地理、历史、文化、教育、风土人情等。而其中最重要的部分就是介绍中国,尤其是华南侨乡的政治、经济、社会情况。这些信息大到国家的政治形势,小到侨乡的日

---

① 《新加坡中华总商会八十周年纪念特刊》,新加坡中华总商会,1986年版,第93页。

② 《新加坡中华总商会八十周年纪念特刊》,新加坡中华总商会,1986年版,第96页。

③ Madeline Yuan-yin Hsu, *Dreaming of Gold*, *Dreaming of Home*: *Transnationalism and Migration between the United States and South China*, *1882—1943*, Stanford: Stanford University Press, 2000, p. 124.

常小事,其中也包括南洋各地潮侨的动态。这充分显示出在两个不同的历史脉络里,侨刊作为两地的联系纽带,把南洋潮侨带进两个不同的社会场景,为他们建立起一个想象的家园。

经济利益的驱动也使华南侨乡社会的经济情况成为一个重要的信息内容。《潮州乡讯》中有许多关于潮州各地区的工商信息。它们既有关于潮汕抽纱工业的发展情况,也有关于潮汕的商情物价,还有对汕头每半个月的商情进行的统计等。这些商业、经济信息为新马华人的经济组织、商业团体提供了借鉴,使他们能够及时了解家乡经济概况并从事相关的经济活动。例如,在每期的"半月商情"中就分别对新马及潮汕地区的市场简讯和各种商品的价格进行了详细的介绍,以供对比。而新马华人的一些个人及其组织也在此基础上从事一定的经济活动。如有侨领就于汕头创设柑橘研究院,教导柑农,以科学化方法,使潮州柑橘进入外国及金山橙竞争市场。[1] 著名侨领林连登成立连通公司,承领潮汕的(角)石至葵潭的公路。[2] 当时广东有 20 个县市的华侨也在各地侨乡投资筹办中小型工厂、戏院、旅馆、水电站等。[3]同时,还有以组织为代表进行的经济活动,如汕头南洋华侨互助社就在汕头市筹办招待所,以便利归侨。[4]

20 世纪中叶是民族国家逐渐建立及社会转型的时期,中国和新马两地的政治、经济格局都发生了巨大的变化。在中国,国共内战、政权更迭、土改及"三反"、"五反"等一系列运动的展开,都不同程度地冲击与影响着地方社会。而在新马,民族国家的兴起、争取公民权的运动、教育与政治改革的一系列法案,也同样震撼着当地的华人社群。在这一时期,民族国家事务也成为另一重要的信息交流内容,对国家形势、政权更迭、政策实施等事务的关注逐渐成为这一时期的主题。这一时期中华总商会所关注的事务中,就包括"要求取消限制移民条例"及"要求中国取消出境护照"这些对政府政策的看法。《潮州乡讯》也传递了

---

① 《潮州乡讯》(第 2 卷第 7 期),1948 年 5 月 16 日。

② 《潮州乡讯》(第 1 卷第 11 期),1948 年 1 月 16 日。

③ 《潮州乡讯》(第 20 卷第 9 期),1957 年 6 月 16 日。

④ 《潮州乡讯》(第 2 卷第 9 期),1948 年 6 月 16 日。

诸如"对于澄海县政的观感"、"华南战局万变不离其宗"、"中共破获武装抗共机关"等有关地方社会及国家政治形势的信息。

　　在资讯发达的今天,海外华人可以很容易的跟家乡沟通。他们通过电话、互联网、传真等方式与家乡的亲友保持联系,在感觉上并没有离开家。在电讯通信技术和运输条件尚未发达的时期,个人与组织主要都是靠邮递信件来互相联系的。在 20 世纪 60 年代之前,中华总商会采用的最主要联络方式就是通信和电报,以此来阐明、解释、解决,以及落实不同团体所提出的要求和商业建议。以 1931 年 1 月至 6 月这半年时间为例,总商会的正式记录显示,这期间它共收到 393 封正式信函、电报和指示,共发出 612 封回函。这些来往信函的对象包括 10 多个国家的 30 多个城市,涉及政府机构、商业团体和私人企业。[①]大多数信函都直接或间接地与商贸有关。例如,1931 年 1 月总商会收到 38 封信函,22 封是与诸如行销、合同、产品证明、解决商业争端等问题有关,9 封有关社会福利事务,另外 7 封则涉及诸如政府规章和移民政策之类的政治问题。[②]　总商会还出版了与商业资讯有关的书刊。1922 年开始发行的《商务月刊》就认为海外华商成功的关键在于具有国际眼光、熟悉祖国情况、侨居海外的经验和华人之间的团结。该杂志在创刊伊始即揭示四项宗旨:介绍商业基础知识;报道世界经济情况的变化;沟通华侨与祖国之间的经济资讯;加强华侨之间的联系。[③]

　　总之,这些不同形式的信息传播媒介为个人与个人、个人与组织、组织与组织之间的往来构筑起信息传播的多层次网络,它跨越地理和国家界线,使空间上分隔两地的新马华人社会和中国及华南社会可以互相了解。他们在获取信息的基础上,直接或间接地参与到实际事务中,并通过自身的力量对中国或华南的事务作出回应。这种影响不是局限于一国的地理疆界之内,而是跨越国家地理疆界进行运作的,并进

---

　　①　《新加坡中华总商会特刊》,新加坡中华总商会,1931 年版,第 5—65。详见刘宏:《新加坡中华总商会与亚洲华商网络的制度化》,载《历史研究》,2000 年第 1 期。

　　②　根据总商会通信信函摘要编辑整理,见《新加坡中华总商会特刊》(新加坡,1931 年),第 5—65 页。

　　③　《商务月刊》,1922 年第 1 期,第 1—5 页。

而建构一种全新的新马华人社会与华南社会及国家的互动模式。

三、有形之往来：新马华人与华南社会之互动

在信息流动的基础上，新马华人社会与华南之间不断地进行互动，构建起一个跨国社会网络。这种网络的维持基于两个重要的因素，一是信息的流动，另一个则是实际的社会经济往来。如上所述，这些信息的流动包括家乡、不同的社群乃至民族国家几个不同的层面。在信息流动的基础上，新马华人社会经济组织与华南之间进行了实际的互动。例如，在获取一定商业信息的基础上，中华总商会通过互访来作为建构和发展商业网络的有效途径。总商会接待了来自亚洲区域众多的代表团，同时也派出了自己的代表团。这些互访大多与商贸直接有关。在1949年之前，总商会还派团参加了在中国举办的各种庆典，如由农工商部组织的全国商贸行业会馆联合会的大会，据统计，从1955年到1965年间，总商会所接待和派出的代表团90％是集中在商贸问题的互访上。① 总商会与中国商业团体及政府组织之间的信息交流强化了他们之间的联系与合作。

在不同的历史阶段，由于受到外部政治、经济、社会环境的影响，这些信息关注内容的侧重点有所不同。20世纪中叶，中国及海外的政治、经济情况都发生了变化，海外华人社群的原生性认同也随之发生变化。在这一转折期，新马华人社会与中国及华南侨乡之间信息交流的内容也在发生了变化。无论是海外华人所收到的信函、电邮，抑或乡讯所传递的信息，开始主要都以华南侨乡或商贸情况为主。但随着国共内战、新中国的诞生及新马两地民族国家的逐渐建立，有关两地政治形势及政策分析等信息逐渐增多。例如，在国共内战时期，《潮州乡讯》中就有多篇文章分析双方政治力量的对比及预测未来的政权，新马的一些社会组织发挥自己的力量，参与到祖籍国的政治事务中。新加坡的

---

① 《新加坡中华总商会八十周年纪念特刊》，第92—96,107,127页；《新加坡中华总商会年度报告》，1955—1965。

潮汕国民和平促进会就分电李宗仁、毛泽东呼吁和平，"吁请相忍为国，停战和平……人民已不堪再忍受战祸，国家民族，仅存之命脉，不能轻意断送"[①]。

随着新中国的成立及新马民族国家的建立，新马华人的关注重心已逐渐地由中国转移到居住国。他们开始参与到居住国的政治社会事务中，争取公民权及参政权，吁请改善回马签证，为华文学校与政府交涉等。《潮州乡讯》中所传递的信息内容也从报道中国事务渐渐转向至重报道东南亚社团消息。这些信息是与当时华人社会的实际活动密切相关的。例如，随着中国在1955年后废除双重国籍，越来越多的华人开始申请当地的"公民权"，会馆除了在刊物上传递公民权的信息及呼吁华人加入外，还采取行动，设立办事处，指导他们如何申请公民权。[②]

国家的力量影响着信息内容及实际的往来，东南亚新兴民族国家的建立及中国政策的变化都使国家力量不时渗透到这 跨国交往的媒介之中。首先，新马华人对中国的政治影响力开始减弱。在1949年之前，新马华人社会经常试图左右侨乡的某些政治议程，并取得相当程度的成功。1949年之后这种尝试不仅数量少，且只局限于特定的问题。例如，1950年新加坡潮安会馆发电报给汕头商会，敦促对方采取措施，以防备即将到来的饥荒。同年，会馆建议当地县政府对侨汇汇率作一些调整，经济建设的努力也停顿下来。1949年之前，安溪巴士公司曾得到了海外安溪人的大力支持。1951年该公司再次邀请新加坡安溪会馆投资并派代表参加在福建安溪召开的股东大会。新加坡安溪会馆执委会表示："没有人对此邀请感兴趣，也没有派遣代表。"在中华人民共和国成立后，泛马来亚南安会馆联合总会在家乡修路建桥的努力也完全停止。[③]

---

① 《潮州乡讯》（第4卷第2期），潮州乡讯社，1949年3月1日。

② 如新加坡潮阳会馆1956至1965年的会议记录中就曾提及在会馆设立办事处，指导华侨登记申请公民权。对新加坡华人战后同中国关系变化的详细分析，见刘宏：《战后新加坡华人社会的嬗变：本土情怀·区域网络·全球视野》，厦门大学出版社，2003年版，第1—3章。

③ 详见刘宏：《战后新加坡华人社会的嬗变：本土情怀·区域网络·全球视野》，厦门大学出版社，2003年版，第5章。

简言之,20 世纪 40 年代末期至 50 年代初期,新马华人社会与中国的联系逐步减弱,这种联系的中断主要是由于中国和东南亚外部环境的快速改变造成的。在新马华人的跨国社会网络中,国家仍然起着重要的作用,政治影响也不时渗透其中。

四、多维的信息建构:政治影响与社会经济之交错

跨国的信息流动并非是对称和一致的,它深受政治和经济环境的影响。1949 年新中国成立后,政权的更迭不可避免地给华南侨乡带来了一定的冲击。而对政权更迭后华南社会情况的报道,不同的传播载体所呈现出来的却是不同的面貌。例如,《团结报》是当时在潮汕地区的一份地方性报纸,它对当时情况的报道多为正面的。报纸中多次提到新中国成立后的潮汕及广东地区,人民惩治战犯,进行土改,建立合作社,展开征粮活动等①,呈现的是一派和平祥和的气氛。同时,政府透过这一美景,呼吁海外侨胞回国投资,为祖国建设作贡献。

另一方面,当时在新马华人社会中流传的《潮州乡讯》所呈现的家乡形象却有所不同。一篇题为《潮汕明暗面》的文章提到新中国成立后的潮汕,中共的措施有些方面比国民党统治时好,如"贪污比以前少了"、"治安亦较良好"、"没有强迫参军"。但有些方面却比较差,如"借款借粮惊人"、"南方券黑市猖獗"等。②对于当时跟侨眷生活息息相关的土改,在乡讯中也有所反应。一篇题为《土改的歧途》的文章详细分析了广东土改中所存在的问题,指出"由于土改干部走错了工作路线,使得整个土改运动的进程发生了故障。广东当局对这一关键的影响,虽已获得了解,并且对一般土改干部的工作方法严予纠正,但将有怎样的效果呢? 且留待事实的回答。"③相比而言,乡讯对这一问题的报道与《团结报》声称的"广东人民积极拥护土改"④更为客观。

---

① 《团结报》,1950 年 11 月。
② 《潮州乡讯》(第 5 卷第 10 期),1950 年 1 月 1 号。
③ 《潮州乡讯》(第 8 卷),1951 年。
④ 《团结报》,1950 年 11 月。

乡讯对新马华人所关心的侨眷在土改中的遭遇也有不同的解读，如乡讯中传递了侨眷在土改中遭遇不平等对待的信息（如土地财产被没收）。在获取这些信息的基础上，新马华人社会组织尝试与各级政府交涉，以求可以改善侨眷在家乡的待遇。例如，在土改期间，潮汕地区的农会滥封华侨的房屋、家具、衣物，新马的广东会馆在获取这一信息后，就立即讨论并决定"用广东会馆的名义，发电广东省人民政府，通令潮州各县政府分谕各区农会，对于华侨物业，幸勿滥行查封，其已被误封者，请即行撤封，以安侨心。"①马潮联会也"致电中央人民政府饬广东人民政府，彻查潮汕各地农会对侨眷施行虐待，请予改善待遇予以照顾。"②1956 年中华总商会组织的新加坡工商业贸易考察团在其关于中国之行的总结报告中指出："潮籍团员们回到家乡后，有许多感到不满意的地方。认为潮州毫无建设，甚至还比不上厦门。儿童的生活还很苦，人民尚有失学的。"③

信函是当时新马华人与家乡互通消息的重要渠道，但这一单纯的信息往来渠道也掺进了政治因素。1949 年后，广东地方政府就意识到，"回批家信是一项重要的工作。通过回批家信的正确报道，使华侨更加了解祖国，热爱祖国，有力地配合反封锁、反限制的对外斗争"④。为此，政府在各地挑选义务代书人，为侨眷书写回批，这些代书人必须具备五个条件：① 政治思想好，听党的话；② 工作热情高，肯干，热爱劳动；③ 有群众威信，热心为侨眷服务；④ 有一定文化程度；⑤ 略懂海外侨情。⑤可见，这些由代书人代写的回批不一定是侨眷心声的真实体现。

尽管如此，新马华人可以通过其他渠道间接了解侨眷的情况。《潮州乡讯》就提及："潮汕各地中共，自本月初强令各留乡侨眷致函海外侨胞，'捐献'银物以来，因收效甚微，经续令再以电报催促，须遵令汇缴，

---

① 《潮州乡讯》(第 8 卷)，1951 年。

② 《潮州乡讯》(第 9 卷第 1 期)，1951 年 8 月 16 号。

③ 沈子周：《一九五六年东南亚经济年鉴》，新加坡东南亚经济导报出版公司，1957 年版，第 237 页。

④⑤ 汕头档案馆所藏"专署侨务局档案"，25-1，卷 29。

并声言如有违令者,将予以有效惩处。最近汕头'电信局'及'邮政局',昼夜工作不停,忙于寄发海外邮电。据电报局人员透露:香港方面最少有二家商行,被指定须'捐献'人民币八亿元者,照中共'人民银行'牌价伸算,值港币二十余万元。日来各地且不断发生侨眷因对共干之查询,不能予以具体之答复,惨遭殴辱者,且因有悲愤而合家集体自杀者。"①乡讯还披露了"潮汕各县截留'侨批',用作农贷借给贫农,侨眷不服多遭凌辱"。这些信息在某种程度上减少了新马华人汇寄侨汇回乡的经济活动,他们在获取这些信息后,"无不悲愤填胸,宁愿听令中共对于乡眷家属之摧残,坚决停止汇款归家"②。这一情况引起了当地政府的注意,"星洲外汇统制当局且已表示将对此间华侨汇款回国之数额,严加注意,对于任何捐赠国内政府之汇款概不准许。"③

上述消息很多是通过华南侨乡的一些同行获得或由本地的报社和社团提供的。④ 新马华人通过这些信息得以了解家乡的情况。例如,《潮州乡讯》就在新马各地都有发行⑤,一些读者来信也提及乡讯为他们获取信息提供了帮助。⑥ 这些信息的交流在某种程度上影响了新马华人对实际情况的判断,并影响着他们的社会、经济活动。社会经济组织在新马华人与华南侨乡的联系中往往起着接收、传递信息并

---

① 《潮州乡讯》(第 8 卷第 11 期),1951 年 7 月 16 号。

② 《潮州乡讯》(第 11 卷第 6 期),1952 年 11 月 1 号。

③ 《潮州乡讯》(第 8 卷第 8 期),1951 年 6 月 1 号。

④ 例如,《潮州乡讯》的新闻来源就主要是由主编吴以湘在中国潮州的同学提供,同时新加坡本地的报社和社团也提供了不少资料。此外,该刊也曾登出启事,在柔佛、马六甲、蕨坡、芙蓉、加彩、吉隆坡、怡保、安顺、槟城、曼谷、古晋、诗巫、山打根等地,聘请通讯员,报道潮侨消息,另外也在汕头、潮安、澄海、揭阳、惠来、普宁、饶平、丰顺、南澳、南山等县市局,添聘特约通讯记者。

⑤ 《潮州乡讯》的代售点除了新加坡及马来西亚各地外,还有古晋、斗湖、诗巫、安南、雅加达、棉兰、暹罗等地。

⑥ 如《潮州乡讯》第五卷中的一封读者来信提到:"一位要好的朋友从吉隆波来探望我,久别重逢,大家见面之后,不消说是拉开话匣,谈个痛痛快快,我和他同是来自家乡,谈话的时候,自然会谈起家乡的情形,我对他表示急要知道家乡的情形而无法获得,他却笑着说,别急别急,我介绍一本关于家乡的定期刊物给你吧! 你阅了包你满意。我说,真的吗? 你就替我订一份吧……我从头到尾详细的阅读,觉得快乐万分,因为潮汕各县逐一报道消息,使人宛如置身家乡。"

进一步组织活动的中间角色。例如,中华总商会就有三种联系层次。首先,与中央政府,主要是侨务委员会和农工商部等部门联系。总商会负责接收和转发官方声明和商业法规到区域内的其他华人会馆。其次,联系位于北京的全国商会联合会以及上海总商会。总商会负责搜集和传达商业信息,并介绍南洋华商的兴趣与关注。第三,总商会与广东、福建等侨乡商会以及厦门、汕头等重要商会的网络建构。广东和福建是大多数海外华侨的故乡,对这种网络模式的观察显示,它集中表现为处理东南亚华人每天都直接面对的问题,如为商业争端提供仲裁服务,介绍商业机会和合作伙伴以及提供信贷担保。在这一层次中,总商会既是产品的促销者,又是产品贸易的中间人。

这种信息的交流与互动并不是单方面的。中国中央政府也通过各种方式搜集新马华人社会的信息,并对此作出判断及反应,同时努力用自己的指导思想去影响新马华人。例如,中央华侨事务委员会就通过南洋的各类报纸了解信息,并对其进行分类及评价。当时在新马流行的《南侨日报》、《南洋商报》等就被评定为进步报纸,而《星洲日报》则被评定为反动报纸。[①]国内出版的《侨务报》也转载新马报刊的报道,对当地华人社会也作了详细的介绍。在搜集海外信息的同时,中央政府还加强对新马华人社会的宣传。20世纪50年代举行的一些侨务会议除了关注"今后如何及时了解马来西亚情况、消息来源的重新开辟问题"外,还集中讨论"如何冲破英方封锁我宣传品书籍及新闻传入马来西亚",并指出,"在主要华侨集中地的南洋大都市,应有由进步力量所领导而政治面目较隐藏的报纸,以准备当地政治局势的恶化"[②]。

海外的华人社会组织及商人群体远离祖国、家乡,使得他们在联系国家与地方社会中的作用与传统的中国社会组织、商人群体有所不同。一方面,他们不能亲身了解祖国、家乡的具体情况及发展变化,只能通过信息传播媒介来间接了解。而不同的媒介所呈现的信息内容背后都隐藏着各自的政治因素及经济利益,它们所反映的情况与现实情况或

---

①② 《中央华侨事务委员会、外交部、中宣部关于南洋华侨报纸宣传问题的讨论及意见》,中华人民共和国外交部开放档案,118-00355-05(1)。

多或少有所偏离。另一方面,在获取这些信息的基础上,新马的华人社会组织及商人群体同样发挥他们联系国家与地方社会的作用,与各级政府交涉,以求沟通国家与地方的关系,改善地方社会。但与传统中国社会组织不同的是,他们所关心的更多是华南侨乡及侨眷的利益,同时这种作用不是局限于一国之内,而是跨越国家地理疆界的,在某些时候还牵涉到两国政府,政治因素会更加明显。因此,信息的流动、观念的建构、现实的社会经济活动之间有着不可分割的联系,成为建构海外华人社会经济网络的重要因素。[①] 当然,这种流动并非是单向的,中央政府也同样通过各种方式搜集新马华人社会的信息,借此了解华人社会的动向,从而制定外交及侨务政策。

五、结　语

综上所述,新马华人社会与华南侨乡之间的互动包括了两个层面,一是实际交往的层面,一是信息交流的层面。以往的研究往往只注重于前者,却忽略了这种交往背后所依赖的重要基础,即信息的交流。只有通过各种信息交流媒介,新马华人才能及时地获知中国及华南侨乡的实际情况,并就政策问题展开交涉或从事经济活动。而在这些实际活动中,起主导作用的往往是社会经济组织,它们代表华人社群表达意愿,作为中介组织与各级政府及组织交涉,从而成为联系国家与地方社会的桥梁。值得指出的是,它们的作用并非局限于一国之内,而是跨越国界的。在跨国信息交流网络的基础上形成了实际的跨国交往网络,如图 6-1 所示。

另一方面,这种跨国社会联系是建立在国家的基础上的,国家的力量始终起着重要的影响,政治因素一直牵引着华人社会组织的信息来

---

① 相关的个案亦见刘宏:《中国-东南亚学:理论建构·互动模式·个案分析》,中国社会科学出版社,2000年版;柯丽莎、刘宏:《中国与东南亚:社会文化之互动及其变迁》,香港大学亚洲研究中心出版,2002年版。滨下武志:《中国、东亚与全球经济:区域和历史的视角》,社会科学文献出版社,2008年版,从宏观的角度考察了中国与东亚(包括海外华人)的多层次和长时段的联系模式。

源及其实际活动,对华南侨乡的关注离不开跟国家的沟通与交涉。东南亚新兴民族国家与新中国成立后,两地的政治形势都发生了变化。中国中央及地方政府都极力争取海外华人的支持。但"三反"、"五反"、土地改革等一系列政策和运动不可避免地给地方社会带来了冲击,并对华南侨乡的侨眷产生负面影响,这一现实通过各种渠道传递给了新马华人,一定程度上改变了他们对中央政府的态度,并推动他们从国家认同转向当地社会。

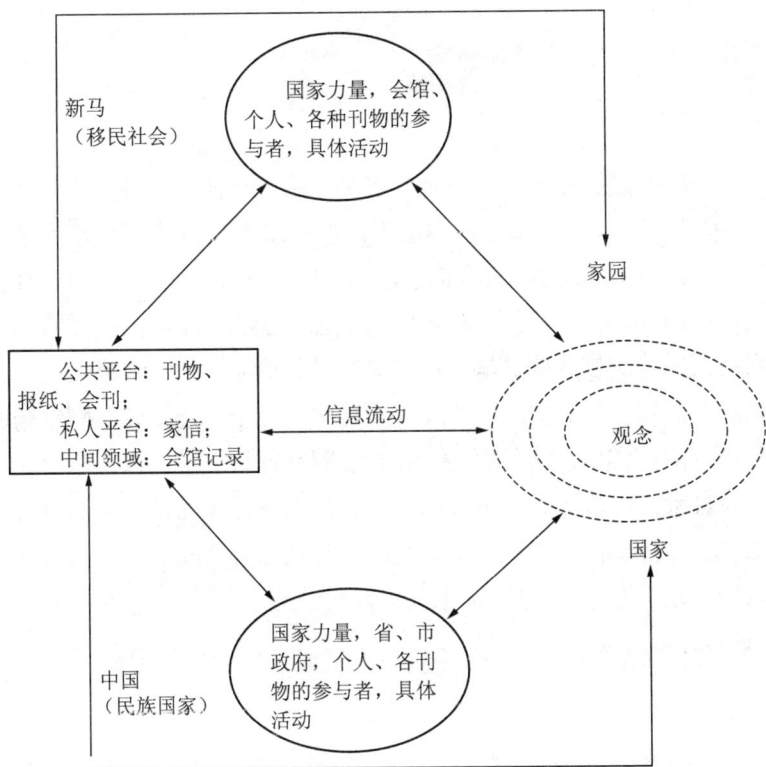

图 6-1

(本章初稿原题为张慧梅、刘宏合撰:《跨国网络中的信息流动——廿世纪中叶新马华人社会经济组织与华南之互动》,载《南洋问题研究》,2006 年第 2 期。)

第七章
原生性认同和跨国网络

——新马客家人与潮州人社群之比较研究

一、引　言

　　"客家学"是近年来颇受中外学者关注的一个研究领域。有学者认为,客家学(Hakkaology)是一门运用科学的观点和方法研究客家民系的历史、现状和未来,并揭示其发生、发展的学问。[①] 相较于华人其他地域性社群,客家人社群有自身的独特性。历史上客家人社群的形成及身份认同的演变和确立就是在迁徙的过程中完成的。客家人社群在大陆的不停流动及其向海外的迁移又形成了一个再迁徙和认同重构的过程。目前,客家人主要集中于中国大陆及台湾、香港地区和东南亚等国。对客家人社群的研究不仅牵涉到社群本身迁徙的特质及其对自身宗族、文化的保持,亦涉及客家人社群与其他社群之间的关系及其在不同政治文化生态中的地位,这也成为客家学的主要关注点。我们认为,"全球客家学"(Global Hakkaology)的建立和完善需要新的理论、方

---

　　① 有关大陆、台湾地区和海外学者对客家研究的贡献,参看罗香林:《客家源流考》,中国华侨出版公司,1989 年版;刘佐泉:《"客家历史"与传统文化》,河南大学出版社,1991 年版;刘义章:《客家宗族与民间文化》,香港中文大学及香港亚太研究所海外华人研究社,1996 年版;徐正光:《第四届客家学国际研讨会论文集》,台北"中央研究院"民族学研究所,2000 年版;丘昌泰、萧新煌:《客家族群与在地社会:台湾与全球的经验》,台北智胜文化,2007 年版。Nicole Constable (ed.), *Guest People: Hakka Identity in China and Abroad*, Seattle: University of Washington Press, 1996; Eriberto Lozada Jr, "Hakka Diaspora", in *Encyclopedia of Diasporas Immigrant and Refugee Cultures Around the World*, Springer US, 2005, pp. 92—103.

法和实证数据的有机介入。在研究对象上，它应超越以往对客家史研究分期、客家源流、客家形成等传统论题的关注，不仅要分析区域或地方范围内的客家人群体，也要注重在不同社会文化脉络下客家人社群的身份调适模式。在理论上，当前国际学术界有关跨国性（transnationalism）和身份认同的研究为全球客家学的建立和完善提供了有益的参照。在资料应用上，那些反映客家人自身观念和情感的内在视野的文献、实物和口述资料能够较客观地再现客家人社群的演变。在方法上，针对某些特定的机制和进程的比较研究将能凸显客家人社群的普遍性与特殊性。

在现有的客家学研究中，较为系统及深入的研究主要集中在对中国大陆及台湾客家人的研究。它们主要关注的是客家人社群的形成源流、宗族社团、民间宗教文化等，以及台湾客家人如何在当地重兴本社群，它与当地其他社群之间的关系等。另外，也有一部分的研究关注东南亚各国的客家人社群。[①] 大多数论者都将客家人社群置于特定的区域中来探讨该社群内部的一些重要因素（如文化、宗教、认同等），或客家人与其他社群之间的关系、冲突。这些研究厘清了客家形成的历史脉络及其在各地的"在地化"过程，为建立系统的全球客家学奠定了基石。本章针对现有研究尚未全面而深入论及之处，从比较研究的视野来探讨东南亚的客家人社群，希望对全球客家学的建构有些裨益。

首先，通过采用新马客籍及潮籍各级会馆的档案、会议记录、报刊及侨刊为研究资料，本章将第二次世界大战后新加坡和马来西亚客家人与潮州人社群进行比较分析。之所以选择潮州人社群作为比较的参照系，是由于潮州人社群与客家人社群之间一直有着千丝万缕的关系。在中国历史上就有着潮客之争，而潮州人社群与客家人社群在华南聚

---

① Wang Gungwu, "The Hakka in Migration History", in Hsieh Chien and C. Y. Chang, eds., *The Proceedings of the International Conference on Hakkaology*, Hong Kong: The Chinese University of Hong Kong Centre for Asia-Pacific Studies, 1995, pp. ⅩⅩⅤ—ⅩⅩⅥ；郑赤琰：《客家与东南亚》，香港三联书店，2002年版；萧新煌、张维安、范振乾、林开忠、李美贤、张翰璧：《东南亚的客家会馆：历史与功能的探讨》，载《亚太研究论坛》，2005年第28期。

居地的接壤也使得双方相互渗透、互为影响。在新马华人社会,部分客家人社群在早期曾包含于潮州人社群之内,后来由于种种原因而分离出来,成为客家人社群。饶宗颐先生就认为,"客家"与"潮州"是两个既有联系,又可以拿来相互对比的个体。[①] 而客家人社群及潮州人社群本身也经常将自身的文化与对方的文化进行比较,这一传统也被带到海外并延续到第二次世界大战后。[②] 同时,因为两者都是第二次世界大战战后新马华人社群中较为主要的社群之一,但又不是人数最多和经济政治力量最强大的社群,因此具有一些相同的特性。另一方面,客家人社群与潮州人社群在影响力、地位方面又有所不同,也使它们发展出自身的特殊性。因此,通过潮州人与客家人社群的比较,可以看出新马华人社会中不同社群之间及同一社群内部次社群之间的联系与互动,而这一关系又源自它们在祖籍地时彼此之间关系的影响,在侨居地有一个重塑的过程。这一过程也受到第二次世界大战后东南亚民族国家的建立以及华人从侨居到定居的变迁之影响。

其次,在比较的基础上,本章进而探讨客家人社群的原生性认同(primordial ties)及其特征。与潮州人原祖籍地地域空间的确定性不同,客家人原祖籍地具有多重性与相对模糊性,这使得潮州人社群更多的是基于地缘性的认同,而客家人社群更多的是基于方言群的认同,正是这种方言群的认同,使客家人更易于建立起一种超越地域的全国性乃至全球性的客家人认同及联系网络;边缘性成为创造力的源泉,并使之能向中心转化。[③]

最后,由于这种原生性认同的建构方式和内在联系的差异,使得客家人社群在与祖籍地的联系,以及全球化背景下的跨国网络建构,都具有该社群的特殊性,即基于本地地方社会联系基础上的地方—全国—

---

① 转引自陈春声:《从地方史到区域史——关于潮学研究课题与方法的思考》,载《潮学研究》,2004年第11辑。

② 在两会馆会刊中都有此类的文章,例如在《南洋客属总会七十周年纪念特刊》中就有《粤东潮客两种文化特征述评》一文;在《潮州乡讯》中则有《硬用潮州话教学,客家学童听不懂》的讨论。

③ 有关海外华人研究中的边缘与中心的更为深入和具体的讨论,参看本书第一、二章。

全球—祖籍地之间的多重网络联系及超地域的方言认同。

二、同在异乡为异客：客家人和潮州人的 社会组织

作为移居异国的社群，客家人社群与潮州人社群一样，都经历一个在他国定居、调适、融和及重筑原有社群体系的过程。而各社群会馆组织作为华人社会重要的社团组织，在一个国家内部联系了特定的方言、地缘、血缘和业缘的个人与群体，进而成为他们的代言人及该社群与当地政府的中间联系。在跨国社会联系中，各社群会馆组织则为促进海外华人之间，以及他们与侨乡之间的联系发挥了不可忽视的作用。[①]客家人社群与潮州人社群虽然在人数、地位及在华人社会中所起的作用等方面有着一定的差别，但其会馆组织的作用则有相似的方面。在会馆的内在结构上，客家人组织与潮州人组织有所不同，这与客家人社群的特殊性及其与潮州人社群的差别有关，下文将对此详细论及。

客家人社群在新马的会馆组织主要有客属总会及茶阳（大埔）会馆、应和会馆、丰顺会馆等次级会馆。潮州人社群在新马的会馆组织则有潮州八邑会馆及各次级潮属会馆（如潮阳会馆、澄海会馆等）。新马华人社群的社会组织在早期华人南来时，起着安顿新移民，解决工作及帮助新客融入本地的作用。同时，会馆组织另一个重要作用是在新马华人与中国及侨乡的联系中起着接收、传递信息，并进一步组织活动的中间角色，担负着与中国各级政府交涉及沟通的职责。在新马本地，各级会馆组织则起着沟通本地政府与华人社会的桥梁作用。在这层意义

149

---

① Maurice Freedman, "Immigrants and Associations: Chinese in Nineteenth Century Singapore", in William Skinner (ed.), *The Study of Chinese Society: Essays by Maurice Freedman*, Stanford: Stanford University Press, 1979, pp. 61—83; L. W. Crissman, "The Segmentary Structure of Urban Overseas Chinese Communities", *Man*, vol. 2, no. 2, 1967, pp. 185—204; Liu Hong, "Old Linkages, New Networks: The Globalization of Overseas Chinese Voluntary Associations and its Implications", *The China Quarterly*, no. 155, 1998, pp. 582—609; Khun Eng Kuah-Pearce and Evelyn Hu-DeHart, (eds.), *Voluntary Organizations in the Chinese Diaspora*, Hong Kong: Hong Kong University Press, 2006.

上,客属会馆组织与潮属会馆组织的功能及联系方式基本上是相似的,我们从以下个案可见一斑。

(一)赈济家乡灾荒

1947年、1948年间,广东、福建等省发生大水灾,受灾农田面积达8 110 000公顷(121 650 000亩),灾民约4 000万人,粮食总产量只有113 180 000 000千克(226 360 000 000斤)。面对华南水灾,新马的潮州人社会非常重视,并尽力为受灾地区提供援助,这一努力则主要通过各潮籍会馆的联合作用而达成的。1946—1947年,潮州八邑会馆的会议中,讨论最多的事情就是如何救济家乡灾民。客籍会馆也同样不遗余力,为受灾地区尽可能的提供援助。客属总会的会议还讨论了广东、福建两省水灾的详细情况及筹赈华南水灾的具体办法。①

(二)处理会员事务

除了关注侨乡社会整体的社会状况并进行援助外,无论客籍会馆还是潮籍会馆对于会员在国内亲属的日常小事也有所涉及,并尽力予以协助。例如,一客籍会员在中国的祖坟被毁,山地被侵占,客属总会代表会员与中国的有关政府进行交涉。而一些会员因为续租店铺等事件发生纠纷,也是由客属总会出面调解的。② 潮籍会馆在这方面也发挥了同样的作用。例如,潮籍揭阳会馆一会员在国内的侄女被乡人打击及开除工作,该会员因此向会馆求助。揭阳会馆马上致函揭阳县侨联会要求予以协助解决。对于会员在祖籍国产业被侵占及会员遭遇灾难、穷困,会馆也给予协助。③

(三)参与本地社会事务

客籍会馆及潮籍会馆对于本地社会所发生的关系本社群或华人社会的事情也都十分关注。马来西亚广播电台是20世纪50年代新马主

---

① 《南洋客属总会会议记录》,1947年7月4日、19日、21日。
② 《南洋客属总会会议记录》,1947年5月23日,1952年11月25日。
③ 《新加坡揭阳会馆会议记录》,1965年,1948年。

要的、为政府操作的广播电台。1958 年之前,该广播电台的节目分别用广东话、海南话、华语、潮州话、闽南话、福州话和客家话播出。但在 1958 年时,该广播电台决定停止部分方言(潮州话、客家话、海南话和福州话)的广播,这一举措引起了这些社群的反对。为了维护本社群的利益和保持本社群的语言文化,客家人社群及潮州人社群都先后采取措施,反对政府的这一决定。当时的潮州八邑会馆就决定抗议马来西亚广播电台停播潮语节目,各潮籍会馆也都开会响应潮州八邑会馆的主张。与此同时,客属总会也连同其他受影响的方言团体联名向当地政府抗议,最后使得方言广播得以保留 。①

另外,无论客属还是潮籍会馆对华人教育的发展都积极参与。在南洋并没有一所真正的华文大学,因此华校学生到了 1949 年之后就面临无法继续升学的困境。鉴于此,1953 年新加坡福建会馆主席陈六使倡议创办一间华文大学,得到新马华人的热烈支持,各社群的华人都积极响应,并献策献力。潮州人及客家人社群也热心参与其中。当时,各潮籍会馆就纷纷开展捐款活动,为成立南洋大学筹集资金。潮属学校、端蒙学校及义安女校加入成为南洋大学会员,参与了南洋大学的筹建。客属总会也成立募捐委员会,为筹建南洋大学积极募捐。

简言之,在 20 世纪 50 年代之前,作为移居新马的外来社群,客家人社群与潮州人社群同在异乡为异客。生存于异国他乡,他们依然保留着与中国的联系,关注着家乡亲人的近况,但他们又要努力适应及融入当地生活,经历着"在地化"过程。在这一过程中,会馆组织发挥了自己的桥梁作用。它一方面维系着新马华人社群与中国亲人的纽带及与中国各级政府的沟通,另一方面则连接着新马当地政府与华人社会之间的管道。②

因此,从大的历史脉络和整个华人社会内部的发展历程来看,客家

---

① 详见刘宏:《战后新加坡华人社会的嬗变:本土情怀 · 区域网络 · 全球视野》,厦门大学出版社,2003 年版。

② 刘宏:《东南亚华人社团与跨国社会和商业网络:兼论客属与非客属之异同》,见徐正光主编《第四届国际客家学研讨会论文集:历史与社会经济》,台北"中央研究院"民族学研究所,2000 年版,第 379—400 页。

人社群与潮州人社群在新马本地走过的初来定居、融入、"在地化"等路程是相似的。无论客属会馆还是潮属会馆,都不仅起着联系及帮助本社群成员的作用,同时也作为一种观念,借此延续该社群原有记忆及认同。这样一种观念是该社群体现在新马本土的一个象征,从而在新马形成了另一个潮汕或客家,体现了原有传统在新马的重建。但是,在微观层面,客家人社群与潮州人社群之间则表现出一定的差异性。两者的形成历史及其在中国的分布状况的差别导致他们在海外重新建构认同方式之不同。具体而言,新马的潮州人社群更多的是基于一种地域的重建及认同,而客家人社群则是基于一种方言的延续及认同。这与潮州人在中国聚居地的相对集中及客家人聚居地的较为分散之间的差别有关,这又进一步造成了新马潮州人社群及客家人社群在原生性认同、祖籍地联系与跨国网络的建构等方面存在着差异性。

三、我言与我乡:原生性认同及祖籍地联系

原生性认同是人类社会化早期最基础的认同,它是心理学上基本的认同及自我认同的社会解释,它也是区分自我与他者的标志。[①] 原生性认同是指某社群对于该社群最原始的认同,是出于一种原始的情感认同,它既可以是与生俱来的,也可能是后天建构的,因此,认同与现代性之间有着千丝万缕的联系。[②] 就新马的客家人社群与潮州人社群而言,客家人社群的原生性认同更多的是基于方言认同之上的,而潮州人社群则更多的是基于地域认同之上。这一差别是根源于两个社群在中国祖籍地地域含义的不同。

---

① Manning Nash, *The Cauldron of Ethnicity in the Modern World*, Chicago: University of Chicago Press, 1990, pp. 4—5.

② Charles Taylor, "Modernity and Identity", in Joan Scott and Debra Keates (eds.), *School of Thought: Twenty-five Years of Interpretive Social Science*, Princeton: Princeton University Press, 2001, pp. 139—153.

（一）客家与潮州人的不同移居模式

众所周知，客家人先民原系中原人，1 000 多年前为躲避战乱，开始往南迁徙。之后的历朝历代，不断有先民从中原大规模直接迁徙，或辗转迁入，或官宦、贬谪、经商等原因而落居。这些客家人先民定居于沿途各地，并往往与当地原住民有过矛盾及争夺的历史。现在，客家人分布于湖南、江西、广西、广东、福建等地，而其中以广东、福建两地最为集中。正是这种迁徙的历史渊源及分布地的分散性，使得客家人社群对于祖籍地并没有具体的地域概念，而且客家作为一个社群的形成或"客家"概念的出现也有其历史的特殊性。客家并非一个地域或地理的概念，也不是一个以籍贯作为其分类标志的概念。客家作为一个社群或者族群概念的形成也经历了很长的过程。最初可能是 19 世纪后半期关注土客大械斗的一些外国传教士和研究者，开始建立起这样的一个"客家"概念。20 世纪初，温廷敬等人在《岭东日报》上发表了许多文章，讨论韩江流域的地理，也是从"民族"的角度来给"客族"和"土族"划界的。[①] 可见，客家这一概念的形成本身就是与其迁徙的历史，以及在此过程中相对于当地土著人民所产生的联系和冲突有关，而与具体的地理分布与地域概念没有与生俱来的内在联系。空间的相对模糊性成为客家人社群衍生和发展过程中的重要特点，它也有助于超地缘（trans-local）认同和客家精神论说的建构。

与此相反，潮州人居住于潮汕平原历史悠久，其聚居地相对集中于潮汕平原。潮汕平原地处广东省东南部。它东北同福建省的诏安、平和两县接壤，西北与梅州市的丰顺、大埔两县为邻，西接梅州市的五华县和汕尾市的陆河县，东南濒临南海。海岸线陆岸部分，东起饶平的大埕湾，西止惠来县的南海乡，全长 200 多千米。海域有大小岛屿 76 座和南澎、勒门两组列岛，其中最大的是南澳岛，总面积为 104 平方千米。潮汕地区总面积 10 346 平方千米，地势西北高东南

---

① 陈春声：《从地方史到区域史——关于潮学研究课题与方法的思考》，载《潮学研究》，2004 年第 11 辑，第 23 页。

低，所形成的潮汕平原是广东省第二大平原。潮汕人口稠密，以最近几年的统计可知，人口数超过 1 060 万人，其中人口最多的是潮阳市，已超过 200 万人；密度最高的是澄海市，平均每平方千米近 2 000人。民族构成以汉族为主，占总人口的 99.97%。在潮州市境内，还居住着畲民近 2 000 人，分布在凤凰、文祠、意溪等镇的 7 个自然村。因此，潮州人在很久以前就是潮汕平原这片土地的主人，潮州人也是一个带有地缘认同或地域标志色彩的概念，尽管这种地域认同与方言有密切的联系。①

另一方面，客家人作为一个外来社群在华南的出现，导致对资源及居住地的争夺，使潮客两家从一开始就产生了千丝万缕的关系，历史上就曾有潮客之争，而彼此之间的言论之争不时存在。在这种矛盾及不断迁移的历史进程中，也使两者出现了一些交融地带及割不断的关系。例如，在潮客两者交接的地带（如大埔、丰顺等），就既存在着讲潮州话的人群，也存在着讲客家话的人群，或者两种话都讲的人群。但是，因为上述历史渊源，客家人的原生性认同主要是以方言为主，而潮州人则主要是以其原籍地——潮州为主。这一区别也影响到了新马两地的客家人及潮州人社群。

潮州人社群与客家人社群先后移民到新马两地，他们带来了原有的传统、文化及方言，并在侨居地重新建构及诠释对原有社群的记忆。如上所述，潮州人社群更多的是缘于地域的认同，客家人社群则更多的缘于方言认同，并进而以文化认同为其主轴，这一点较为明显地表现在他们侨居地的社群组织的建构模式及其所涉及的活动方式上。由上文可知，就会馆的功能而言，客家人组织与潮州人组织或其他社群组织有相似之处。但从会馆内部的建构模式及各级会馆的所属关系来看，两者之间却有所差别，这就进一步影响了两社群与中国的关系及跨国网络的建立。

---

① 《新加坡潮州八邑会馆成立七十周年纪念特刊》，新加坡潮州八邑会馆，2000 年版，第 191—192 页；李志贤：《海外潮人的移民经验》，新加坡潮州八邑会馆及八方文化企业公司，2003 年版。

（二）客家与潮州人社会组织和认同的不同建构

新马潮州人的社会组织主要是以属于大潮汕地区的潮州八邑会馆以及下面的各个更小的地缘性会馆（如澄海会馆、潮阳会馆等）所组成，这些会馆的组织方式都是以明确的地域区分为标志的。潮州八邑会馆与各级潮属会馆之间是平等而非隶属关系。在某些大事的处理及决策上，潮州八邑会馆起着协调各级潮属会馆的作用。但在另外一些事务的处理上，它们则处于相对独立、互不影响的状态。与此相反，客家人社群的社会组织除了大埔（茶阳）会馆、丰顺会馆等少数是以地域作为其组织标志外，其更为重要的是联合各地客家人的南洋客属总会，它是客家人社群起领导性作用的组织。南洋客属总会成立于 1929 年，侨领胡文虎为第一任会长，下属有 28 个社团。该会成立的原因是由于"客属同侨旅居南洋群岛不下百十万人，素来散漫，未能团结一致，甚为可惜"。其宗旨则是要"联络同属人感情，促进工商业之发展，举办慈善、教育、公益事业"。此外，客属总会还成立代表大会，领导及组织各地分会。先由总会派员前往各埠调查，如无客属公共机关者，应即商同当地吾属贤达，召集会议，筹办分会。各分会成立后，总会定期召集代表大会，借以集思广益，讨论总会、分会一切兴革事项。与潮州八邑会馆不同的是，客属总会是作为一个领导性的联合机构，它包含大部分客属团体，并对它们起领导作用，更多的是一种自上而下的垂直关系。而潮州八邑会馆主要是一个协调性机构，它与属下的 8 个潮属会馆是平行关系，而且它还不包括一些小规模的潮属会馆。

潮州人社群与客家人社群在新马的组织模式也受到原祖籍地观念的影响。以新加坡为例，潮州这一概念最初是由潮安、潮阳、揭阳、饶平、惠来、澄海、普宁、南澳、大埔和丰顺这 10 个行政区域所组成的。后来，大埔和丰顺又被分离出来，成为客家人会馆，而剩下的 8 个地区则构成了新加坡最大的潮州人社团潮州八邑会馆。尽管如此，大埔及丰顺这两个次社群一直都介于潮州人及客家人两个社群之间。在潮州人社群主要的侨刊《潮州乡讯》中，偶有对大埔及丰顺两地的风土民情及文化传统的介绍。在客属总会的会刊上，则有更多此类的文章。此外，客属总会在一些事情的处理上也与汕头侨务局有所联系。例如，汕头侨务局曾去函客属总会，商讨一国内居民携带书籍来新销售的事项。① 可见，新马的潮州人及客家人社会组织虽有明显的划分，但当中不乏交集的部分。而且客家人社群更多的是模糊了地域的概念，即便是有明确的地域标志的大埔、丰顺等组织，因其与潮州人社群有联系，该地域是介于潮州人与客家人主要聚居地之间，潮州人社群的地域认同及客家人社群的方言认同之间的中间地带。

新马的各华人社群都需要维持本社群的凝聚力，以帮助侨民在侨居地的生存和本社群认同的延续。在这方面，潮州人社群与客家人社群的表现不尽相同。潮州人社群主要是着重于向当地潮州人展现家乡——潮州地区的地理环境、风土人情、文化传统等，以寻回潮州人消失已久的模糊记忆或再现家乡情境。在其背后，一个具体的地理概念——潮州，以及附着于其上的人文传统是相当明确的。新马的潮州人社群对其祖籍地的关注，促使了相关信息的流通、媒介的产生。第二次世界大战后，潮州人社会中就流传着《潮州乡讯》，它主要在新马出版和发行，部分消息来源于潮州地区。其内容涉及广泛，包括对国家或地方政治的评论、潮州各地的新闻、南洋各地潮侨的动态；潮州的文化、典故、景物、人物专访和行业特写等。范围涉及政治、经济、地理、历史、文化、教育、风土人情等。主要报道关于潮州地区各具体乡镇的日常新闻、侨眷情况及评论等。家乡这一具体地理空间在该刊中很明显的表现出来，从而为新马潮州人展示了一个具体的家园图景。②

对于祖籍地相对分散及无明确聚居地的客家人社群而言，却不存在类似明显的地理概念，也没有诸如《潮州乡讯》的信息传播媒介。在客属总会的各项讨论议题中，除了大埔、丰顺两个地区外，很少涉及具体的地区事务。它们无法同潮州人社群一样通过一个具体的家乡概念及其文化传统来号召及团结本社群人民，而只能从精神层面上提出一种具有客家人特征的"客家精神"，以作为凝聚本社群成员

① 《南洋客属总会会议记录》，1947 年 4 月 30 日。
② 参看本书第三章。

的一种重要力量 。

从对侨乡影响的方式来看,潮州人社群大多是采取单独行动的方法来参与侨乡的政治与经济活动,而且其面对的对象也多为家乡的地方政府。客家人社群则不然,他们倾向于采取联合行动的方式来对侨乡施加影响,而面对的对象也是较大的侨乡区域。例如,前面提及的赈济华南水灾的事情,潮州八邑会馆较为积极主动的筹备,而且交涉的对象除了广东省政府之外,还包括潮汕各级地方政府,所关注的重点主要是潮汕地区各乡镇的受灾情况。虽然客属总会也努力筹款赈灾,但其态度却相对被动。当中国侨委会来函请求客属总会帮助救灾时,理事会表示"一俟总商会或其他团体发动时,襄助之"①。可见,在救灾事务上,客属总会显得并不积极主动,在中国侨委会的促请下,还要等其他团体发动时,再进行协助,而且客属总会并没有一个具体的资助地方,且只集中于华南地区,而沟通的对象也只是广东省政府或中国侨委会。

潮州人社群在历史上的产生及发展是与其聚居地——潮汕平原紧密地联系在一起的。它们是这片土地上的主人,并在这里生存发展,对于本社群的认同更多的是对其原乡的肯定。客家人社群则与之相反,客家人社群是在不断迁徙中产生的,在这一迁徙的过程中,他们定居于沿途的不同地方,因此也使其聚居地显得相对分散。因此,对于本社群的认同就更多地依赖于在这一过程中所产生的共同语言——客家方言。当两个社群的移民移居海外时,这一历史渊源及差别也被带到了海外。就新马的潮州人社群及客家人社群而言,前者无论在会馆的组织模式、具体活动及与侨乡的联系上,都具有明显的地理概念,主要关注点是祖籍地潮州各乡镇。客家人社群则更多的是模糊了地域的界限或者说没有一个确定的地理依托,关注的是更为广泛的区域空间或本社群的实体。这种差别使得客家人社群不像潮州人社群那样的执着于一个具体的地域,其观念和活动都具有跨地域化和泛华化(trans-local and pan-Chineseness)的特征,这也有助于客家人社群突破具体的地理

---

① 《南洋客属总会会议记录》,1949 年 8 月 14 日。

空间的限制,构建区域化或全球化的跨国网络。

四、"在地性"与全球性：客家人作为跨国网络的先驱者

作为新马华人社会的重要组织,华人社团在纵向交往及横向联系两个层面上起到了关键作用。从前者来讲,华人社团在一个国家内部,联系了特定的方言、地缘、血缘和业缘的个人与群体,进而成为他们的代言人。在横向联系上,华人社团则建立起广泛的跨国网络,为促进海外华人之间,以及他们与侨乡之间的联系,发挥了不可忽视的作用。对方言认同相对强于地域归属的客家人社群而言,其在新马的"在地化"及跨国网络的建构过程中都表现出该社群的相对特殊性,也更容易建立起多重身份的认同模式。

以新马的客家人会馆为例,其在组织及活动上就与其他社群略有不同,更容易突破单一社群的限制,而与其他的社群组织有所联系。新加坡丰顺会馆就是个典型例子,丰顺是广东的一个县,方言以客家话为主。1958 年丰顺会馆拥有 1 009 名会员。它同时属于新加坡两大帮：客家帮(方言群体)和广东帮(地缘群体),而且它也曾一度包含于潮州十邑之中。同时,它亦是一个代表新加坡客家人和广府的十六间会馆的福利、安葬服务机构——绿野亭(广惠肇碧山亭的前身)的成员。[1]此外,它还是丰永大公司(由丰顺、永定、大埔这三个客籍会馆建立和支持的商业机构)的成员。可见,丰顺会馆与其他社群组织都存在着一些联系,这些关系包括不同的层次,同时围绕着方言、地缘和行业的准则为中心,而并不再单单局限于地域的标志,这种多层次、多社群间的关系正是受该社群自身特征的影响。[2]

---

[1] 曾玲、庄英章：《新加坡华人的祖先崇拜与宗乡社群整合：以战后三十年广惠肇碧山亭为例》,台北唐山出版社,2000 年版。

[2] 《丰顺会馆会议记录》,1958 年 6 月 15 日。Liu Hong and Wong Sin-kiong, *Singapore Chinese Society in Transition：Business，Politics and Socio-economic Change，1945—1965*，New York：Peter Lang Publishing, 2004.

相对潮州人而言,新马的客家人社群与其侨乡联系较弱,而与国家(中国)政治联系较强,客家人也是东南亚华族中较具有意识形态与民族意识的社群。早在第二次世界大战之前,"客籍精神论"就被提出并得到客家人社群的广泛接受。胡文虎 1938 年就指出,客家精神包括:"刻苦耐劳、刚强坚忍、团结奋斗、冒险创业。"他进而强调,这种精神"可扩而大之,使成为中华民族之精神可也。或善而运用之,使成为救国精神,亦无不可也"①。正是在这种观念的指导下,客属社团较其他纯粹地缘性或业缘性团体更容易超越地域的局限,将本土关怀转化为国家理念。在第二次世界大战后初期,这种国家理念可以呈现为两个层次的内容。一种是"在地化"的导向和对当地政治事务的热情参与,另一种则是对祖籍国政治发展趋势的关注。

在新马华人社会,客家人社群相对于其他社群更热衷于参与当地的政治事务。例如,马来西亚共产党的成员中客家人占了相当大的比例。② 在 1955 年新加坡大选中,李光耀回忆道:"最热烈支持我的是客属总会和它的属下团体,如茶阳会馆。"③在李光耀的历次出访各国时,客属总会都会发表声明预祝他出访成功或访问归来。到了 1959 年新加坡获得自治,人民行动党掌权之后,新马是否合并成为当时政坛的重要课题。在 1962 年人民行动党与社会主义阵线(社阵)的冲突与对峙中,客属总会对人民行动党的策略给予全力支持,并由此而获得新加坡总统颁发的马来西亚服务勋章。④ 因此,客家人社群在移居地的"在地化"过程中,积极参与到本地的政治事务中,影响着当地的政治走向。这固然与客籍的领袖人物李光耀的号召力密切相关,但主要的原因是源自上述所分析的该社群相对边缘性和"泛华化"倾向,使其更容易上

---

① 《星洲日报》,1938 年 11 月 29 日。

② 马来西亚槟州前首席部长林苍佑回忆道:"为什么比较多的海南人及客家人参加马共? 那是因为他们觉得受到英国人的歧视和被人认为是下层的人,因此不满现实而投身革命。"(谢诗坚同林苍佑的访谈,http://seekiancheah.blogspot.com/2000_02_01_seekiancheah_archive.html)。

③ 李光耀:《李光耀回忆录,1923—1965》,新加坡联合早报,1998 年版,第 216—217 页。

④ 《南洋客属总会会议记录》,1964 年 5 月 10 日。

升到对较大区域或国家层面事务的关注及参与。

如前所述,客家人社群与其他社群的差异之一,表现在对侨乡与国家的态度上。尽管客属团体的家乡观念似乎弱于潮州、福建或广东等地缘性团体,但他们却较容易将地方性的认同转化为超地域或全国性的认同。例如,1938 年成立的南侨总会(由闽籍人士陈嘉庚等人领导),最初目的是为了"保卫华南"。相对而言,客属团体对侨乡地方事务的参与程度则较福建籍团体为逊色;一些事例显示某些客属机构对侨乡政府的要求以不同理由加以拒绝。① 然而,客属团体在建构与中国国家的关系时,较容易超越地域观念而形成全国性的民族主义意识。例如,南洋客属总会在发布的《筹赈祖国难民大会宣言》中明确表示,"要抢救祖国、要解放民族,只有一个团结的办法";只有通过这种大团结,才能保护"吾属福利"。②在欢迎中国专员的大会上,丰顺会馆主席谭光辉强调,必须"充实全面抗战的力量",而非仅仅保卫华南,他还指出:

> 我们要想,有国然后才有家……我们要明白,就是有了小团结,才有大团结。我们现在救乡,算是致力于小团结,应该把我们基础建筑坚固,统一我们阵线,作国家强有力后盾,才算尽了我们的责任。③

在中华人民共和国成立初期,客属总会也较为关注沿海地区台海之间的局势,但由于其没有一个相对集中的祖籍地,所以无法明确局势发展所带来的对具体地域的影响,因此往往只是附和于其他社群所发出的声明。例如,针对福建会馆来函决议通电呼吁台湾当局飞机停止滥炸学校及平民事,客属总会原则上赞同函复该会馆。④ 另一方面,潮

---

① 《南洋客属总会会议记录》,1947 年 1 月 10 日;《新加坡丰顺会馆会议记录》,1940 年 11 月 18 日,1948 年 10 月 18 日。

② 《新加坡南洋客属总会十周年纪念特刊》(新加坡,1939)。

③ 《新加坡丰顺会馆会议记录》,1939 年 1 月 10 日。

④ 《南洋客属总会会议记录》,1949 年 12 月 20 日。

州人社群的表现则有所不同。该社群对中国事务的参与更多的是出自于对本社群利益或侨乡状况及侨眷处境的关心。

因此，自身的相对边缘性和超地域的观念使得客家人社群更容易突破具体地理空间的限制，而上升到对区域或国家层面的关怀。客家人社群在新马华人社会的影响力、资源占有等方面并不占主流地位。这一非主流地位所带来的不利处境，加之其本身所具有的祖籍地分散性特征及其对华人性的强调，使得客家人社群更倾向于通过方言的纽带来建立联合性乃至全球性的联合组织，并成为海外华人中最早走上全球化道路的次族群。

1971 年 9 月 28 日，第一届"世界客属恳亲大会"在香港举行（以后每隔两年在世界各地轮流举行）。相对于 1981 年才召开的第一届"世界潮团联谊会"，1994 年的第一届"世界福建同乡恳亲大会"等，客家人社群是最早举行世界性恳亲大会的社群之一。这些世界性的恳亲大会是发生在多元化的环球世界中的一种结构和文化的变迁，它成为海外华人社团全球化的机构性基础。对传统的海外华人社团组织而言，它不仅是一种历史性的再生与社会重建，而且也代表一种经济的扩展和文化的认同，并扮演了三个重要角色：① 全球化作为建立联络与培养信用的管道；② 全球化作为投资与慈善活动的机构性建制；③ 全球化作为塑造社群认同的文化土壤。

从笔者所能搜集到的历届世界客属恳亲大会及世界潮团联谊会的资料概况中可以看出（见表 7-1,7-2），在会议举办地点上，客属恳亲大会的举办地较为广泛，除了在客家人较为集中的东南亚国家和中国的台湾、广东、福建外，也遍及海外其他地方及中国的其他地区（如四川）。与此相反，世界潮团联谊会除了少数的几次外，大部分都在潮州人集中的东南亚地区及潮州人的故乡举行。从会议的主题上看，历届潮团联谊会最为强调的是"乡谊"，主要以促进家乡的经济、社会发展为目的。而客属恳亲大会除了倡导"乡情"外，则更为强调客家人社群的世界性及全球合作，如"团结、发展"，"和平开拓、迈向世界"，这可以说是第二次世界大战前客家人所一再强调的客家精神和泛华化特征的延续。

161

表 7-1　历届世界客属恳亲大会回顾

时　间	地　点	主　题
第一届　1971 年 9 月 28 日	中国香港	—
第二届　1973 年 10 月 5—8 日	中国台湾台北市	—
第三届　1976 年 10 月 7—9 日	中国台湾台北市	—
第四届　1978 年 9 月 29 日至 10 月 2 日	美国旧金山	—
第五届　1980 年 10 月 3—7 日	日本东京	—
第八届　1982 年 9 月 25 至 26 日	泰国曼谷	—
第七届　1984 年 10 月 7—9 日	中国台湾台北市	—
第八届　1986 年 5 月 19—22 日	毛里求斯首都波累市	—
第九届　1988 年 10 月 21 至 22 日	美国旧金山	—
第十届　1990 年	马来西亚沙巴州首府亚庇州	—
第十一届　1992 年 10 月 6—8 日	中国台湾高雄市	—
第十二届　1994 年 12 月 6—8 日	中国广东梅州市	—
第十三届　1996 年 11 月 9—12 日	新加坡	扩大亲情、发扬传统
第十四届　1998 年 10 月 6—8 日	中国台湾台北市	—
第十五届　1999 年 11 月 4—7 日	马来西亚吉隆坡	增进客属乡谊、加强经济联系
第十六届　2000 年 11 月 19—21 日	中国福建龙岩市	团结·发展
第十七届　2002 年 11 月 2—6 日	印度尼西亚雅加达	和平开拓、迈向世界
第十八届　2003 年 10 月 26—28 日	中国河南郑州市	联谊、寻根、合作、发展
第十九届　2004 年 11 月 18—20 日	中国江西赣州市	客家亲·摇篮情
第二十届　2005 年 10 月 12—14 日	中国四川成都市	天下客家·西部情缘、全球客家天府情缘、恳亲联谊合作发展

资料来源:各客家网站。

表 7-2　历届世界潮团联谊会回顾

时　间	地　点	主　题
第一届　1981 年 11 月 19—20 日	中国香港	敦睦乡谊,加强团结,促进贸易,发扬互助精神
第二届　1983 年 11 月 19—20 日	泰国曼谷	加强联系,紧密合作,促进经济建设,推动国际贸易

时 间	地 点	主 题
第三届 1985 年 11 月 19—20 日	马来西亚吉隆坡	巩固联系,开创互惠互利新领域
第四届 1987 年 11 月 18—19 日	新加坡	发扬乡谊合作精神,促进经济文化交流
第五届 1989 年 11 月 18—19 日	中国澳门	增强乡谊、弘扬文化、促进工商、服务社会
第六届 1991 年 9 月 2—3 日	法国巴黎	敦睦乡谊、弘扬文化、促进工商、造福社会
第七届 1993 年 9 月 5—6 日	美国加州圣荷西市	增进乡谊、弘扬文化、推广工商、繁荣社会
第八届 1995 年 12 月 1—2 日	中国香港	敦睦乡谊、弘扬文化、促进工商、服务社会,培育新俊,继往开来
第九届 1997 年 11 月 18—20 日	中国广东汕头市	敦睦乡谊,共谋发展
第十届 1999 年 10 月 16—18 日	泰国芭堤雅	—
第十一届 2001 年 10 月 18—21 日	中国北京市	爱我中华,敦睦乡谊、加强交流、共谋发展
第十二届 2003 年	新加坡	投资狮城:走向世界的平台
第十三届 2005 年 11 月 29—12 月 2 日	中国澳门	增强乡谊、弘扬文化、促进工商、服务社会

资料来源:历届世界潮团联谊会会刊。

人类学家阿帕杜莱写道,对于移民而言,"故乡是部分地创造出来的,它只存在于非领土化的集团的想象之中"[①]。华人社团全球化的进程将某些海外华人的"故乡"从想象变成现实。长期以来,客家人一直缺乏一个能被集体认同的故乡。因此,其更为迫切地需要一种全球化的联谊组织来明确其对本社群的身份意识。而在此基础上,客属社团又组织了历次有类似意义的全球化活动,并构建起跨国商业网络。例如,客联会从第十届开始,前后五次组织寻根谒祖团前往闽西石壁村(客家文化的发祥地)及河南中原地区寻访客家远祖事迹,这五次寻根

---

① Arjun Appadurai, "Global Ethnoscapes: Notes and Queries for a Transnational Anthropology", in Richard Fox (ed.), *Recapturing Anthropology: Working in the Present*, Santa Fe, NM: School of American Research Press, 1991, pp. 191—210.

之行使世界各地客家人互相认识交流,不仅交换了各地客家讯息,也加强了精神凝聚,并加强了全球客家人的联系。此外,在乡贤姚美良的倡导下,客联会也计划在扬州设国际客家工业城,该工业城的筹建资金来自东南亚、美国、加拿大各地的客家人资金,以求集合客家人的资金"走向世界"。而从工业城的选择地点——扬州可看出,客属组织在构建其跨国的商业网络时与潮州人不同,并非局限于传统的客家主要聚居地,如广东、福建等,而是超越了地域的限制,更为商业化与国际化。① 2010 年 11 月底于广东河源举行的第 23 届世界客属恳亲大会宣布了"世界客家播迁路"活动将在全国客家地区和海外全面展开,以河南客家祖根为起点,跨越豫、赣、闽、粤、港、澳等地,涵盖五大洲近百个国家,将成为规模最大、里程最长、涵盖国家最多的全球性文化交流活动。②

总之,客家人社群较潮州人社群及其他社群更容易倾向于建立跨国性的全球化联系网络。这种网络的建立,在现实上可以使处于少数地位的客家人社群凝聚各方力量,寻求更好的发展。在观念上则可以使他们相对模糊和分散的原乡意识及社群意识具体化,通过方言的纽带来维系该社群的凝聚力。因此,无论在"在地化"或全球化的过程中,客家人社群的跨地域特征都使其较潮州人社群更容易成为一个跨国界的社群。事实也是如此,处于少数地位的客家人社群已成为华人社会中第一个跨越国界、建立全球性社群联系的社群。

五、结　语

新马的客家人社群与潮州人社群一样,都是移居海外的移民社群,加之两者在祖籍国中国的关系,既冲突又有所联系,因此它们在新马本地的重构及发展有其相似的地方,并在某些方面有所交融及合作。而伴随着中国及新马的政治发展的不同走向,潮客社群也都经历了从"落叶归根"到"落地生根"的转变过程。但是,相对于潮州人社群而

---

① 此议题是客联会的重要事务,但由于倡导人姚美良的去世而无法如期进行。
② 《海内外 6000 多客家人广东河源共话乡情》,http://www.gd.xinhuanet.com/newscenter/2010 - 11/30/content_21517672.htm。

言,客家人社群是处于其他主要社群之边缘,加之其原祖籍地的分散性,使他们更多的是强调其本身的方言。而正是这样的特征,使得他们无论在侨居地内部还是跨国联系上,都更容易突破本身社群及地域的限制,形成一种更广阔的眼光及理念。在地方上,他们更多的是强调自身的华人身份,与其他社群组织进行多层次的合作,并积极参与本地的政治及社会活动。在与祖籍地和中国的联系上,他们也更容易突破狭隘的地域限制,建立一种更为区域化及全国性的关怀。在此基础上,他们也就更容易建立起一种超越地域的全国性乃至全球性的客家人认同及联系的网络,并在全球化背景下建构起基于地方、全国、全球、祖籍地之间的多重网络联系及超地域的文化认同。可以说,地方化、全国性及跨国化这三者是紧密联系的。在中国各地的跨省流动使得客家人社群在新马本地也成为一个相对分散及跨社群的群体。而这又促使他们更加争取政治上的地位及参与当地社会事务,由争取本社群的权益进而形成国家层面的关怀。在此基础上,他们自觉或不自觉地形成全球客家联谊及团结的意识,由此导致地方、全国、全球之间的相互影响及紧密联系。

必须说明的是,客家人的身份认同亦深受当地政治和社会脉络的影响和制约。例如,在有关印度东北部加尔各答客家人社群认同的研究中,奥克菲(Ellen Oxfeld)指出,族群认同不仅仅是指一个群体选择如何界定自身,而且也包括他人对其的界定。族群认同是对话式的或反射性的,它"通过自我族群与他人之间的持续对比而产生、维持并且重新得到肯定"。她强调加尔各答客家人认同赖以建立和维持的三种因素:"国家和民族政治、一种依据种族不同而建立起来的分层经济以及拥有以纯洁与否为判别标准的宗教体系的东道国社会。"①陈志明的研究揭示了海外华人跨国性与地方化之间复杂的关系,后者是华人社会变迁中的重要动力。② 柯雪润(Sharon Carstens)在分析华人文化

① Ellen Oxfeld, "Still 'Guest People': The Reproduction of Hakka Identity in Calcutta, India", in Constable (ed.), *Guest People*, pp. 149—175.

② Tan Chee-Beng, *Chinese Overseas: Comparative Cultural Issues*, Hong Kong: Hong Kong University Press, 2004.

（中国大陆、香港、台湾）对马来西亚华人认同的影响时也指出，在探讨跨国因素对华人社会认同的影响时，还必须考虑到不同社群内部的特性及所受到的居住地外部环境的牵制。在台湾地区，地缘性的模糊和相对的边缘性似乎也会导致对自身的次文化和社群性的强调，并成为政治参与的重要机构性基础和论说依据。①

流动性是客家人社群的特殊性之一，这使得他们在世界移民史的研究中具有一定的参考价值。不同于其他的社群，客家人社群一直处于不停移动的状态，同时也处在其他主要社群的边缘。因此，无论在中国境内，还是移居海外，作为一个后来者以及少数社群，客家人社群并没有整合于其他的社群之中，而是保存着他们居住北方时所流传下来并在此基础不断发展起来的客家方言。客家人社群并不像潮州、福建、广东社群那样强调自己的次社群身份及认同，而更多的是对自己华人身份特征及认同的重申。因此，相对于潮州人社群和其他次社群（如闽南人）而言，新马的客家人社群具有两个比较明显的特征，即方言认同强于地缘认同，以及身份认同的超地缘性及泛华化。正是这种对普遍性的强调和论说构成了客家人的特征之一。

将客家人社群与潮州人社群进行比较研究，使我们得以理解不同社群本身所具有的特征，而不再将新马华人社群视为铁板一块，过多地强调其共性，而忽略了其特殊性。同时，也有助于可以重新审视在全球化背景下的不同社群如何利用原有的历史资源，建构起跨国网络联系，使自身更为适应变迁的环境，并寻求新的发展空间。

（本章初稿刊于刘宏、张慧梅：《原生性认同、祖籍地联系与跨国网络的建构：第二次世界大战后新马客家人与潮州人社群之比较研究》，载《台湾东南亚学刊》，2007 年第 4 卷第 1 期，第 65—90 页。）

---

① Sharon A. Carstens, "Constructing Transnational Identities? Mass Media and the Malaysia Chinese Audience", in idem, *Histories, Cultures, Identities: Studies in Malaysian Chinese World*, Singapore: Singapore University Press, 2005, pp. 177—198.

Ⅲ　跨国华人与崛起的中国

第八章
高技术新移民的跨国实践与人才环流
——中国、英国、新加坡的比较研究

一、引　言

　　自 1978 年改革开放以来,源自中国的新移民人数已达 600 万,成为 4 500 万全球华侨华人人口中的重要组成部分。[①] 笔者认为,新移民大致包括四种类型:留学生移民(在海外受教育后合法定居当地或移民第三国);技术移民(因为本人的教育、经历或技术专长从中国移居海外);通过家庭、婚姻关系的连锁移民以及非法移民。前两种移民又可被称为具备"可携带技能者",而后两者大多是劳工或体力劳动者。与中国历史上大规模的海外移民以东南亚为主要目的地不同,当代华人新移民以北美、欧洲、澳洲等发达国家和地区为首选。在亚洲区域内,日本、新加坡等发达国家则成为华人移民的主要移居地。在中国崛起和全球化日益深化的新形势下,如何理解新华人高技术移民在欧美和亚洲这两类不同区域的发展模式及其跨国实践,并进而把握全球华人社会的未来走向,是学术界需要面对但尚未回答的问题。与此同时,吸引高层次海外华人创新人才回国或为国服务,这是中国政府近年来极力推动的一项战略决策。2003 年,全国人才工作会议和党中央、国务院《关于进一步加强人才工作的决定》,提出把引进海外高层次人才作为实施人才强国战略的重大举措。中共中央组织部部长李源潮指出:"人才是先进生产力,是拉动科学发展的第一要素,人才竞争力是一个

---

　　① 　中国新闻社:《2008 年世界华商发展报告》,中国新闻社,2009 年版。

国家和地区的核心竞争力。"①了解英国和新加坡在吸引全球人才的经验和政策以及华人新移民的回应,对进一步推动中国的人才战略也有重要的政策意义。

本章对 1990 年以来,中国和英国、新加坡两国政府对高技术新移民(highly skilled migrants)的政策演变及其对在英、新两国华人社群建构的影响进行比较分析。1990 年,对于英、新两国的华人新移民而言都是具有转折意义的。首先,华人新移民是自改革开放后开始形成的,20 世纪 80 年代的留学生逐渐转型为移民群体,技术移民和其他类型的移民也逐渐产生。在经历了 10 余年的发展后,新移民群体到了 90 年代已形成一定的规模,对所在国和中国开始产生影响。其次,1984 年《中英联合声明》签订和 1990 年有关香港问题的《基本法》通过之后,中英两国关系迅速发展,并在 21 世纪初建立"全面战略伙伴关系";而全球金融危机使两国的合作深度和广度进一步加强。1990 年中新正式建交后,两国在外交、经济和民间的合作与交流广泛而深入地展开。这些都为新移民的产生和壮大,以及密切同中国的关系创造了不可或缺的条件。

本章所指的高技术新移民,大体上包括前文提及的具备"可携带技能"的移民。在中国政府的政策界定中,他们包括公派或自费出国留学,学成后在海外从事科研、教学、工程技术、金融、管理等工作并取得显著成绩,为国内急需的高级管理人才、高级专业技术人才、学术带头人,以及拥有较好产业化开发前景的专利、发明或专有技术人才等。② 这个定义的外延与英国政府近年来实施的"高技术移民项目"(HSMP)有某种相似之处(详见后述)。据国侨办统计,目前海外华侨华人中的各类专业人士约有 60 万人,其中相当一部分是近 30 年来走出国门的

---

① 李源潮:《充分发挥人才在科学发展中的第一资源作用》,载《人民日报》,2009 年 2 月 17 日。

② 根据人事部 2007 年 1 月颁布的《留学人员回国工作"十一五"规划》,高层次留学人才有三类:① 能够推动中国的科技进步和社会发展,增强国家创新能力,赶超世界先进水平的人才。② 能够加强中国和世界的紧密联系,扩大中国与世界政治、经济、社会、文化交流的人才。③ 新一轮全球生产要素优化重组和产业转移需要引进一大批金融、法律、贸易等领域的高级经营管理人才。

留学人员，主要分布在发达国家。①

　　本章以多点的"田野研究"（multi-sited ethnography）为主要方法，透过在英国、新加坡和中国的长时间的跟踪调研和访谈，分析华人新移民及其作用。从理论的角度来看，跨国性（transnationalism）的理论有助于理解新移民及其在中国的全球化中的地位。如第一章所述，该理论关注的是那些在跨国活动的进程中，将其移居地同自己的或父辈的出生地联系起来，并维系多重关系的移民群体。他们的社会场景（social field）以跨越地理、文化和政治的疆界为特征。作为跨国移民（transmigrants），他们讲两种或更多的语言，在两个或更多的国家拥有直系亲属、社会网络和事业；持续的与经常性的跨界交往成为他们谋生的重要手段。在 20 世纪 90 年代，跨国性理论关注的是移民的主体性和其积极贡献，近来的研究则强调了政治和国家的作用，认为"由此及彼"的联系受到多重政治力量的影响，国家及其政策对移民的跨国活动有着明显的制约性。新的理论趋势还强调跨国移民发生于流动的社会空间之中，这些空间由于移民在两个或更多的社会中的"同步嵌入"（simultaneous embeddedness）而不断地再造。② 与此同时，近年来国际上有关人才的研究也从过去的"人才流失"（brain drain）和"人才回归"（brain gain）的二元对立范式发展到"人才环流"（brain circulation）的新取向。该理论的倡导者加州大学资讯学院院长萨斯妮娅（AnnLee Saxenian）通过对加州硅谷的华人和印度科技人才及其同母国的关系的分析，强调通过人才环流，高科技人才对移民的输出和输入国双方都作出了重要贡献。③ 不过，该理论对祖籍国和移居国之外的第三国的影响并未论及，亦缺乏不同华人社会之间的比较观察，是一项缺憾，本文尝试对此加以弥补。

---

① 《人民日报》（海外版），2007 年 5 月 23 日；王辉耀：《人才战争》，中信出版社，2009 年版。

② Peggy Levitt and Nadya Jaworsky, "Transnational Migration Studies: Past Developments and Future Trends", *Annual Review of Sociology*, no. 33, 2007, pp. 129—156.

③ Saxenian, AnnLee. *The New Argonauts: Regional Advantage in a Global Economy*, Cambridge: Harvard University Press, 2006.

本章第一部分"作为新移民精英的跨国华人",概述新移民及其核心群体——跨国华人的特征。第二部分"跨国场景下中国国家政策",考察了中国政府为主动吸引新移民为国服务而采取的多种政策,并分析了华人新移民在面对跨国主义与民族国家这两者互相矛盾的逻辑中,所作出的反应。第三部分"政策与社群",主要分析英、新两国近20年来有关移民(和留学生)的政策,以及两国华人社群的差异性(在总人口中所占的比例,以及同主流社会的关系),这成为比较两国新移民的出发点。第四部分"组织与个人",探讨英国和新加坡华人高技术移民的社会构成,尤其注重其"非地域性"(de-territorization)的特征,并分析全球化场景下英国和新加坡之间华人新移民的跨国移动模式。第五部分"比较与结论",总结英国和新加坡华人新移民之异同及其对中国国际人才战略的政策性启示。

二、作为新移民精英的跨国华人

(一)华人新移民:简要回顾

中国人的国际性移民大致可分为三个不同的阶段:在第一阶段(19世纪50年代至20世纪50年代),大量中国人(以劳工为主)从华南地区迁往海外,绝大部分集中在东南亚地区。在第二次世界大战结束之前,他们中的大多数人视自己为"华侨",在政治与文化上都倾向于中国(无论是作为一个民族国家还是作为一个祖籍的故乡,即侨乡)。

在第二阶段(1950—1980),发生了两大变化:一是新的华人特征的出现,二是移民的移出地在地域上的不同。海外华人中绝大多数已是移民的第二代或第三代,自1949年中华人民共和国成立后,中国人向海外的迁移中断了,在这一时期,鲜有新的中国移民注入。华侨渐渐变成了华人,他们中的大多数获得了当地的公民身份,并且在政治上效忠于居住国。他们的认同感也相应发生了转变,这可用两个中国成语来形容:落叶归根,是指海外华人仍然效忠于祖国并且希望(通常是徒劳的)回到祖国;落地生根,是指适应当地,包括永久居住在海外,放弃中国公民身份,但仍然保存华人的生活方式与文化价值观。另一方面,在这时期,不

少香港和台湾地区人迁往海外,成为华人移民的新来源,东南亚华人也进行了再迁移,与他们交汇在一起。与第一时期的中国移民不一样,他们中的绝大多数选择将北美、澳洲与西欧作为最终目的地。①

在第三阶段也就是最近的时期(1980 年至今),从中国大陆迁出的新移民在华人移民总体中所占的比例上升,而上一个阶段已经出现的移民再迁移趋势仍然在延续。21 世纪初,在中国大陆、香港、台湾、澳门以外居住的华人达到了 4 500 万。从 20 世纪 80 年代开始,海外华人的人口数量和分布就发生了显著变化(详见下文)。不仅仅是人口加速增长(尤其是在工业化国家),他们的地域分布也出现了重大变化,北美、欧洲与大洋洲的比例加大,亚洲的比例相应减少。导致这一重要变化的因素很多,包括人口的自然增长、东南亚华人的再迁移等。然而,关键因素之一,在于从中华人民共和国迁出的新移民成为这一变化的推动力。

学者们通常认为,新移民是指 1978 年中国开始经济改革后,永久或半永久性地迁居国外的中华人民共和国公民或原公民。本章将新移民主要分为四个群体:留学生移民,即那些赴国外留学或进修,但毕业后更稳定、更长久地待在国外的原中国留学人员;专业技术移民,即那些由于教育背景与职业经历而迁往海外特别是西方国家的移民;亲属移民,即因家人、亲戚是外国人或是永久居民,而随之一起迁往国外的移民,日益增加的跨国婚姻也是其中一部分;非正常渠道或非法移民,即偷渡去海外的移民与签证过期、逾期逗留的移民。

首先来看看留学生移民。1979 年,在中国改革开放政策出台后不久,中国开始向海外,尤其是向工业化国家派遣学者与学生留学,希望跟上科技领域的最新发展。根据 2006 年年底教育部的统计,1978 年以来留学海外的中国学者与学生超过 100 万人,其中大约 20 万人已经

173

---

① Wang Gungwu, *Don't Leave Home*: *Migration and the Chinese*, Singapore: Times Academic Press, 2001; Liu Hong, "Introduction: Toward a Multi-dimensional Exploration of the Chinese Overseas", in Liu Hong, ed., *The Chinese Overseas*, *Vol*. 1: *Conceptualizing and Historicizing Chinese International Migration*, London and New York: Routledge, 2006, pp. 1—30.

回国。[1] 在原留学生与他们的直系亲属中，至少有 50 万人可能已成为他们各自所居住国家的合法居民。至于专业技术移民，一些实例有助于我们进行有根据的推测。在 2000 年，有 4 万中国大陆居民移民加拿大，占加国该年新移民总数的 20% 以上。2001 年，在加国 250 386 名新移民中，有 40 282 名是中国移民。[2] 仅在 2005 年第三季度，就有 11 161 名中国大陆公民移居加拿大，成为该国最大的移民来源。正如所预料的那样，专业技术人员形成了新移民的主体。如果可以将这些数据作为一种推论依据，那么在最近 10 年中，也许有超过 25 万的中国专业技术人员移居加拿大。再加上那些前往美国、澳大利亚与欧洲的移民，保守估计，在过去 20 年中，中国的专业技术移民总体人数大约为 50 万。

亲属移民已成为贯穿中国国际化移民史的一个显著特点。早期移民的集中地在华南地区（广东、福建与浙江），考虑到这一事实，那么亲属移民主要来源于海外华人的这些传统家乡（侨乡）就不令人感到惊奇了。劳工移民包括两种类型，合法的（通过政府机构正式安排或个人通过职业介绍所安排，后一类型中的极小比例在海外定居了）与不合法的，他们中的绝大部分属于佣工。报道显示，中国每年输往国外的合同劳工超过 40 万。[3] 非法移民主要来自华南地区，偷越过国界，在美国、日本、欧洲或澳大利亚等国找寻出路。据美国官方资料显示：在 20 世纪 90 年代，每年约有 10 万中国非法移民进入美国。另一报告显示，每年大约有 30 000～40 000 名中国人被非法带入美国，与进入欧洲的华人非法移民数目大致相同。[4]

华人新移民又可细分为两大类：一类是拥有可携带技能的移民，如留学生移民与专业技术移民；一类是体力劳动者，如大多数亲属移民和

---

[1] Li Yanhua Dannie, "Dashing Out and Rushing Back: The Role of Chinese Students Overseas in Fostering Social Change in China", *Asia Pacific: Perspective*, vol. 6, no. 2, 2006, pp. 34—39;《人民日报》(海外版),2007 年 2 月 27 日。

[2] 秦欣编辑:《中国移民 4 万多加拿大去年吸纳逾 25 万移民》,见 http://www.chinanews.com.cn/2002-04-19/26/179506.html。

[3]《北京青年报》,2002 年 2 月 5 日。

[4] Liu Hong, "Introduction: Toward a Multi-dimensional Exploration of the Chinese Overseas", *Far Eastern Economic Review*, June 24, 1999.

几乎所有的非法移民都属于此类。前一类型的移民具备在东道国生存和发展所必需的职业与交流能力，而后者类似于流动性的无产阶级，他们本质上是弱势群体，缺乏经济来源，交流技能极为有限。

必须说明的是，与全球移民相比，中国新移民的规模并不大，尤其是比照中国国际移民的悠久历史与国家的人口总数，这一流动就更不算什么了。新移民的总数仅占中国人口总数的 5% 左右。与同时期的国际移民总数相比，中国国际移民的总数也是微不足道的。然而，与中国前 30 年的国际移民相比，近来移民出境增长的趋势较快，值得我们重视并关注这一现象的理论与政策的含义。

（二）人口分布模式与理论概念

中国新移民群体在全世界范围内的出现，对散居在海外的华人以及他们与中国的联系，都形成了重要的、多层次的影响。首先，移民的新趋势，使得在国外散居的华人，无论是在来源地还是在海外居住地的地理分布上，都逐渐发生了改变。这一新模式以移民来源地的多样性与其在海外分布的相对集中性为特征。尽管近期许多移民仍是来自华南地区的传统侨乡，但来自其他地区的移民比例也出现了明显的增长。同时，西方工业化国家成为移民的主要目的地，这就减少了在东南亚这一传统集中地的中国移民比例。

在中国国际移民史的前两个阶段（在 20 世纪 80 年代之前），出境移民的绝大多数来自华南地区。但新移民的来源地呈现出多样性，几乎遍布全国。以海外留学生为例，大多数来自于中国北部与东部的大城市，如北京和上海。调查显示，在美国的中国学者与留学生中，52% 来自于大城市，29.8% 来自于中等城市，并且这些城市多处于中国的中部和北部。与此相对应，海外移民中，来自于非传统流出地的比例也有所上升：从 1982 年到 1990 年，来自于北京市的移民比例从 1.36% 上升到 4.51%，上海市从 0.46% 上升到 4.98%，台湾地区从 0.17% 上升到 0.44%，吉林省从 0.02% 上升到 0.12%，江苏省从 0.05% 上升到 0.18%。然而，由于历史原因（如亲属移民现象）与现阶段的非法移民流，来自于中国南部的新移民，在海外移民总体中的比例虽然有所下降,但仍然占新移民的多数。①

尽管散居海外的中国移民遍布于世界的每个角落,但是仅在少数几个国家特别集中。根据移民的绝对数目统计,以下 10 个国家拥有的华人移民最多:印尼、泰国、马来西亚、新加坡、越南、缅甸、菲律宾、柬埔寨、老挝与日本。但参照 1980 至 1990 年间中国移民的年均增长率,则会发现工业化国家增长最快,依次为:日本(12.7%)、美国(7.1%)、加拿大(8.5%)、西德(8.5%)、意大利(19.7%)、西班牙(16.2%)与澳大利亚(11.2%)。② 根据美国最近的调查报告,在 20 世纪 90 年代,中国大陆有 460 000 人口移民到了美国,2000—2005 年,又有 355 000 人口随后移到美国。在加拿大、新西兰与澳大利亚,也有相同的增长趋势。2001 年,在西班牙有合法居留权的中国移民达 35 000 人,其人数从 1991 年的第十位跃居到第四位。1990—2000 年,移居意大利的中国移民近 50 000 人,增长了 260%,而爱尔兰则从几乎没有中国新移民到拥有超过 40 000 人的新移民。1980 年以前,来自台湾地区的移民比例超过在日的中国移民总数的一半,而到了 1990 年,其比例下降到 29%,大陆人(尤其是上海人)占中国移民的比例最高。③

新移民群体的社会阶层区隔较为明显。那些留学生移民与专业技术移民是一个重要的阶层——他们受过良好的教育,至少具有大学文凭或专业证书。因此,他们在新的国度能相对容易地进入中产阶级。美国 1990 年的人口普查报告显示,来自于中国内地的移民(25 岁或以上)中,31% 有大学文凭,而美国人平均只有 21% 的人拥有大学文凭。④ 与其他类型的新移民和中国社会的整体相比,这一阶层明显接受了更好的教

---

① 刘宏:《跨国华人:实证分析与理论思考》,载《二十一世纪》,2002 年 6 月号,第 120—131 页。

② Dudley Poston, Jr., Michael Xinxiang Mao, and Mei-yu Yu, "The Global Distribution of the Overseas Chinese around 1990", *Population and Development Review*, vol. 20, no. 3, 1994, pp. 631—645.

③ 李小丽:《中国海外移民情况综述》,见李慎明、王逸舟主编《全球政治与安全报告(2007 年)》,社会科学文献出版社,2007 年版,第 195—213 页。

④ Zhou Min and Rebecca Kim, "Formation, Consolidation, and Diversification of the Ethnic Elite: The Case of the Chinese Immigrant Community in the United States", *Journal of International Migration and Integration*, vol. 2, no. 2, 2001, pp. 227—247.

育。例如，移居日本的中国移民中，有 68％ 的人在出国前就已经获得了大学文凭。在移民群体分层体系的另一端，是那些缺乏技能的新移民（包括非法移民），他们在社会经济与教育层面明显处于劣势。一项关于浙江省杭州市与绍兴地区的出境劳工与亲属移民的调查显示，这一群体中有 7％～8％ 是文盲或半文盲，30％ 是小学文化程度，40％ 只具有初中文化程度。[①]

　　学者们对新移民及其与中国不断变化的关系有不同的分析。王赓武主张采用历史途径来理解新移民，认为这一方法能了解他们的起源以及内在的结构。[②] 有学者从海归——其中的一部分属于新移民群体——的角度研究新移民及其作用。[③] 一些学者考察了海归人员的人力资本[④]，或他们与家庭联系的变化及其适应性。[⑤] 笔者认为"跨国华人"的概念，有助于揭示拥有国际认可的可携带技能的新移民精英群体的复杂性与多维性。[⑥] 除了他们在非地域性（de territorialization）、结构的脆弱性、跨国流动性与文化多元性方面所具有的共同特征，笔者还分析了跨国华人现有的"落叶归根"与"落地生根"两种认同模式之间的

---

　　① 朱慧玲：《中日关系正常化以来日本华侨华人社会的变迁》，厦门大学出版社，2003年版；刘宏：《跨国华人：实证分析与理论思考》，载《二十一世纪》，2002 年 6 月号。

　　② Wang Gungwu, *Don't Leave Home*.

　　③ Wang Cangbai, Wong Siu-lun and Sun Wenbin, "Haigui: A New Area in China's Policy towards Chinese Diaspora?" *Journal of Chinese Overseas*, vol. 2, no. 2, 2006, pp. 294—309.

　　④ David Zweig, "Competing for Talent: China's Strategies to Reverse the Brain Drain", in: *International Labour Review*, vol. 145, nos. 1—2, 2006.

　　⑤ Chan Kwok Bun and Seet Chia Sing, "Migrant Family Drama Revisited: Mainland Chinese Immigrants in Singapore", *Sojourn*, vol. 18, no. 2, 2003, pp. 171—200.

　　⑥ 刘宏：《跨国华人：实证分析与理论思考》。在一本有关在欧洲的福建移民（主要是非法的）、书名为《跨国华人：在欧洲的福建移民》的著作中，Frank Pieke, Pàl Nyiri, Mette Thunø, Antonella Ceccagno, *Transnational Chinese: Fujianese Migrants in Europe*, Stanford: Stanford University Press, 2004, Frank Pieke 等人提出了一些引人深思的论点。有趣的是，除了标题，该书的中心概念是"中国的全球化"：一方面，是多重的、跨国的社会空间的不断延伸和嵌入到较小的地区或国家体系中，使之多样化；另一方面，它是整个全球化体系的一部分（第 11 页）。同时，福建移民较为突出地代表了连锁移民与非法移民模式。该书的研究没有涉及留学生移民与专业人士移民，而是笔者在 2002 年时所提出的跨国华人的核心群体。对跨国华人概念和跨国主义的评述，亦可参见项飚：《跨国华人》，载《读书》2004 年第 5 期；范可：《"社会创伤"、华人认同、华人跨国主义》，载《读书》2005 年第 1 期。

摇摆不定,他们处在一种发展流动的、灵活的认同模式的状态中。尽管一部分人在迁移进程中已在两种模式中选择了其中一种(回归或坚持),仍然有许多新来者,汇入"跨国华人"这一移民浪潮中。

对于许多移民精英而言,持续的跨国流动似乎是一种常态而非例外。在 1993 年的一项关于在美国的中国留学生与学者调查中,崔大伟等人(Zweig, Chen and Rosen)发现,他们中仅有 8% 的人有明确的回国计划,66% 的人表示会回国,但不确定什么时候回国。① 朱慧玲在日本的调查显示,在 20 世纪 90 年代早期,46% 的中国留学生打算继续他们的学业,31% 的留学生则希望在日本找到一份全职工作,16% 的留学生准备到第三国家工作和定居,计划回中国的留学生仅占 15%。②

最近 10 年来,新移民与中国留学生及学者回国的趋势有所增强。尽管回国人数会稳步上升,但不应将之视为单行道。崔大伟发现,许多回国的华人并没有完全放弃与西方国家的职业与家庭方面的联系。③ 历史上就有移民在居住国经济低迷期间回国的先例。中国人移民海外后的一些基本原因大致没变:在可预测的未来,中国在工作环境与生活标准方面,与工业化国家仍将会存在较大的鸿沟。而且,这些新移民在西方生活了十几年后,短时间内很难完全放弃已建立起的家庭纽带与社会关系网络。因此,反向移民将是一个渐进的过程,一部分海归人员可能不会在中国永久定居,而是在中国与移民国之间选择。多项调查证实了以上这一趋势。在 2000 年,那些前两年从加拿大回国的新移民中,仅有 16.7% 愿意在中国大陆长期工作,大约 1/3 打算留在加拿大,50% 左右的人愿意往返于加拿大与中国之间。根据 2006 年的一份调查,最近几年从日本回国的华人中,超过 10% 的人又回到了日本。④

总而言之,来自中国的新移民,特别是那些拥有可携带技能的新移

---

① David Zweig, Chen Changgui, Stanley Rosen, *China's Brain Drain to the United States*, Berkeley: Institute of East Asian Studies, University of California, 1995.

② 朱慧玲:《中日关系正常化以来日本华侨华人社会的变迁》,厦门大学出版社,2003 年版。

③ Zweig, "Competing for Talent".

④ 郑蕴章编辑:《回国后感到不适应 日本华人海归面对"二次移民"》,见 http://www.chinanews.com.cn//news/2006/2006 - 04 - 20/8/720075.shtml.

民，构成了 20 世纪末与 21 世纪初的全球华人新移民的重要组成部分。在世界舞台上灵活的身份、持续的流动性，以及与家乡广泛的联系，是跨国华人的典型特征。中国与接收国的政策也在塑造着跨国华人的特征。本章以下部分将讨论这些政策及其含义。

三、跨国场景下的中国国家政策

最近 20 多年中出现的中国新移民是全球化步伐加快的副产品，这一群体对当代中国也产生了意义深远的影响。郑永年指出："中国实际上已成为全球化的一部分，并成为推动全球化进程的一个主要驱动力。"[①]加深向自由市场经济的转化成为当代中国社会变迁的核心特征；中国采取了多种政策以将处于上升中的中产阶层与私营企业主整合到国家与社会的关系中来。[②] 实际上，最近 20 年发生的一切已经使黑格尔关于中国是"一个缺乏社会的国家"这一长达一个世纪之久的理论失效了。[③] 跨国华人是中国正成长起来的中产阶层的主要部分，他们的角色也可放在国家与社会关系的大框架下加以考察。

（一）从"回国服务"到"为国服务"

我们必须将中国对新移民／回国华人的政策置于一个更广的、将中国包含其中的全球化背景下来理解。前总理朱镕基在 2001 年南京召开的第六次世界华商大会上致开幕词时陈述了这一政策的要旨：

> 中国改革和开放的总设计师邓小平指出：几千万华侨华人是一支了不起的力量，是中国大发展的独特机遇。长期以来，广大海

---

① Zheng Yongnian, *Globalization and State Transformation in China*, Cambridge: Cambridge University Press, 2004, p. 22.

② Dorothy Solinger, "State and Society in Urban China in the Wake of the 16th Party Congress", *China Quarterly*, no. 176, 2003, pp. 943—959.

③ Timothy Brook and Michael Frolic, "The Ambiguous Challenges of Civil Society", in idem, eds., *Civil Society in China*, Armonk: M. E. Shape, 1997, pp. 3—16.

外华侨华人以不同方式热心支持和参与中国的经济建设。迄今为止，在华投资的外资企业，大多数的项目和资金来自华商。中国经济取得的辉煌成就，海外华侨华人功不可没。你们始终不忘乡里之情、桑梓之谊，闯过道道难关，作出多多贡献，你们的创业精神已经载入中国经济发展的辉煌史册。①

对新移民的政策在两方面同时得到阐明和贯彻：将跨国的新移民划入民族国家的范围，并向海外华人群体传递国家的议程。前一种阐述首先是出于帮助中国国内发展的目的，后者是通过植入政治与文化内涵而在国际范围内实施。这种由各级政府积极努力所进行的招聘也很重要。朱镕基在世界华商大会上特别向那些拥有专业教育与经历的海外华人呼吁："遍布世界的华商朋友，有各领域的专业人才，既精通国际市场经济运作，又熟悉中国传统文化，具有在中国发展的独特优势，不论是已经在中国投资的，还是正在寻找项目的华商朋友，都可以在中国这片热土上找到众多的发展机会，大展宏图。我们热诚欢迎广大华商朋友以各种方式继续踊跃参与中国的现代化建设。"

过去 20 年来，在鼓励"华人人才"（主要是留学生移民）回国服务方面，中国的政策方面有所转变。"文化大革命"结束后，中国领导人意识到紧跟西方科技方面发展的需要，并开始实施"广开渠道，力争多派"的政策。随着许多中国留学人员成了新移民，并可能永久定居海外，政府在 20 世纪 90 年代出台了"支持留学，鼓励回国，来去自由"的政策。同时，"回国服务"的官方口号被"为国服务"所取代，这样，回国不再是表达爱国心的先决条件，这代表着对新移民政策的重要转变。将国家身份与固定的领土相分离这一新的方针，实际上大大扩展了中国新移民的范围和空间，随之扩展的还包括民族主义理念与实践的复兴。②

中国对新移民政策的另一个方面是在海外阵线，通过派遣各种官

---

① 朱镕基：《走向更加开放和繁荣的中国经济》，在 2001 年第四届世界华商大会上的讲话（南京），见 http://www.wcbn.com.sg/index.cfm? GPID=21。

② Liu Hong, "New Migrants and the Revival of Overseas Chinese Nationalism", *Journal of Contemporary China*, vol. 14, no. 43, 2005, pp. 291—316.

方机构的代表与海外华人群体尤其是新移民进行联络,新移民成为主要政策的焦点。在 2001 年,国侨办高层官员访问了 20 多个国家,广泛会见了当地的华人。[1] 在 2006 年 9 月于巴黎召开欧洲华侨华人社团联合会第十四届年会上(大会的中心议题之一是在"一国两制"方针下的国家统一),国侨办副主任许又声在对参会人员的发言中说道,中国一直是海外华人和新移民的故乡,并鼓励他们加强团结。[2] 在 2001 年举行的各地侨办主任大会的闭幕式上,副总理钱其琛指出:海外华人是推进"中华民族伟大复兴与祖国统一的一股重要力量",他们在"反独促统"活动中扮演着重要角色。他强调,努力对海外华人,尤其是年轻一代,实行教育是具有深远意义的重大任务。[3]

很明显,政府意识到新移民在中国经济、社会转型与推动国家统一的过程中是能够发挥重要作用的。中国也颁布了灵活的政策,以便海外华人专业技术人员的自由流动。2001 年 8 月,人事部、教育部、科技部、公安部与财政部联合颁了一项新的政策文件,推动国外的中国留学生、学者通过多种方式为国家服务的政策。奖励项目包括最新推出的为海外高素质人才提供有效期 1~5 年的签证等。在 20 世纪 90 年代,国家人事部共投入了 2 亿元人民币赞助回国学者,这些赞助或是临时性的,或是永久性的。[4] 出于以上原因,加上中国经济显著增长,西方经济增长相对减慢,导致大量的新移民、留学生,以及学者回国,形成了所谓的"海归"或欧美同学会副会长王辉耀博士所称的"海归时代"[5]。在 1996 至 2005 年间,国家赞助的留学生与学者的回国率达 97%。[6]

这些新政策的关键议程在于适应跨国主义的新趋势,它们的出台

---

① 赵健、邢利宇:《中国侨务新观察:密切往来联络 沟通乡谊亲情》,见 http://www.chinanews.com.cn/2002-01-28/26/157880.html。

② 许又声:《华侨华人社团发展面临着新的机遇和挑战》,见 http://news.xinhuanet.com/overseas/2006-09/23/content_5126905.htm。

③ 钱其琛:《钱其琛接见侨办主任会议代表,要更关注侨胞生存发展》,见 http://www.hwcc.com.cn/newsdisplay/newsdisplay.asp?Id=177。

④ 新华网,2002 年 1 月 21 日。

⑤ 王辉耀:《海归时代》,中央编译出版社,2005 年版。

⑥ 臧文丽:《我国已公派留学 2 万多人 回归率达 97% 以上》,见 http://edu.people.com.cn/GB/8216/32943/32945/4413856.html。

与实施使得民族国家固定边界的传统观念部分地被更灵活的跨国观念所取代。从新移民的角度来看,他们也利用了这些新政策提供的有利条件,开始在中国和海外两栖地同时就业。这种(半)永久性移民的新模式——尽管不够稳定——使他们同时兼顾了对民族国家与跨国居住地的忠诚。中国政府在吸引留学生与移民精英回国,并向国外推广其文化与政治议程方面所作出的努力,使民族国家既作为一个独立自主的政体,也作为一种文化象征出现在跨国华人面前。这些努力也在政治上、地理上与文化上缩短了中国与外国及地区的距离。然而,移民精英与这一国家的战略性合作绝不是完全没有阻碍或困难的,他们不同的运作逻辑将不可避免地导致观念和行为上的分歧,关于双重国籍的争议就是一个明显的事例。

(二)结构性制约与跨国逻辑之间的两难选择:以双重国籍为例

尽管以上政策已获得普遍好评,并在推动留学人员和新移民回国中发挥了重要作用,但在新移民精英的跨国流动方面,仍存在一些政策和法律限制,对于那些已获得外国公民身份的新华人尤其明显。中华人民共和国国籍法(1980)第三条规定:中华人民共和国不承认中国公民具有双重国籍;第九条规定:定居外国的中国公民,自愿加入或取得外国国籍的,即自动丧失中国国籍。

上一代归国华侨(在 20 世纪五六十年代)主要是来自东南亚地区,大多数都永久性回国定居,而新移民并非如此。多项调查都凸显了这一群体高度的国际流动性(不管是作为一种实践还是一种心态)。2004年末 2005 年初对加拿大 300 多名新移民所作的一项关于未来计划的调查中,41％的人选择"长期留在加拿大",14％的人选择"回中国发展",45％的人选择"不确定"。[①] 根据北京市留学人员服务中心 2006年末对在北京工作的 3 000 名回国创业人员所作的一项调查显示,他们中有 692 位(23.1％)拥有外国公民身份,445 位(14.8％)已取得外

[①] 王培忠:《新移民调查系列报道之三:工作生活满意程度》,见 http://www.putong-hua.ca/old_web/2005news/news051120.htm。

国永久居住权,这两类人占总数的 37.9%。留学人员主要来自发达国家,特别是西方发达国家。被调查的人员中来自美国、英国、日本、加拿大、澳大利亚等 5 个发达国家的有 2 165 人,占总数的 72.2%。① 与此类似,在回国开办企业或从事新的职业的华人中,"两栖创业"模式正越来越普遍,这种模式可让他们穿梭往返于中国与居住国之间。②

　　许多暂时回国的华人已获得外国公民身份,穿梭于中国与西方国家之间已成为他们的日常活动,这成为双重国籍问题在立法机构和大众传媒中广泛讨论的客观背景。在 1999 年的中国人民政治协商会议上,文化界与回国华人代表首先发出了修改国籍法的呼声。③ 但这一提议没有被公安部采纳。在随后的几年中,从中国外部,尤其是在那些承认双重国籍、拥有相当规模的中国新移民精英的西方国家产生了修改国籍法的推动力。修改现存国籍法的呼声,被传递给了访问这些国家的中国政府高层官员,又通过这些官员与国内外各种新闻媒体,传递给了全国人民代表大会这样的国家立法机关、中国人民政治协商会议这样的协商机构,以及国务院侨务办公室(国侨办)这样的政策制定与执行部门。

　　2003 年 10 月,加拿大普通话华人联合会在该国的新移民中进行了一次网上调查,在 1 888 位的回答者中,92.6% 的人认为中国应该允许那些所在国也承认双重国籍的中国人持有双重国籍,回答"无所谓"

---

　　①　《人民日报》(海外版),2006 年 12 月 11 日。

　　②　所谓"两栖创业",就是留学生并不一定长期驻在国内甚至不需要完全回国,而是流动于国内和国外之间,把国外先进的管理经验、理念和高新技术等同步输往国内,"两栖创业"发展模式正成为"海归"引智回国的新趋势。北京市人事局调配处肖先平说,北京地区目前创业归国人员已有 5 万多人。这些留学生除在企事业机关、外国驻京机构、高新技术园区以外,更多了一种创业形式就是"两栖式"创业。参见郑天虹、张欣:《高端"海归"热衷"两栖创业者"》,见 http://news.xinhuanet.com/fortune//2005 - 12/30/content_3988472.htm。

　　③　周南京:《境外华人国籍问题讨论辑》,香港社会科学出版社,2005 年版。

与"中国不应该承认双重国籍"的受访者仅分别占 3.6％和 3.8％。①
加拿大普通话华人联合会将此调查结果呈交给了国侨办主任陈玉杰。
她表示国侨办将会对这一敏感话题给予最大限度的关注。次年
(2004),"双重国籍议题"被国侨办列为与政策相关的课题,并邀请学术
机构对此进行更深入的调查研究。新西兰的新移民也发出相同的呼
吁,在 2004 年 12 月,四个新华人组织向罗豪才(全国政协副主席)呈交
了修改双重国籍法律的请求。在中国国内,一些政界和海归人士,如韩
方明和王辉耀同样建议弹性处理双重国籍问题,以发挥高技术移民报
国更大的能动性②,并积极呼吁修改 1980 年制定的国籍法的相关
条款。

主张修改 1980 年制定的国籍法,允许与移民所在国互相承认双重
国籍的原因包括文化上的需要和经济上的利益。有趣的是,虽然很多
这样的观点都是从便于移民跨国流动这一角度提出的,但他们的部分
观点基于民族国家的立场,他们认为,承认双重国籍对于中国与海外华
人都是互惠互利的。

(1) 历史背景发生变化:1980 年制定的国籍法以及它的前身(中
国与印度尼西亚在 1955 年就在取消双重国籍所达成的协定)是历史的
产物——当时中国与有着相当多华人群体的东南亚国家关系维持得非
常艰难。在冷战时代制定这样的国籍法是必要的,但现阶段,移民已成
为一个国际现象,而且中国需要将新移民整合到中国发展的宏伟计划
中来的,必须重新审视双重国籍问题。

(2) 文化与情感:新移民出生于中国,他们与祖国有着强烈的情感

---

① 加拿大普通话华人联合会(North Chinese Community of Canada)"是以中国大陆移
民为主体,以祖国情谊和普通话为纽带自愿组合的民间小区组织。本会自 2001 年 9 月 9 日
成立以来,以'讲普通话,结一条心,同舟共济,落地生根'为口号,凝聚移民力量,维护群体利
益,致力于不断发展普通话大陆移民小区,为新移民、老人、儿童、妇女、家庭等提供小区关怀
服务,成为加中两国政府联系中国大陆移民的重要桥梁",见 http://www. putonghua. ca/a-
bout. php。

② 韩方明为全国政协外事委员会副主任,王辉耀为欧美同学会副会长。他们关于双重
国籍的建议见周南京主编:《境外华人国籍问题讨论辑》,香港社会科学出版社,2005 年版。
笔者与韩方明、王辉耀于 2005 至 2009 年在北京、新加坡、曼彻斯特就双重国籍问题作过多次
交流。

与文化联系。一份报告认为,中国新移民在情感上对自己出生与成长的祖国非常依恋。他们常常下意识地说起:"回家。"他们这种与中国的真挚的情感联系应该成为准予他们保留中国国籍的一个基础。

(3)经济利益:承认双重国籍身份有助于吸引和留住掌握尖端的科技知识、拥有先进经验的全球性人才。这些人的自由流动,将提高商业活动与其他活动的便利程度,最终将有利于中国。

(4)政治与法律意义:允许双重国籍可以使新移民继续保持对中国的忠诚,并通过多种类似于各级政协这样的渠道参与到中国的政治建设的进程中去。更重要的是,这将有利于中国政府"反独促统"目标的实现。修改国籍法,也更易于有关机构对那些拥有外国国籍的中国公民实施管理。

(5)全球化趋势:大多数国家,尤其是那些西方工业化国家,都已经在开始间接或直接地许可双重国籍的实践。因此,许可双重国籍可以与全球趋势保持一致,是众望所归的。

在21世纪初的几年间,这些修改国籍法的呼吁被新闻媒体广泛报道,中国政府也曾认真考虑修改国籍法。然而,不管是政策制定者,还是学者,尤其是那些对过去中国与东南亚之间的纠纷特别敏感的那些人,强烈反对修改国籍法。[①]公安部强调了两点:首先,现存的国籍法既便于将华人整合到他们所选择的国家,同时也符合中国的核心利益。其次,中国政府在促进新移民自由流动、鼓励他们为国服务方面,已经出台并实施了一系列新的政策法规。2004年12月,国侨办的官员发表声明:修改国籍法的条件"尚未成熟",这标志着官方终结了双重国籍的争议。

与此同时,中国政府已经采取一系列的新政策,尝试着同时兼顾

---

① 周南京:《境外华人国籍问题讨论辑》,香港社会科学出版社,2005 年版。Leo Suryadinata, "China's Nationality Laws, Dual Nationality Status and the Chinese in Southeast Asia", *CHS Bulletin*, nos. 7—8, 2006, pp. 4—10; Liu Hong, "Chinese Overseas and a Rising China: The Limits of Diplomatic 'Diaspora Option'", in Zheng Yongnian, ed., *China and International Relations: The Chinese View and the Contribution of Wang Gungwu*, London: Routledge, 2010, pp. 177—199.

国家核心利益与新移民精英的需要。在 2004 年 8 月，官方提出了"绿卡"制度。同时，国家政策也发生了转变：从普遍鼓励回国华人转向为那些高素质人才，尤其是那些拥有国际经验与全球视野的新移民与"海归"人才提供优惠待遇。人事部在 2006 年 12 月宣布了一项新政策，旨在为那些高素质的回国华人开创"绿色通道"，特别说明除努力增加回国服务的人数总量之外，尤其注重三类高层次留学人才：一是能够推动中国的科技进步和社会发展，增强国家创新能力，赶超世界先进水平的人才。二是能够加强中国和世界的紧密联系，扩大中国与世界政治、经济、社会、文化交流的人才。三是新一轮全球生产要素优化重组和产业转移需要引进一大批金融、法律、贸易等领域的高级经营管理人才。

通过考察双重国籍之争的过程，我们在跨国华人与中国对待他们政策的演变方面，可以得出四个结论：第一，在中国海外留学生、学者，以及新移民精英中，回国的趋势一直呈上升状态。许多新移民觉得有必要保留中国国籍这一事实，反映了他们与中国互动的程度在不断增强，这也正是跨国主义的关键之处。第二，在尝试面对跨国性与国家利益矛盾的过程中，新移民精英认识到，通过修改现存的国籍法限制性条款，可以兼顾两者的需要。第三，修改双重国籍这一尝试的失败，证明了国家核心利益永远高于海外华人的利益，这在历史上早有先例。最后，政府部门尽管没有修改国籍法，但为满足新移民精英自由流动的需要，设计了一系列不断放宽限制的措施。这暗示着跨国元素在深思熟虑的政策进程中已逐渐找到了一个合法的位置。海外华人的实践可以看作所谓的"散居者选择"（diaspora option）的变化，这是区别于过去要么留下来，要么回国的选择，"散居者选择"提倡的是利用海外国民的知识和资本，而不要求他们重新回到祖国。①

---

① Jean-Baptiste Meyer, "Network Approach versus Brain Drain: Lessons from the Diaspora", *International Migration* vol. 39, no. 5, 2001, pp. 91—110.

四、政策与社群：英国与新加坡的个案

（一）英国：从属于移民政策的人才战略

虽然英国曾经是"日不落帝国"，但其在 20 世纪中后期之前并非是移民国家。《1962 年英联邦移民法》对来自英联邦的移民加以限制，只允许那些在英国有直系亲属或已经找到工作的人移居英国。这一政策到了 20 世纪 70 年代之后逐渐放宽，越来越多的非白人移民开始大规模移居英伦三岛，使该国逐渐成为真正意义上的多民族国家。借鉴美国和加拿大的有关移民制度和"绿卡"体系，2002 年英国宣布开始试行"高技术移民项目"（HSMP），允许有特殊技术和工作经验的外国人到英国工作，以加强在全球经济中的竞争力。新政策实施当年英国招到 7 000 多名世界各地的高技术移民。HSMP 对申请人采取计分制，从学历、工作经验、现有工资等方面计分，达到一定分值才可以申请在英国居住、找工作，或从事商业活动。2006 年 11 月，内政部对高技术移民项目进行重大修改，新的"计分制"将把申请者分为拥有高技能、技能、低技能、专家和学生等不同类别，年轻、高学历且拥有在英国学习、工作背景的高技术移民成为新方案的最大受惠者。从 2008 年 6 月起，HSMP 计划被新的计分制下第一等级中的一般性申请类别所取代。而学成工作计划（post-study work）则给英国高校毕业生中的外国学生敞开了一个在英国吸取工作经验和融入当地社会的途径。

尽管以上政策并非仅仅针对华人，但由于中国是移民和留学生的主要输出国，华人成为主要受益者，这也是英国新移民人数在近 10 多年来迅速增长的重要原因。英国内政部公布的关于 2005 年外来移民人口数量的普查报告称，仅 2005 年一年，外来移民至英国的人口数量净增长达 185 000 人——相当于平均每天增加 500 人，为 1991 年以来的第二个高纪录。在 2004 至 2005 两年间，在英国的印度新移民人数以 99 000 居首位，波兰 76 000 居其次，中国则以 59 000 排名第三。①

---

① 《新欧侨报》，2007 年 6 月 17 日。

2004 年英国在签发给熟练技术工人的工作许可证中,约 10％的许可证签发给了中国籍的从业者,仅次于印度籍人员。从 2005 年 1 月到 10 月 31 日,英国驻华使馆共接受了 55 338 份签证申请,发出了 45 808 份签证,签证成功率高达 83％。据英国官方统计,中国在英国各类留学人员已达 7 万人,占中国海外留学生总数的 1/4。英国文化协会预测,中国留学生人数到 2020 年将达到 13 万人。在英国的华人(高)技术移民、新移民不少是由留学生的身份转换而来的。[①]

2005 年在英国具有合法身份的华人总数约为 40 万,其中 26％是在英国出生,26％来自香港,10％来自马来西亚,12％来自中国大陆,其余的 12％来自其他地区。[②] 在教育背景方面,华人社会内部两极分化的倾向十分明显。31％的华人有大学或以上的学位(英国白人的比例为 17％),约有 5 万华人拥有法律、医生或其他专业文凭。另一方面,20％的华人缺乏任何教育文凭(英国白人的比例是 15％)。这其实也与全球华人新移民中的两大类型(可携带技能型与劳工型)的分化基本吻合。在华人职业背景方面,技术性较高之高级经理、专业技术及技术交易人员各占 17％、18.1％及 17.39％,分别比英国的 15.11％、11.17％及11.64％高出许多。[③]

尽管华人人口在近 10 年来增长迅速,但他们仍然是个小族群。据 2001 年人口普查,英国的非白种人人口只占全国人口的 7.9％,而华人仅占总人口的 0.4％。即使在少数族(非白人)之中,华人也只占 5.3％的比重,远低于南亚人(印度、巴基斯坦、孟加拉)的 50％的比重。华人在全国人口和少数族裔人口中绝对弱势的比例无疑影响了他们在英国的社会和政治地位。

必须指出,英国的人才战略是从属于政府的移民政策(包括接收来自世界各地的难民),因而深受政治和国际因素的影响。2005 年之前,

① 《英华新闻》,2005 年 11 月 29 日;《英中时报》,2006 年 9 月 21 日;《伦敦时报》,2009 年 5 月 22 日。

② 游海龙:《英国华人综览》,伦敦亚美企业有限公司,2006 年版,第 29 页。

③ Office for National Statistics, *Census* 2001, *National Report for England and Wales*, London: TSO, 2003.

英国的移民政策基本上是开放式管理,强调文明的多元化。如在公立学校推行多元文化政策,宗教教育必修课程包括了基督教、犹太教、伊斯兰教和锡克教等多种宗教;政府允许穆斯林广泛修建清真寺。这使移民相当程度上保留了各自的语言、文化与宗教特性。然而,2005 年 7 月和 2006 年 8 月发生在英国的两起恐怖攻击事件宣告了开放式移民管理政策的失败。这些"人弹"袭击者并非来自境外,而是在英国土生土长、受当地教育的穆斯林。民调显示,认为移民是英国面临的主要问题的人数从不到 5％(20 世纪 90 年代中期)增加到 40％多(2006)。近年来英国的移民政策开始更多地强调种族融合,首相布朗也大力提倡"英国性"(Britishness)——虽然到底什么是"英国性"还是个争论不休的问题。布朗认为,只有具备了"共同的国家认同感",社会才能发展和进步;新移民要主动学习英语,争取融入主流社会。他还将加入英国籍比喻为"签署一项合同书",主张新移民应该为社会先尽一些义务(如做义工)。[①]

(二) 新加坡:攸关国家生存的全球人才战略

在制定移民政策时,新加坡也同样是为了应对因人口出生率下降所带来的压力,以及加强国家经济的竞争力。然而,与英国不同,新加坡是个小国,缺乏任何天然资源和国内市场,对外来人才的需求和依赖性远远强于英国;外来人才成为整个国家经济发展战略中至关重要的一环。

在建国初期,新加坡实行"两个就够了"的生育政策;与此同时,越来越多的女性走上工作岗位,出生率因而大幅下降。2006 年新加坡的生育率为每个女性居民有 1.26 个子女,其中,华族的生育率最低,为 1.09 个,马来族为 2.03 个,印度族为 1.22 个。[②] 从政策角度来看,自 20 世纪 80 年代以来,新加坡经济发生了显著的结构性变化;劳力密集型的制造业已无法成为经济增长的亮点,唯有依靠高增值、高技术含量

189

---

① 刘宏:《从新加坡和英国的经验看移民和民族国家的建构》,载《联合早报》2008 年 7 月 7 日。

② 《联合早报》,2007 年 9 月 28 日。

的新经济才能够成为日趋区域化和全球化的新加坡经济的动力。李光耀明确表示:"如果我们不能达到 2.1 的人口替代率,我们将有麻烦。"他强调:"新加坡需要源源不绝地从中国、印度、东南亚引进聪明能干和充满活力的新移民。有了新移民的加入,新加坡才能继续保持动力与活力,才能在各个领域继续攀登高峰。"①新加坡对新移民的需求主要集中在两个层面:具有可携带技能的专业、技术移民和劳工(后者通常无法以合约工人的方式取得永久居留权)。政府希望改变外来人口格局,吸引更多受过教育的移民,以填补私人银行业和金融等服务行业、生物科技和教育方面的职位。政府希望他们中许多人能成为新加坡公民或永久居民,目标是在未来 5 年让其中 24 万人获得上述身份。②

政府为了从世界各地广招人才,还建立了一整套相应的体制。例如,新加坡经济发展局和人力部共同成立"联系新加坡"(Contact Singapore),旨在吸引国际人才到新加坡工作、投资和生活。它在亚洲(包括北京和上海)、欧洲和北美设立办事处,为有意探讨新加坡的职业发展机会的全球精英(包括新加坡侨民),以及到新加坡投资或开拓全新商业活动的个人和企业家提供一站式服务。"联系新加坡"提供有关新加坡就业机会及行业发展的最新信息,并积极建立平台为全球人才和新加坡雇主牵线搭桥。该机构也与私营企业合作,为有意到新加坡投资的人士提供服务。

新加坡的新移民人数在近 10 年来大幅增长。截至 2007 年 6 月,全国人口总共有 468 万,比前一年增加了 4.4%;其中,约 370 万名是公民和永久居民,其余约 100 万名是非居民。公民和永久居民的人口增加 1.8%,而非居民则增加了 14.9%。③ 由于人文、种族和历史因素,加之近年来中新经济关系的日益密切,这些外来人才中有相当一部分是来自中国或中国大陆在欧美日的原留学人员。据估计,新加坡的

---

① *Straits Times*, July 10, 2008;《联合早报》,2009 年 4 月 13 日。

② *Financial Times*, August 3, 2007.

③ 《联合早报》,2007 年 9 月 28 日。

华人新移民目前已多达35万人。①

政府试图遏制（中国）新移民的跨国元素，通过转变他们的政治忠诚而使他们效忠于新加坡，以使之成为"国族建构"工程的一部分。早在1993年，李光耀就说，新加坡人必须意识到他们已经定居在东南亚，应该效忠于新加坡，而不是他们的祖籍国。国族建构工程与任务不仅介绍给新加坡本地人，也介绍给新移民，如李显龙在2006年8月所说：

> 你们应该这样做［效忠于新加坡］，不仅仅因为你们恰好在这儿出生或恰好拥有一本红色封面的［新加坡］护照，更因为你们信仰这一使命，信仰这一理想，你们相信新加坡拥有值得你们为之奋斗的特别之处。就如拉惹勒南（Rajaratnam）先生［新加坡第一任外交部长］所言，"成为一名新加坡人，与祖先无关，而是取决于信念与选择"。现在是亚洲历史与新加坡历史上最激动人心的充满希望的时代之一。许多机会被开放，但是要求将与我们以前曾经面对的有所不同。②

在积极引进人才的同时，政府还创造条件使之融入当地社会。2007年，总理公署内设立了公民与人口办公室，负责整合新移民到新加坡来，并使他们为新加坡作出贡献。2009年9月，由政府、私人企业及民间组织共同组成了国民融合理事会（National Integration Council），提出"开放门户、敞开胸怀、开阔思想"的"三开"口号，要从不同方面协助新移民融入本地社会，促进各社群间的相互信任。政府还为此

---

① 有关新加坡华人新移民的详细讨论，参见刘宏：《战后新加坡华人社会的嬗变：本土情怀·区域网络·全球视野》，厦门大学出版社，2003年版；小木裕文：『中国新移民とシンガポール華人社会』，载『立命館国際研究』，2003年第15卷，第3期，第269—281页；周兆呈：《从移民社会到"新/移民"社会——新加坡华人移民的现代观察兼与马来西亚比较》，见何启良、祝家华、安焕然主编《马来西亚、新加坡社会变迁四十年(1965—2005)》，新山南方书院出版社，2006年版，第215—233页；庄国土、刘文正：《东亚华人社会的形成与发展》，厦门大学出版社，2009年版，第11章。

② Channel NewsAsia, August 21, 2006.

拨款 1 000 万元新币，设立"社会融合基金"（Community Integration Fund）。①

与英国的华人新移民类似，在新加坡的华人新移民也呈现出两极分化的趋向：一类为来自社会和教育背景较低层的劳工（包括一小部分偷渡和无证移民）；另一类则为本文的重点研究对象，具备可携带技能的高技术与专业人士。他们也是新加坡"外来人才"政策所着重吸引的对象。虽然缺乏详尽的统计资料，但大体上可以估计出他们在新加坡从教育到企业等各行业中均占有一席之地。以新加坡国立大学为例，2001 年全职教学人员 1 671 人，其中 887 人（53％）为新加坡公民，其余的 784 人为外籍人士（46.9％）。在后者中，中国公民（其中不少为新加坡永久居民）为 110 人（14％）。在国大的 842 名全职研究人员中，新加坡公民为 221 人（26％），其余 621 人（73.7％）为外国人，其中中国人329 名（39％）。②

需要指出的是，近两年来，英国和新加坡的移民政策都发生了较大的变化，其基本趋势是从鼓励到收紧。这后面的共同原因都是国内民众的压力。据英国广播公司中文网报道，据《每日电讯报》与研究组织（YouGov）在 2009 年 3 月进行的调查显示，超过一半的选民希望政府减少移民的数量，英国民众同时越来越关注新移民能不能融入社会的问题。英国工党在执政 13 年（1997—2010）后在大选中失利，其下台的背景之一就是执政期间宽松的移民政策导致外来人口大量增加，引起选民的不满。联合政府的新政策是要在 2015 年前把高达 196 000 人的净移民数量减少到数万人。2010 年 11 月，英国政府宣布把欧盟以外技术移民控制在每年 21 700 人之内，这个数字比 2009 年减少了6 300 人。③

在 2010 年 8 月的国庆演讲中，新加坡总理李显龙坦承："移民带来

---

① 《联合早报》，2009 年 9 月 17 日。

② *National University of Singapore Annual Report 2001*，http：//www. nus. edu. sg/annualreport/2001/appendix. pdf.

③ 《英国宣布技术移民封顶政策》（2010 年 11 月 23 日），http：//www. bbc. co. uk/zhongwen/simp/uk/2010/11/101123_uk_immigration_cap. shtml。

深远的影响,关系的不只是经济表现,而且是社会的和谐及国民的认同感。因为这个原因,我们筛选移民的标准比外劳的严格得多,移民人数也比外劳人数少得多,从而避免改变我国社会的本质。我们只引进能够融入新加坡社会,又能作出贡献的人。"他宣布政府将在总理公署设立部级的人口及人才署,以加强跨部门协调,从而确保在引进新移民的同时,新加坡人的利益也获得保障,重申政府将坚守公民优先的基本原则,并宣布进一步区分公民和非公民权益的政策,包括推出国民服役奖赏计划。不过,据《联合早报》报道,在国家发展部长马宝山主持的首场针对该演说的对话会上,约 100 名出席者当中还是六成表示不满意总理有关新移民政策的解释。[①] 作为移民政策收紧的一个风向标,2010年的永久居民申请的获准率显著下降,只有 51％的申请者被批准。[②]移民问题也成为 2011 年大选的主要课题。

简言之,近 10 多年来,英国和新加坡都出现了大量的华人新移民,这一方面是中国国内政策变化和全球化的产物,另一方面,也同这两个国家的相关政策有密切关联。由于这两国华人社会历史的差异,两国的新移民在当地社会的人数与比例有显著的差别,这在一定程度上影响了他们的认同、调适和跨国流动模式。

五、组织与个人

(一) 新移民组织模式:社团与报刊

社团一直被视为海外华人社会的支柱之一,随着新移民人口的增加,他们之中的社团组织也开始出现。与前辈的华人移民或同时代的劳工/连锁移民相比较,高技术移民的社团组织并非是主要通过血缘、地缘、方言或业缘的纽带,而是更多地建立在现代型的关系网络(同学、同行、同专业等)基础之上的。即使以地缘联系为纽带的组织,也走上"非地域化"的趋势,强调的是华人性(Chineseness)或中国性,而非特定的地方性。

---

① 《联合早报》,2010 年 8 月 30 日、8 月 31 日。
② 《联合早报》,2010 年 9 月 17 日。

英国的华人移民社团缺乏东南亚社团所具备的深厚根基和雄厚财力，基于地缘和血缘关系上的传统类型社团也大多是在20世纪初之后才逐渐建立的，迟于新加坡等东南亚华人社区。① 从20世纪80年代中后期开始，一批由新移民组成的专业社团和"超地缘"发展观念的地缘社团陆续建立。与传统以血缘、地缘为基础的社团相比，这些新移民团体最突出的特点是其成员拥有较高学历和社会地位，依靠迅速发展的通讯技术、互联网络的凝聚与扩散效应，以中国的迅速崛起为依托，成为海外华人社会中的新兴力量，并推动中英两国在民间领域的互动。目前英国的技术新移民社团主要有三大类：专业协会及全英专业团体联合会，带有自娱自乐性质的新移民联谊会，以及以中国大城市和省为单位组织的同乡会。新移民社团的性质与功能相较于老社团发生了一些转向，这与中国政府在跨国场域中对新移民事务的积极参与有着明显的关联。② 现在简要介绍代表这三种类型的英国新移民社团。

1. 中国留英学者专业团体联合会（联合会）与各专业协会

据联合会的官方网站称："为了加强中国留英学者专业学（协）会之间的交流与合作，充分发挥专业和资源的互补优势，在驻英使馆教育处的精心指导和筹备下，联合会于2002年在伦敦成立。"它定位于跨学科高层次留英学者的专业学术团体。其宗旨包括："在充分发挥各专业学（协）会的专业权威性和学科优势的基础上，形成专业间的互补优势，为中国经济建设引进先进实用的高科技项目；在多专业或跨专业行动时，充分做到人才、信息和资金资源的合理配置和共享；促进中英两国在教育、科技及商务等领域的发展与交流合作。"③作为留英高层次人才中第一个跨学科多领域的专业学术团体，专业联合会共有10个旅英专业团体加入其中，如图8-1所示。

---

① Gregor Benton and Edmund Gomez, *The Chinese in Britain*, 1800-*Present*：*Economy*，*Transnationalism*，*Identity*，Houndmills：Palgrave Macmillan，2008.

② 以下资料主要取材于：Yao Liyun，*Highly Skilled New Chinese Migrants in the UK and the Globalization of China since* 1990，Ph. D. dissertation，University of Manchester，2011.

③ 《神州学人》，2007年8月号，第51页。

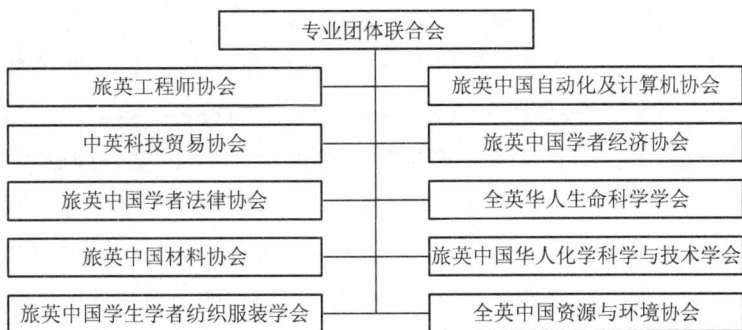

图 8-1 专业团体联合会与下属各专业协会

联合会是中国政府(透过使领馆的教育处)在英推行的为国服务的一种制度化的跨国实践,也是留英高技术新移民借助国家力量与资源,将个人事业与发展整合进中国全球化战略与民族发展战略框架的一种跨国发展策略。它受到教育部"春晖计划"项目的重点支持,先后组织了一系列年度留英学者高新技术为国服务系列活动。

2. 曼彻斯特新华联谊会

与专业联合会制度化的组织结构不同,新华联谊会的结构相对松散,是大曼彻斯特地区新移民建立的以休闲娱乐为主的俱乐部性质的组织。目前它的会员大部分是该地区新移民中的精英,主要为高校和研究机构的学者、公司管理者与技术人才以及企业家。联谊会本着增进会员友谊,促进中英交流,融入主流社会的宗旨开展日常活动。联谊会的 4 个发起人具有中国留英学生学者联合会的领导背景,在成立之前其核心成员便与中国驻英使领馆教育处有密切互动。部分成员为长江学者或受中国自然科学基金委项目资助,曾参与"春晖计划"等为国服务项目。据联谊会前主席介绍,驻曼城教育组官员一直支持联谊会的工作。例如,在 2007 年举办的首次夏季联欢会上,联谊会邀请了曼城总领事与驻曼城教育组官员参与其中,在看似松散的组织结构下与中国驻外机构维持着密切的个人关系与网络互动。

3. 英国湖北同乡会

与纯粹建立在血缘、地缘上的传统华人社团不同,新移民同乡会会员以华侨华人专业人士为主,规模较传统社团小。他们利用掌握的专业知识与祖籍地进行互动。成立于 2001 年 9 月的湖北同乡会有会员约 60 多人,会长柯松轩为伦敦中萨大学中医药中心院长,一些理事也有相关的中医背景,显现出地缘与业缘相交汇的特色。除了"对湖北、对英国有联系有感情现居住在英国境内的湖北籍人士"之外,同乡会也欢迎在湖北有学习和工作经历的华人加入其中①,因此,它与典型的海外地缘性团体有所不同。在"乡情,友情,合作交流"的口号下,湖北同乡会利用互联网的实效性,传播中英社会互动新闻与新移民回国发展信息,与国内的湖北华侨华人专业人士创业者俱乐部、全国性的华人华侨来华创业发展洽谈会等团体保持互动合作关系。同乡会受邀参加了国务院侨办、湖北省政府暨武汉市政府共同主办的"2007 华侨华人创业发展洽谈会",以及湖北省政府举办的世界湖北同乡会,搭起了由英国新移民与祖籍地和中国政府共同建构的跨国发展合作网络。

据笔者在曼彻斯特和伦敦所作的访谈和观察,英国华人新移民组织与当地老一代移民组织之间的联系甚为薄弱。这主要是由于老一代移民组织大多为来自香港以讲广东话或客家方言为主的华人,其经济活动主要以华人社会为对象(如餐饮业和杂货行),而新一代华人高技术移民来自五湖四海,从事的多为专业性工作,两者在社会和经济上缺乏交汇点。新老移民的组织与个人的交汇与接触似乎较多的是通过大使馆或领馆组织的活动(如庆祝中华人民共和国国庆的活动)进行的。

华文报刊是华人社会的另一个重要支柱。在当地发行的华文报刊,除了总部设在香港并面向全球华人的《星岛日报》之外,英国的华文报刊大多是由新移民创办并免费发行的,以新移民为主要的读者和广告受众(所售产品为留学服务、旅游、电话卡等)。作为英国最大的华文周报《英中时报》于 2003 年创刊,每周有 90 多个版面,发行 32 000 份,是英国乃至欧洲的主流华文平面媒体。创办人为欧美嘉集团董事长陈明亮,其毕业于中国科技大学,留学英国后获博士学位。1996 年陈明亮投身商海,创办欧美嘉旅游公司,现在欧美嘉已是英国最大的华人旅游公司之一,其业务已拓展到教育、文化、媒体、运输等多个领域。

---

① http://www.hubeiuk.com/info/gskk.asp? kind=机构简介。

《英中商报》2005年由英国恒佳集团创办后，由新洲集团 CEO 杨腾波接手。杨腾波1995年毕业于云南大学，2002年赴英留学，次年获约克大学公共管理硕士。接手《英中商报》后，杨腾波确立了"立足在英的华商社群，密切关注中英工商动态"的办报思想，力求为在英华人提供富有商业参考价值的资讯，同时成为凝聚华人社群、弘扬中国文化的一块阵地。在他看来，在英国经营中文报纸，除了要有媒体人的专注和热情，还要有投资者的眼光和精明。他说："单纯埋头做报纸对报纸的发展而言是不够的，必须随时把握英国、中国经济，工商交流合作的发展动态，充分利用报纸这一富有价值的资讯平台，开发商务项目。用报纸带动商务，用商务来推动报纸。"

《新欧侨报》是一份半月刊形式的中文报纸，由出生于福建福清的何家金在2003年创办。他于1980年18岁时到英国自费留学，毕业后开始经商，1986年开始经营小规模食品零售店，并发展至大规模的食品批发公司 Brother Futura Management Ltd，每年营业额达30亿英镑。此后何家金再涉猎冷冻批发、房地产、旅游及特快汇款等业务。他创立了福清金融有限公司，仅2004年汇款至中国的金额就达3亿英镑。何家金亦活跃于英国华人社区，包括担任世界福清同乡联谊会主席、伦敦华埠商会副会长、英国福建社区中心创办人等。①

新加坡华人新移民同英国的新移民一样，并非主要来自闽粤，而是来自中国各地，因而与传统的移民模式完全不同，这也反映在他们的社团组成上。例如，2001年成立的新移民组织华源会的宗旨包括："协助会员更好地融入新加坡的多元种族社会"和"促进新加坡和中国两地的商贸往来"。该会目前有2 300多名成员，主要由出生于中国内地的新移民（已入籍或已成为永久居民）的专业人士构成；其中90%以上具有大学或更高学历。华源会会长王泉成强调："新移民已经是婆家的人了，他们一方面希望新加坡繁荣昌盛，全国团结奋进，一方面又希望能为加强婆家与娘家（中国）的联系作出贡献。"1999年成立的新加坡天府同乡会的会员不仅包括四川籍人士，而且还包括那些曾经在四川工作或学习过，

---

① 《星岛日报》，2007年10月3日。

或与四川有经贸往来的人士。为了进一步强调其跨越地缘的特征,2006年改名为新加坡天府会,并成立了天府会商会。其1 000名会员中几乎都是大学毕业生,近半数有硕士学位。① 这类团体已超越了传统的血缘、地缘和业缘的划分,走向整合的大趋势。不同于英国华人的内向型的文化生活(如中文报纸完全是针对华人移民,主流媒体对当地华人的生活鲜有触及),新加坡中英文的主流媒体(如《联合早报》和《海峡时报》)都有不少关于新移民的报道和讨论。

近年来,虽然发达国家都不同程度地收紧了移民政策,但这主要是针对劳工移民,对高技术移民(尤其是在海外就读的中国留学生)的影响相对较小,而中国的所谓第三波移民潮主力更多是由新富阶层和知识精英构成的,新移民的主要特征是知识移民、技术移民。②

与英国相比,新加坡新移民组织同当地老一代移民组织之间的横向联络则密切得多。这一方面是由于新加坡政府鼓励新移民努力融入当地社会,另一方面也是因为老一代移民组织的相对包容。例如,李氏总会的执委会中,新移民就占了10%以上。天府会和三江会馆在2007年元宵节举办了"新老移民新春交流会",让500名本地新老移民搭建联系网络,共同"把新加坡建设得更好"。海南会馆文教部主任韩山元认为,会馆应鼓励新移民加入,这不仅能"给会馆带来朝气与注入新的生命力",还可"协助新移民融入本地社会"。③

(二) 跨国华人与人才环流

高技术新移民在跨国流动性的驱使下,凭借可携带技术随时寻求个人最优化发展,这也是人才环流理论所注重的一个方面。中国的全球化进程在壮大其国际影响力的同时,也给新移民创造了更多的和多元的跨国流动机会。多数的英国留学生希望在完成学业后能留在英国获得一些工作经验后再回国,计划毕业后回国的占37%,留在英国的

---

① 《联合早报》,2008年5月19日。

② 参见阎靖靖:《聚焦精英移民海外潮》,载《南方周末》,2010年6月3日。

③ 《联合早报》,2007年7月13日,2008年7月5日。

占 29％，未决定的占 34％。① 一个留学生计划在英国获得硕士学位后去新加坡，因为"那里的生活费用便宜，靠近中国，任何时候都可以到中国去，而且，在几年学习之后就可以拿到他们的护照"。一个在大陆出生、持有英国护照但目前在上海工作的新加坡永久居民表示，他的归属是华人社会，而不是狭窄地限于某个国家。"对比英国和新加坡，我们在新加坡就觉得自己是主人，不是二等公民。"② 从新移民的角度来看，认同可以是多重而并行不悖的，而地域也更多地成为一种流动的概念，如同新加坡一位受访者所说的，"家这个概念在我理解好像是和人有关，而没有将它和地域特别地联系在一起"。一项针对获得新加坡政府奖学金的留学生展开的调查显示，51％受访者表示计划继续留在新加坡，30％表示准备回中国，另 19％表示有意到其他国家发展。③

这些新移民构成了跨国华人的主体。笔者认为，跨国华人指的是那些在跨国活动的进程中，将其移居地同出生地联系起来并维系起多重关系的移民群体。他们的社会场景是以跨越地理、文化和政治的界限为特征的。作为跨国移民，他们在两个或更多的国家拥有直系亲属、社会网络和事业；持续地、经常地跨界交往，成为他们谋生的重要手段。与传统的华人移民形态（"落叶归根"或"落地生根"）相比，新兴的跨国华人群体代表了一种介于"落地生根"和"落叶归根"之间的移民模式，有其自身的特征。

首先，跨国华人在形成过程中的"非地域性"。所谓非地域性，原是指在全球化过程中，生产、消费，以及政治、群体和认同逐渐与地方分离的一种趋势。对于跨国华人而言，地域及其所隐含的文化与象征意义已不像传统移民那么重要和不可或缺；民族国家更多的是一种政治主权的象征，经济、社会、文化的机会与空间也具有重要的内涵。从某种意义上说，他们的领土与地域就是建构于自身活动的空间之中。这种非地域/非领土化本身就是一种全球性的现象。其次，跨国华人群体的

---

① 《新欧侨报》，2007 年 4 月 16 日。
② Alan Davies, *Chinese Student Migrants in Britain*, MSC dissertation, University of Leicester, 2007, p. 41；《联合早报》，2008 年 10 月 12 日。
③ 《联合早报》，2002 年 11 月 7 日。

多元性与复杂性。再次,跨国华人活动的多维空间与多元性。最后,从文化认同的角度来看,跨国华人既是中华文化在海外的重要载体,也是在东西文化融合与创新基础上形成的第三文化(third culture)的建构者。

社团代表了群体性的调适模式,但与历史的模式不同,社团的领导性地位已变得日益弱化,个人性的选择随着全球化所提供的机会而明显增加,尤其对于双语、双文化的跨国华人而言,这部分人在新加坡和英国都存在。除了在居住国同中国之间频繁的互动之外,他们也经常游走于其他国家和地区之间,因而将人才环流的范围扩展到祖籍国和留学国之外。由于英、新之间密切的政经和文化关系,两国在官方和民间层面的交往由来已久,这为身处新加坡与英国的高技术移民创造了互动的机会。他们一方面与祖籍国保持互惠性互动,另一方面,他们也在新、英两地之间和国际社会寻求发展路径。以下我们介绍几个典型个案。

1. 新加坡→英国

丁博士 毕业于清华大学,1986 年赴曼彻斯特大学留学,获自动控制专业博士学位,1993—2003 年任教于新加坡南洋理工大学,2003 年任曼彻斯特大学自动控制系讲师迄今。作为国际电气和电子工程师协会和英国自动控制学会委员会成员,他活跃在本专业领域的国际舞台上。近年来,国际电气和电子工程师协会开始关注同中国的合作与联系。据丁介绍,具有中国背景的学者成为联系协会与中国跨国合作的中介。丁本人与中国同行的互动在近些年也开始加强,目前他通过在新加坡时期建立的学术网络与厦门大学的同行共同申请了一项科研经费进行跨国合作。

王博士 中国硕士毕业,1999 年从新加坡国立大学获博士学位后从事激光微处理的博士后研究,2006 年 9 月到曼彻斯特大学从事研究工作。王博士在新加坡工作期间,适逢政府加大在科研投资上的力度,为年轻学者创造了很多与英国学术交流的机会。在王博士看来,狮城的学术机构拥有丰厚的科研资金,但与西方主流学术界仍然存在一定的差距。为寻求个人事业的最佳发展,他选择来到英国,但他与新加坡同事互动仍然密切,他在新加坡学习期间的导师也于 2007 年来曼彻斯特大学进行了为期一个月的访问研究。对于处在事业上升初期的王博

士来说,为寻求个人在国际学术界的发展空间,他来到了英国,他认为跨国流动能增加个人经验的积累,有助于提升个人的职业地位。

2. 英国→新加坡

林玉程　1963 年生于福建泉州,1985 年南京大学物理系毕业后到伦敦帝国理工学院攻读博士,1991 年获博士学位,同年出任新加坡标准与工业研究院高级研究员,并出任新加坡生产力、标准与创新局下属的环境技术部主任。由于他在这个领域有多年的科研成果和特长,1997 年该局邀请他参股 30%,合作成立创新环境技术公司(NOVO-NET),由他担任董事经理。林玉程后来将股票卖给生产力局,创办了联合环境技术(United Envirotech)公司,自任主席兼总裁。在不到 3 年的时间里,联合环保为中国石化下属超过 50 家企业提供了环境水处理工程及环境、安全及健康的管理咨询服务,主要客户有中石化广州分公司、北京燕山石化股份有限公司、中国石化仪征化纤股份有限公司、中国石化扬子石油化工等。公司在 2004 年 4 月在新加坡成功上市,林玉程从售股中获得 520 万新元;他在公司中所拥有的 29% 的股份价值数千万新元。

史旭　1987 年自同济大学毕业后被英国雷丁大学录取为博士研究生,他在获得博士学位后赴南洋理工大学担任讲师。1999 年他辞职创立了纳峰科技国际私人有限公司,专长于真空镀膜技术,是为新一代硬盘、半导体、精密机械、光学设备生产的关键工艺之一。该公司被选为亚太地区 500 个成长最快的科技公司之一。史旭本人分别于 2000 年和 2001 年获新加坡国家技术奖和创新奖。他认为:"如果中国创业者想要资金、新技术、合作伙伴,或者需要走向世界市场的平台,那么新加坡自然是一个能够让中国企业过渡,并逐渐走向国际化的地方。新加坡拥有世界一流的设施,科技开发的成本也比许多国家低,这能够让起步企业更具有竞争力。"

林玉程和史旭还是华源会的副主席。作为华源会企业家俱乐部召集人,史旭表示:"新加坡聚集着成千上万来自中国的新移民。他们中有许多杰出的人才,在工商界和学术界取得丰硕的成果,他们希望能有机会与更多的朋友分享奋斗的艰辛历程,分享成功的欢乐与经验;也希望能够为新加坡与中国，以及其他国家架起友好合作的桥梁。"①

六、结语：比较观察及其对中国人才政策的启示

以上我们简要论述了英国和新加坡两国政府近 10 多年来所推行的移民和人才策略与措施。这些政策有助于它们吸引大批的国际高端人才，包括源自中国内地的新移民(尤其在新加坡)，对于两国的经济发展都起到了重要的推动作用(英国前首相布莱尔 2004 年曾说，移民对于英国的经济发展是"绝对必要的"。如果没有移民的帮助，英国的公共服务系统将会陷入瘫痪状态。他举例说，英国医疗系统职业雇员中的 1/4 是在国外出生的)②。英国及新加坡的华人新移民及其组织对中国现代化及其和平统一事业均起了积极的推动作用。接下来我们将讨论两国政策的异同及其对中国政策的启示。

第一，自 1990 年以来，由于政策的导向和全球化的影响，英国和新加坡的华人新移民均有显著的增加。他们包括两大类：具备可携带技能的专业技术人士及依靠体力谋生的劳工阶层。本文的研究对象为前者，他们大多具有双文化和双语的能力，并通过持续性的和不间断的跨越国界的活动，作为其生活与事业的主导方式。从这个意义上说，他们的观念和行为彰显了跨国性的精髓(包括在两个不同的社会的"同步嵌入")。跨国教育和工作背景，以及由此产生的跨国知识和"既在此处，又在彼处"的心态，对于他们的社会和文化活动有着直接而重要的影响。这种跨国性成为他们在海外和中国的比较优势，从而丰富了国际移民中的跨国性理论，以及有关"技术民族主义"和创新性关系的最新辩论。③

---

① 相关的个案，详见：Liu Hong. "Immigrant Transnational Entrepreneurship and Linkages with the State/Network: Sino-Singaporean Experience in a Comparative Perspective", in Raymond Wong, ed., *Chinese Entrepreneurship in a Global Era*, London: Routledge, 2008, pp. 117—148.

② 《布莱尔为英国移民政策辩护》，http://news. bbc. co. uk/chinese/simp/hi/newsid_3660000/newsid_3663700/3663701. stm。

③ Amar Bhidé, *The Venturesome Economy: How Innovation Sustains Prosperity in a More Connected World*, Princeton: Princeton University Press, 2008.

第二，英国和新加坡高技术新移民的跨国实践模式既有共性又有差异。英国的人才政策是附属于其移民政策，并受欧盟总体的移民和劳工自由流动政策的制约。英国对高端人才的需求十分多元化，涵盖科技、商业、人文和艺术等所有领域，而高端人才来自世界各地，尤其是英语国家和欧盟国家。华人在英国只占总人口的不到1%，主流社会对华人并不关注，新移民基本上是内向型的，他们通过自身的社会组织与文化媒介在华人之间以及华人同中国政府之间保持密切的联系（现实的和想象的）。新加坡的移民政策则直接服务于人才政策，其目的是从世界各地，尤其是从中印等亚洲国家招揽对本国的经济和社会发展有直接帮助的高端人才。在华人占主导地位的新加坡，新移民的人数多，信息透明度高，通过中英文媒介与主流社会有效的频繁互动，有关新移民的研究课题也经常成为政策讨论和公众讨论的焦点。

在社团的建构方面，英国和新加坡华人新移民都建立了以专业人士为主的跨越地方性或方言群认同的华人社会组织。其共同特点是他们都强调华人性（Chineseness）以及同中国官方机构（本土及其驻外机构）的密切联系，并通过这一平台与老一辈或来自中国内地以外的华人交往。高度的流动性以及与中国密切的跨国互动，使高技术新移民形成超地域认同以及华人意识并存的双重认同感。作为第一代移民，他们与中国有着与生俱来的联系，在他们的想象和表述中，中国不仅是一个正在国际舞台上崛起的民族国家，而且是他们的文化和情感寄托所在。祖籍国的观念在他们与中国的跨国交流合作中得到彰显并在多种形式的"为国服务"过程中得到实践。越来越多的留学生在海外工作就业，其中一部分并非落地生根，也不排除落叶归根的可能性，而是经常游走于居留地与中国或第三国之间，因而构成我所称的"跨国华人"的主体和人才环流的实践者。对外部世界的了解和跨国经验的积累有助于高技术新移民自身素质的提高，新移民的跨国互动过程也是他们跨国社会和文化资本建构的过程。

第三，来自新移民的"向上"力量与来自国家的"向下"力量紧密联系在一起（在这方面，新加坡的国家能力和意愿远远强于英国，后者作为一个开放和多元的民主政体，移民政策受到国内不同党派、欧盟，以及国际反恐形势的影响）。一方面，中国政府通过各种政策将高技术移民事务制度性地整合进民族国家发展战略框架之内；另一方面，具有主体性意识的新移民通过个人层面和制度化层面与中国政府进行互动，将个人的发展规划整合进中国的现代化与全球化事业中。这种互惠型跨国互动的建构反过来也加强了新移民的民族情感，并最终实现与中国政府、居住国等多方跨国力量多赢的态势。跨国活动过程中的"此处"与"彼处"之间的联系受到国家政治的制约，而这种新形势下的国家自身（如中国与新加坡）也和不同类型的跨国力量建立某种形式的共生与互动，从而为新移民跨国行动与发展创造了不可或缺的条件。简言之，全球化开拓了民族国家与其跨国公民（和前公民）在跨境场域中广阔的互动空间。

尽管中国与英国和新加坡在政治和经济体制上有显著的差别，但在全球化的今天，英国、新加坡的人才和移民政策值得我们关注。这不仅是因为这两个国家吸引国际人才（如金融和科技人才）的政策取得明显的成效，而且是因为英国和新加坡（尤其是新加坡）人才政策的对象——出生于中国、在西方受教育，并且具备国际性的工作经历——也正是中国所极力争取回国或为国服务的高端人才。因此，在推动人才战略的过程中，中国政府可以借鉴英国和新加坡某些成功的经验并吸取其失败的教训。

第一，进一步制定和完善一整套明确、灵活且具操作性的**制度化和常态化的吸引和使用人才体系**。目前，中央和地方各级政府对高端人才的引进甚为重视，制定了一系列鼓舞人心的政策（如 2008 年年底推出的"千人计划"），很多地方都将人才引进作为一把手工程，其力度和广度都超出英国和新加坡。目前的政策以纵向为主导，通过中央人才工作协调小组和海外人才招聘团等机制展开工作。这在吸引高端人才的初期是十分重要的，如果这些政策、措施能制度化和常态化，那么对人才战略的实施就更有成效，且意义深远。这包括全球范围内常规性的公开招聘程序、对高端人才的明确界定，其资历和成果的审核，在为人才提供赞助和支持的同时对他们的产出进行评价等。同时，可考虑整合各部委的资源，设立跨部委的国家级的专门性的常设机构及其在

海外主要地区的办事处（"联系新加坡"是个可资借鉴的模式）。这一高层次的机构可负责执行中央的相关政策，协调对海外高端创新人才的引入（包括推动资源和人才共享、避免国内各地区之间的不必要的竞争），对政策的实施和成效进行跟踪、调研和评估，并根据实际情况，以及国家和不同地区的发展目标作政策调整，从而达到最大限度地把握人才环流和全球化所带来的机遇。英国人才政策的缺陷是经常变化，缺乏延续性和稳定性，受制于外部环境（如经济形势和国家局势）的影响。中国已将人才战略作为一项国策，应建立一套稳定和灵活的制度来实施这一国策，并保证其延续性和统一性。

　　第二，进一步创造条件，为高端人才在国内的工作提供相关的配套政策和环境，使他们真正起到领军人物的作用。目前，各项人才引进政策的力度都很大，所提供的科研经费和生活待遇也十分优越。相关部门在人才引进之后还应创造一个有利的大环境，使高端人才所在的机构和群体能以大局为重，支持国家和地方的人才政策的实施。在英国一些著名的研究型大学，引进的高端人才在行政和经费上有充分的自主权，这有助于建立海外和本土人才合一的创新型团队。随着国际人才（包括外籍）的增加，对那些遵守中国宪法和制度、有真才实学的外国人，也可委以行政职务，这将进一步推动人才的引进，从而加速中国的国际化步伐。如何为还保留中国国籍的高端人才提供基本的国民待遇，也是一个亟待解决的问题。新加坡为高端人才提供了加入永久居民（绿卡）和公民的快捷通道（两年之后可获得永久居留权；此后两年可获公民权）；英国的高端人才在服务四五年之后可成为永久居民；他们在教育、医疗和其他福利方面都享有公民待遇。对于已获得外籍身份的原中国公民而言，中国绿卡的门槛太高（2004 年到 2009 年 5 年间，北京只有 311 人获得在华永久居留资格）①，而仍保留中国国籍的高端人才也处于十分尴尬的状态。他们中的不少人是在 20 世纪 80 年代中至 90 年代初出国留学的，当时政策规定必须上缴个人身份证。回国之

---

　　①　《北京已有 311 名外国人获在华永久居留权》，http://news. sohu. com/20090823/n266166397. shtml。

205

后(包括短期),他们的中国护照经常无法作为身份凭证,在申请科研项目、办理银行开户、驾照、子女就学等事务的过程中经常遇到不必要的困难,使他们在自己的国家变成了"无户籍或无身份的公民"(即使他们在中国购买了自住的房产)。改变这种状况并不需要牵涉双重国籍这一复杂的外交问题,这完全属于中国的内政,只需国家人事、公安和侨务等部门制定相关的规定,采取某种方式为这批人恢复身份证即可。

第三,为国内本土人才水平的提高提供有利的条件和平台,使之与海外引进的高端人才互为促进,从而达到共赢的结果。引进人才的最终目的是为了提高中国总体的创新能力,海外高端人才毕竟只是少数,他们能够推动并引领整体的科研水准的提高,与此同时,我们也应为国内培养的人才提供必要的支持,包括相对公平的发展平台。例如,长江学者特聘教授的招聘条件规定"国外应聘者一般应担任高水平大学助理教授及以上职位或其他相应职位,国内应聘者应担任教授或相应职位",这无形中将国内的教授等同于国外的助理教授(他们通常是刚毕业的博士),笔者建议将国外应聘者的条件改为"高水平研究型大学的副教授及以上"。同时,为了维持品牌形象和学术水准,建议将长江学者讲座教授的招聘条件改为"国外高水平研究型大学的教授或其他相应职位"而非目前规定的"副教授"。对"高水平大学"也应有较明确的界定,可综合几个国际认可的排名(尽管它们都不尽完美),如《泰晤士报》和上海交大的大学排名等。

(本章是在以下两篇论文的基础上合并和改写而成:《作为新政策领域的跨国华人:20世纪末21世纪之初的中国与新加坡》,载《中国研究》,2008第5/6辑,第252—274页;《当代华人新移民的跨国实践与人才环流:英国与新加坡的比较研究》,载《中山大学学报》(社会科学版),2009年第6期,第165—176页。)

第九章
跨国场域下的企业家精神、国家与社会网络

—— 日本和新加坡的新移民个案分析

近 20 多年来,有关海外华人企业及其作用的研究日益增多,并逐渐对主流学术界产生了一定的影响。然而,现有的研究大多着眼于老一代的企业家,对于 20 世纪 90 年代之后迅速崛起的华人新移民企业家及其特征鲜有涉及。另一方面,自 19 世纪以来,有关移民问题的经济学和社会学的经典性分析所围绕的是两个核心问题:移居发源地和接受国,由此产生的民族国家视野也限制了我们对全球化时代跨国移民企业家及其网络的深入探讨。[1]

华人新移民主要的移居地为欧美和澳大利亚等西方国家。在亚洲,日本和新加坡是他们首选国家。虽然日本和新加坡在国情上有巨大的差异(日本人口在 2009 年达 1.27 亿,且以单一民族占绝对多数;而新加坡人口仅 500 万,是个以华人为主的移民国家),但两国都面临低生育率(1.3 左右)和人口老化的问题,对贸易和技术创新的需求也很高,加之这两个国家在亚洲都属于发达国家,因此,在 20 世纪 80 年代后吸引了众多的华人新移民。本章以在新加坡和日本的

---

[1] 有关华人及中国企业家理论研究的述评,可参见:Jamie Mackie, "Overseas Chinese Entrepreneurship", *Asia-Pacific Economic Literature*, vol. 6, no. 1,1992, pp. 41—64; and Henry Yeung and Chris Olds, "Globalizing Chinese Business Firms: Where are They Coming From, Where are They Heading?" in idem, eds. , *Globalization of Chinese Business Firms*, London: Macmillan, 2000, pp. 1—27; Martin King Whyte, "Paradoxes of China's Economic Boom", *Annual Review of Sociology*, vol. 35,2009, pp. 371—392; G. D. Bruton, D. Ahlstrom, and K. Obloj, "Entrepreneurship in Emerging Economies: Where Are We Today and Where Should the Research Go in the Future", *Entrepreneurship Theory and Practice*, vol. 32, no. 1,2008, pp. 1—14.

华人新移民企业家为个案,分析跨国企业家精神(transnational entre-preneurship)的形成以及特征、国家与网络的作用,并进而阐述跨国性(transnationalism)的理论架构如何有助于解释华人企业家在当代世界和中国社会经济发展中的作用。本章分为三部分。第一部分简要地讨论企业家和企业家精神的内涵及其在全球化时代的延展。第二部分以新移民企业家的经历说明跨国知识与技术优势如何在新兴企业成长中扮演关键角色。第三部分将本文的个案置于国家与网络互动的情境之下加以考察,进而阐明跨国移民企业家产生与发展的不可或缺的外在因素,以及由此形成的双赢策略。结论部分反思跨国性、企业家精神、科技创新,如何有效地结合并成为推动中国与海外华人社会进步的重要力量。

一、跨国场域下的企业家精神

(一)企业家研究的两种取向

约瑟夫·熊彼特(1883—1950)是企业家研究的先驱。他认为,企业家的职能在于实现及执行"新组合",它们包括:① 采用一种新的产品;② 采用一种新的生产方法;③ 开辟一个新的市场;④ 掠取或控制原材料或半制成品的一种新的供应来源;⑤ 实现任何一种工业的新的组织。① 道格拉斯·诺斯则将企业家视为"变迁的代理人",他们对体制范围内所产生的机会能作出积极的"反响"。管理学大师彼德·杜拉克指出:"企业家将变化视为正常和健康的现象。他们通常并不带来变化,但是,企业家和企业家精神的精髓在于企业家总是寻求变化,对变化作出反响,并尝试将变化转化成机会。"②因此,除了传统的冒险性、

---

① 约瑟夫·熊彼特:《经济发展理论——对于利润、资本、信贷、利息和经济周期的考察》,商务印书馆,1997 年版,第 73—74 页。

② Douglass North, *Institutions, Institutional Change and Economic Performance*, Cambridge: Cambridge University Press, 1990, p. 83; Peter Drucker, *Innovation and Entrepreneurship: Practice and Principles*. 2nd revised edition, Oxford: Butterworth Heinemann, 1999, p. 23.

寻求利润的特征之外,企业家是变化的代理人。这一认识成为我们研究跨国企业家的出发点。

特顿(Patricia Thornton)指出,对企业家的社会学研究有两种主要取向:供应学派（Supply-side School）和需求学派（Demand-side School）。[1] 前者强调的是个人素质,如心理、社会、文化和种族特征,并结合对相关变迁机制的分析,进而探讨企业家的形成及其与职业经理人的差异。供应学派所关注的是个人的成就取向、控制力、冒险性、处事方式、独创性、领导能力、价值观,以及社会化的经历,而需求学派则着眼于企业家的实际行为——他们如何在变迁的社会环境下作出决策。换言之,它更关心"推力和拉力",如行业的活动性、政府的政策、市场状况,以及科技的变化等。

由此可见,对企业家精神的经典性分析注重的是内涵与外延。然而,由于民族国家观念的主导性影响,现有的研究大多局限于特定的时间和空间(如移居国或移出国)。直到最近,随着全球化的方兴未艾,跨国企业精神才开始获得主流学术界的关注。

(二) 跨国移民企业精神

在移民社会学和经济学研究中,跨国企业家指的是那些"自雇的移民,其商业活动需要频繁地旅行于国外;其成功取决于在另外一个国家(尤其是出生国)的接触和联系"[2]。跨国企业精神代表了一种新的经济调适形式,它既非企业家的出生国的经济,也不完全从属于移居国的经济。跨国企业家不同于劳工移民,也与传统的以移居国当地市场为对象的少数民族企业家有所差异。一些学者则从制度的角度强调跨国企业家的构成与特征。例如,杨伟聪(Henry Yeung)认为,跨国企业精

---

[1]　Patricia H Thornton, "The Sociology of Entrepreneurship", *Annual Review of Sociology*, vol. 25,1999, pp. 19—46; Howard Aldrich and Roger Waldinger, "Ethnicity and Entrepreneurship", *Annual Review of Sociology*, vol. 16,1990, pp. 111—135.

[2]　Alejandro Portes, William Haller, Luis Guarnizo, "Transnational Entrepreneurs: An Alternative Form of Immigrant Economic Adaptation", *American Sociological Review*, vol. 67,2002, pp. 278—298.

神是一种"学习的过程,因为它从在外国营运过程中所获得的经验中学习、成长。通过这些跨境的经济活动,跨国企业家成为勇于冒险,并在外国建立、整合和维系企业的社会人"。他进而指出,跨国企业活动进程必须同时具备三项相关联的要素:① 在不同国家对资源的控制;② 具备在不同国家的战略性管理的能力;③ 具有创造并把握在不同国家的机会的能力。[①] 因此,与国际化的大型跨国公司(如 IBM, Sony)不同的是,跨国移民企业家与企业家精神更多的是一种自下而上,多边出击的进程。他们未必拥有庞大的公司总部,而在国外的经营获益却可能成为公司利润的主要来源。

跨国企业家精神之所以成为值得深入关注的问题,因其有着现实的和理论的原因。据国际移民组织在 2010 年 11 月发布的报告,目前世界移民人口的总数为 2.14 亿。而到 2050 年,这一数字将达到 4 亿以上。[②] 移民并未完全"斩草除根",而是与家乡维系着不同形式的联系(包括商业往来)。因此,仅仅关注祖籍地(如侨乡)或移入国的经济活动已无法说明移民企业家的全貌。从理论角度来看,自 20 世纪 90 年代初期以来,有关跨国性(transnationalism)理论得到越来越多人们的重视,该理论所关注的正是那些在跨国活动的进程中,将其移居地同出生地(自己的或父辈的)联系起来,并维系起多重关系的移民群体。他们的社会场景(social field)是以跨越地理、文化和政治的界限为特征的。作为跨国移民(transmigrants),他们讲两种或更多的语言,在两个或更多的国家拥有直系亲属、社会网络和事业;持续的与经常性的跨界交往成为他们谋生的重要手段。如果说早期的跨国性理论关注的是移民的主体性的话,近来的研究则强调的是政治的作用。论者指出,由此及彼的联系是受到多重政治力量的影响,国家与国家政治对跨国活动有着明显的制约性。因此,国家必须被带回跨国性的研究之中,移民与

---

① Henry Yeung Wai-chung, *Chinese Capitalism in a Global Era：Towards Hybrid Capitalism*,London：Routledge，2004，pp. 118—119；Eric Fong and C. Luk, eds.，*Chinese Ethnic Business：Global and Local Perspectives*，London：Routledge，2007.

② BBC 中文网，http://www.bbc.co.uk/zhongwen/simp/world/2010/11/101129_migration_new_figures.shtml。

祖籍国和移民国的国家及市民社会之间的多重互动都是值得注意的论题。①

跨国性是华人新移民企业家的主要特征。本章以新加坡和日本的华人新移民企业家（Sino-Singaporean and Sino-Japanese entrepreneurs）的个案来说明从产生伊始，新移民企业家就是一种跨国建构（transnational construct）；他们的跨国教育和经历及其对商业和文化的跨国知识是其企业建立的核心要素；其资金来源、原料产地、劳动分工、市场安排也具备了鲜明的跨国特征。在企业治理（corporate governance）方面，其跨国色彩亦十分浓厚，包括跨国性的家族主义和高层管理人员的构成。最后，新移民企业家与国家和网络的有机互动，也使其在跨国场景实践中，各方都获得最大的益处。

二、新移民跨国企业家的模式

自改革开放以来，移民海外的中国人人数急剧增加。据不同的统计，中国新移民人数现在已超过 600 万。虽然企业家在新移民中只占少数，但其重要性日益增强。限于篇幅关系，本章仅以在日本和新加坡的华人新移民企业家为个案，分析跨国企业精神的构成与特征。

日本的华人移民在近 20 年来急剧增加，从 1980 年的 52 896 人增加到 2006 年的 560 741，其中包括 8 万名加入日本国籍者及 106 269 永久居民，占该国永久居民总数的 1/3。到了 2008 年，华人超过在日韩国人，成为日本最大的外国人群体。日本新移民社会的一个重要特点是教育程度普遍比较高，新移民中的"华侨化"和"华人化"倾向共存，在身份认同上也超越了"落地生根"或"落叶归根"的模式，而是出现了"处处扎根"的格局。出生地的多元性和跨国的流动性已成为日本新华

---

① Roger Waldinger and David Fitzgerald, "Transnationalism in Question," *American Journal of Sociology*, vol. 109, no. 5, 2004, pp. 1177—1195; Liu Hong, "New Migrants and the Revival of Overseas Chinese Nationalism", in Liu Hong, ed., *The Chinese Overseas*, London: Routledge, 2006, vol. 4; 龙登高：《跨越市场的障碍：海外华商在国家、制度与文化之间》，科学出版社，2006 年版，以及本书第一部分。

侨华人的重要特征。[①] 2007 年 12 月 6 日的《时代》杂志以"追逐日本梦"为封面专题，报道了华人新移民在日本企业界的发展，指出他们不仅教育水准较高，对当地的经济发展带来积极的作用，而且成为中日之间交流的重要桥梁。

作为一个华人占 3/4 人口的新兴工业化国家，新加坡成为近年来中国新移民的主要目的地之一。据 2004 年 4 月 25 日《亚洲周刊》封面专题的报道，在狮城的新移民已多达 20 万～30 万人，一些学者推断，新移民人数目前已超过 35 万人。[②] 笔者认为，与其他地方的新移民一样，他们具有几个共同的特征：① 来源地的广泛性，并非仅仅局限于传统的华南侨乡，而是来自五湖四海。② 构成的多元性，既有受过良好教育的可携带技能者（留学生移民和技术移民），又有以劳工为主的连锁移民和非法移民。③ 认同的渗杂性和多元性，作为"跨国华人"，他们的身份认同介于"落叶归根"与"落地生根"之间，经常性的跨国活动则成为他们生活与事业的有机组成部分。

企业家并非一个孤立的个体，其产生和发展均与他们所处的（跨国）环境息息相关。新移民的跨国特征不仅折射在企业家身上，而且因为企业家频繁的跨国活动又给当代新移民，以及同中国的关系印上鲜明的流动色彩。

（一）科技型企业家作为财富创造者：若干个案

传统的海外华人企业家大多从事与商业、贸易、房地产等相关的行业；到了第二次世界大战之后，越来越多的华商进入制造业领域。当代华人新移民企业家中亦有不少人步其后尘。然而，新加坡国内市场的饱和，以及制造业投资期的漫长、竞争日趋激烈，且利润率相对较低，从

① Tien-shi Chen, "The Increasing Presence of Chinese Migrants in Japan", *Senri Ethnological Reports*, vol. 77, 2008, pp. 39—52；朱慧玲：《中日关系正常化以来日本华侨华人社会的变迁》，厦门大学出版社，2003 年版；田嶋淳子：『中国系移住者の移住プロセスとボランタリー・アソシエーション』，载《社会志林》，2009 年第 55 卷第 4 期，第 113—137 页。

② 有关新加坡华人新移民的讨论，可参见吴前进：《新华侨华人与民间关系发展——以中国-新加坡民间关系为例》，载《华侨华人历史研究》，2007 年第 2 期，第 7—22 页。庄国土、刘文正：《东亚华人社会的形成和发展》，厦门大学出版社，2009 年版，第 13、14 章。

杜拉克所阐述的企业创新理论来看,真正能够创造丰厚利润的是那些具有创新,又能使其产品或服务附加值显著增加的行业。科技型企业家(technopreneur)正是在这一时代背景下崛起的。

科技型企业家指的是那些成功地将技术创新转换为产品或服务的企业家。他们除了具备典型的企业家的共性(如冒险精神、追求利润等),其最主要的特征是对高新科技的依赖。从其企业的起步发展到(对部分人而言)成功上市,技术优势及其市场化,构成了科技型企业家的核心要素。这其实也是杜拉克所分析的"知识基础上的创新"(knowledge-based innovation)的精髓。杜氏指出,这种知识基础上的创新是"企业家精神的超级明星;它既受到公众的注意,又能获得投资家的青睐"。杜氏还详细阐述了知识基础上的创新所必须具备的三个要素:① 对所有相关因素的仔细分析;② 明晰的发展与市场战略;③ 企业管理的学习与实践。[①]

中国新移民中有相当一部分受过良好的教育,其中有少数人能够走出实验室,将其技能与知识转化为产品和服务,从而也实现了由学者向企业家的转型。下文所探讨的个案正是当代新移民企业家中有代表性的事例。[②]

严浩　1962 年出生于江苏,1981 年作为教育部公派本科生到日本留学。后就读于东京大学的医学统计专业,期间开始为医药公司提供药物的医学统计和临床试验。1991 年在东京创办 EPS 公司,为制药企业提供 CRO 服务。CRO(Contract Research Organization)是指合同研究组织,作为制药企业可以借用的外部资源,在短时间内迅速组织起一个具有高度专业化和富有临床研究经验的临床研究队伍,高质量地完成临床研究。EPS 公司 2001 年在日本创业板(JASDAQ)上市,并创

213

---

① Drucker, *Innovation and Entrepreneurship*, pp. 27, 98.

② 由于篇幅所限,本文无法一一列出有关个案的资料来源,他们主要包括在这些公司(大多为上市企业)的年度报告及其官方网站,以及新加坡、日本和中国出版的报刊访谈,尤其是《联合早报》、《亚洲周刊》、日本《中文导报》、《华商》和海峡时报(*Straits Times*)、作者本人与蓝伟光和史旭的访谈以及在日本中华总商会所作的调研。相关的背景性资料可参见:《战后新加坡华人社会的嬗变:本土情怀 · 区域网络 · 全球视野》,厦门大学出版社,2003 年版;朱慧玲:《中日关系正常化以来日本华侨华人社会的变迁》,厦门大学出版社,2003 年版。

造了两项第一：日本第一家由中国留学生创立的上市公司；第一个开创的临床试验外包服务行业。根据 2008 年 6 月的财务数据，EPS 市值 369 亿日元，严浩及其亲属控股 55.67%，据此推算，严浩身价在 205 亿日元左右，近 2 亿美元身家。①

李坚 1961 年出生于北京，1979 年考入北京大学计算机系，1981 年到日本留学，1990 年东京大学毕业后加入中国留学生刚创办一年的 Sun Japan(2006 年改名为日本恒星控股集团，SJ Holdings，2009 年重组为 SJI)。李坚于 1998 年升任公司总裁。公司于 2003 年在日本创业板市场成功上市。在中国南京、上海设有多家软件开发企业，主要从事面向日本、美国市场的国际软件应用系统开发，面向日本市场的嵌入式软件开发，以及面向中国市场的系列软件产品的开发。在日本多达几万家的软件开发企业中，恒星控股集团的排名在前 50 名以内，2009 年的年度结算显示，集团营业额为 257.94 亿日元，拥有员工 2 500 名。②

宋文洲 1962 年出生于山东荣成，1980 年进入东北大学采矿系学习矿山学和资源开发。1985 年，到日本北海道大学学习土木工程学。博士毕业后，宋文洲于 1992 年用读书期间打工的全部积蓄 120 万日元，在札幌市北区注册成立了软脑(Soft Brain)有限公司(同年 11 月，公司结构调整为股份公司)，从事"变形强度模拟系统"等土木工程软件的销售业务。宋文洲从一名留学生转变为一位创业者，而且是一位依靠自主研发的技术和产品的创业者。公司初期开发土木工程分析软件，在日本销售 400 多套。该市场饱和之后，软脑公司主要开发营销管理软件，并提供营销整体解决方案。在 2000 年软脑在东京证券市场创业板上市，此后升级到中小板，并于 2005 年在东证一部主板上市。1997 年 2 月，成立软脑软件(北京)有限公司，以软件开发和销售为主

---

① 《江苏严浩：留学日本创业 13 年我赚到了身家 16 亿》，http://www.china.com.cn/info/txt/2008-04/01/content_13995505_2.htm；严浩：《我和 EPS 公司》，载孙建和、庄志霞编《创业物语——在日中国人自述》，东京日本侨报社，2005 年版，第 181—183 页。
② 《华商李坚：愿为下一次成功等待》，载《中文导报》，2010 年 6 月 27 日；"总裁的话"，http://www.sji-inc.jp/english/group。

要业务。研发人员已达 250 多人。2000 年 3 月,成立软脑软件(美国)有限公司,以搜集美国信息通信技术的信息为主要业务。2005 年 9 月,设立 Soft Brain Offshore 株式会社,承接 Soft Brain 离岸开发项目、项目管理。2006 年 1 月,成立软脑离岸资源(青岛)有限公司,作为 Soft Brain Offshore 株式会社在中国的开发据点。①

孙大雄 1959 年出生于四川成都,1978 年考入苏州职业大学(现苏州大学),学习机械工程学,毕业后进入当地的国营制药公司担任制造机械技术员。1989 年赴日,在埼玉大学研究生院主攻真空镀膜技术研究。1991 年,孙大雄进入日本真空镀膜设备厂商的研究开发部门。1996 年起担任项目组责任人,开始全力以赴地进行 DWDM 滤波器生产设备的研究开发。后公司决定中止这一项目,这促使孙大雄自主创业。于 1999 年在日本埼玉创立光驰公司(Optorun Co.),作为光学薄膜成膜生产设备与技术提供商。2000 年及其后,光驰公司成立光驰科技(上海)有限公司,OPTORUN TAIWAN SERVICE CENTER(台湾)和 MSR Corporation(韩国)。目前世界上只有美国、德国和日本的 Optorun 三家企业从事光膜研制。在台湾地区,光驰占据了五成以上的市场份额。孙大雄本人还获得日本企业家表彰大会(Entrepreneur of the Year Japan 2003)的创业奖。②

蓝伟光 1964 年出生于闽西武平县的一个乡村。1981 年考入厦门大学化学系,毕业后在集美大学担任讲师。1992 年,他获得新加坡国立大学的奖学金,前往攻读博士学位,并在短短的三年内完成学业。此后,他加入了当时新加坡最大的水处理公司凯发集团,被派往上海担任中国区的技术与销售总监。他在 1995 年成为新加坡永久居民,两年后成为当地公民。在中国工作期间,他日益意识到膜技术转化为产品

---

① 有关宋文洲和"日本软脑"的个案分析,参见康荣平、柯银斌、董磊石:《海外华人跨国公司成长新阶段》,经济管理出版社,2009 年版第四章;以及"宋文洲简介",http://www.softbrain.com.cn/hdzt/aboutsou.html。

② http://www.optorun.co.jp/chinese/profile/profile3.htm.

的商业价值。① 1996 年,他在厦门创立了三达公司。蓝伟光意识到膜技术在用于水处理时所获得的利润远远低于制药行业。因此,三达公司的业务不仅以制药业为主,而且,从最初仅仅提供技术咨询和流程设计改变为将硬件与软件综合销售。这不仅使公司利润增长近半,而且也促进了整个中国制药业的进步。膜技术使维生素 C 生产成本大幅降低,从而使中国超越美国,占据全球维生素 C 市场的六成份额。而采用蓝伟光的膜技术的江山制药也从 2 000 万元起家的小厂,跃升为全球六大维生素 C 的生产企业之一。

蓝伟光的企业发展是以跨越中新国界为特征的。他在新加坡成立新达科技公司,2000 年至 2002 年间的销售额增长了 547%,2003 年的营业额达 2 亿元人民币。公司也由创立初期的 3 人发展到 170 人,其中 65% 的员工有大专以上学历。2002 年《企业家杂志》选出中国最佳"明日之星"的中小型企业中,新达排名第三。2003 年 6 月,新达科技在新加坡股市主板上市,成功筹得 1.5 亿新元。据 2003 年《福布斯中国富豪榜》,蓝伟光及其家族以 1.37 亿美元的身家名列第 75 位。同年,他获《亚洲周刊》华人青年企业家大奖。2004 年,新达科技集团收购瑞丰生物。拥有 16 年历史的瑞丰是中国最大的赤霉酸(一种天然植物生长调节剂)生产厂家之一,并于 2007 年 7 月在新加坡股市主板成功上市。

张露 毕业于北京广播学院,在电视台工作多年后在墨尔本大学获得 MBA 学位,在新加坡的菲利浦公司任高级技术与管理工作。创业后任新加坡宝路新科技服务公司(Treasueway)的董事长。1994 年,她利用新加坡在建筑智能化方面的先进科技成果和成功经验回国发展。经过多年努力,张露在中国设立了徐州新世纪电子工程公司、上海宝路公司和广州宝路公司,并担任董事长,还出任另外两家公司的副董事长。公司的主要业务是为建筑智能化提供设计、设备、施工、安装、调试,以及售后服务。2001 年在中国承包的工程总额达

---

① 膜(membrane)是一种高分子过滤材料,可以将不同物质分离。膜技术以压力为推动力,进行分离、纯化与浓缩,从而达到解决工业生产过程中应用传统工艺无法处理的能耗高、质量差和工业污染难题。

1亿元人民币，比2000年增长60％。作为在华发展有突出贡献者，她于2002年获得外国人在上海5年居住证，成为极少数获得中国绿卡的外籍人士之一。

（二）供应学派视野下的新移民跨国企业家

如前所述，企业家精神研究中的供应学派注重个人素质（如成就取向、冒险性、价值观、创造力等）对经济活动的影响。本节以此为出发点，探讨新移民企业家成功背后的共同因素——冒险精神与勤奋的工作态度、从科学到生产力的创造性转化、企业战略上的核心关注。

其一，新移民跨国企业家都具备强烈的冒险精神。在创业之前，他们都有稳定的工作和优厚的薪水；放弃这些而走向前景难卜的创业道路意味着机会成本的巨大。蓝伟光的妻子谈到当初蓝伟光离开凯发公司时，她虽然支持他，"但也十分担忧"。林玉程也深知个人创业的风险，但他表示"希望成就一番大事业"。[①] 史旭则认为："有时压力是巨大的，因此你必须有自信，并有坚强的信念。作为一个创业者，就像坐过山车一样……在成功之前，没有回报，没有人认可。"为了弥补因为失去工作安全感带来的焦虑，企业家们在创业初期都异常勤奋地工作。林玉程的NOVOETS刚成立时只有3名员工，他说："我必须特别勤奋地工作，每天只睡三四个小时。"史旭在妻子生产的第二天，就必须赶赴日本，为他的客户解决技术难题。宋文洲则强调："在异国他乡创业最重要的是要有闯劲，要有很强的生存能力。要在没有答案的事情里面找答案，什么该做，什么不该做，不做的话永远没有结果。不要在乎失败，我这些年就是在不断地做，不断地赚钱也不断地赔钱。"[②]

第二，更重要的成功因素是跨国企业家们将先进科技转化为生产力的能力，这也是科技型企业家的精髓所在。蓝伟光自认为是"有企业家头脑的科学家"。他深知，自己的技术优势和对中国以及海外情况的

---

① *Straits Times*，May 23，2003；April 19，2004.

② 王晴：《访日本软脑集团创始人宋文洲》，人民网，2010年8月24日，http://japan. people. com. cn/96960/97741/6719757. html.

了解,能够使他成功地由一个职业经理人转变为企业家。他强调,新达科技的哲学就是创新与市场领先,并由此给股东带来更高的利润回报。孙大雄则说:"我本人一直很清楚,就自己的性格而言,与经营相比更愿意待在研究室里。但在技术革新速度不断加快的今天,我感到日本企业的经营过于保守。鉴于自己对所从事的研究充满信心,因此决心自己创业。"①

第三,企业战略重心的选择。卡森(Mark Casson)曾指出:"企业家是那些专长于对有限的资源的协调进行决策性的选择的人。"②市场战略的选择对于新移民跨国企业家尤其重要。蓝伟光就强调只有将膜技术应用于制药业才能带来丰厚的利润。他认为,自己的技术优势是能够将不同的膜技术整合成一个整体,并满足不同客户的需要。在获得《亚洲周刊》青年企业家奖之后,他表示仍然会专注于其核心市场。在战略分工上,新加坡总部作为资金筹集来源和展开部分研发工作的所在地;而中国则成为其最主要的市场和员工、原料所在地。林玉程也说:"制药、石化和化工是我们当前的战略重点。原因很简单,首先,这些行业的门槛高,需要真正一流的技术;其次,它们的利润额比传统的程序(如污水处理)要高得多。因此,这是我们的重点。"李坚认为,企业必须有自己的强项才能在分工日益细密的社会中生存发展,SJI 的人才、技术优势加上它在中国和日本的大规模运营能力,成为它的比较优势,领先其他同行。③ 在创业初期,通过销售土木工程分析软件,宋文洲的软脑公司获得了 13 亿日元的收入,并且在日本的软件业一举成名。1996 年,宋文洲面临着新的选择:软脑的土木工程软件已占据了日本的全部市场,在铁道、公路、水利、科研院校得到了广泛应用,300 多家建筑公司、设计院和研究所都购买了软脑的软件,市场处于

---

① 日经 BP 社报道:《中国力量改变日本(4)——在日本放手一搏》,http://japan.people.com.cn/2002/10/4/2002104100448.htm。

② Mark Casson, *The Entrepreneur: An Economic Theory*. Second Edition, Cheltenham: Edward Elgar, 2003, pp. 19—20.

③ 《把日本企业风吹进总商会 ——访中华总商会会长李坚》,载《中文导报》,2008 年 3 月 3 日。

饱和状态。公司的业务大多是软件的升级和维护,虽然收益较高,但毕竟市场有限,不会有太大的发展。因此,公司必须寻找新的业务增长点。中国市场的巨大潜力使宋文洲明确表示:"下一个目标不在日本,而在中国。"[①]

简言之,从供应学派视野来看,冒险精神、技术优势、企业战略构成了跨国性科技型企业家的崛起。然而,这些原因还无法完全说明他们的成功因素。接下来,我们从需求学派的视野出发,来分析国家、网络、跨国性以及家族主义在新移民企业家兴起与发展中所起的重要作用。

三、跨国视野下的国家与网络

企业家与企业家精神的产生及其特征、时代是与特定的时间与空间密切相关的,并在某些特定的制度下发展、成熟的。因此,我们必须探讨制度及其在不同时空中的作用。

(一)中国的政策

前文强调,跨国性视野之下的"此处"与"彼处"之间的联系受到国家政治的制约。而这种新形势下的国家自身也与不同类型的跨国力量建立某种形式的共生与互动,从而为新移民跨国企业家的成长创造了不可或缺的条件。笔者认为,政府对跨国华人企业家的支持成为中国融入全球化的一个重要组成部分。这一策略有着广泛的内容,在本书第八章已有分析,本章着重强调其中一个方面,即国家对留学和科技人才的吸引与使用。

随着 20 世纪 80 年代初之后出国潮的兴起与壮大,吸引留学生为中国的经济社会发展服务的问题受到国家领导人的重视。到了 1990 年,越来越多的留学生已在当地(尤其是欧美)工作。他们并非落地生

---

① 康荣平、柯银斌、董磊石:《海外华人跨国公司成长新阶段》,经济管理出版社,2009版第四章。

根，也不排除落叶归根的可能性，而是经常游走于居留地与中国之间，因而构成我所称的"跨国华人"的主体。正是在这种背景下，国家的政策也由过去的强调留学生"回国服务"改变为"为国服务"。2007 年年初国家人事部发布了《留学人员回国工作"十一五"规划》。《规划》提出，今后几年，中国留学人员回国工作将致力于完善政策措施，创新工作机制，提高服务水平，以高层次创新人才为重点，以团队引进、核心人才带动引进、高新技术项目开发引进等为主要方式，加大高层次留学人才引进的工作力度。"十一五"期间，留学回国人员新增人数将达到15 万～20 万人，争取吸引留学人员回国服务 20 万人次。

在中国经济蓬勃发展的背景下，既有越来越多的"海归"人才回国创业发展，也有大量的跨国华人居留海外，并充分利用双边优势，加入中国经济腾飞的进程中。截至 2002 年，全国共成立了 56 个工业园，主要为了吸引归国留学生和科学家而设。到 2010 年初，国务院批准设立的国家级经济技术开发区近 70 个。它们为新移民企业家回国创业发展提供了重要的平台。例如，在 2001 年于广州举行的第四届科技交流会上，有 2 600 个新移民（近半数有博士学位）参与，其中 30％计划回国创业，34％则有意在国内寻求合作伙伴。[①] 中国政府也积极走出去，寻求同包括新移民企业家在内的海外华人建立良性的和多元的互动关系。2009 年 11 月，广东省委书记汪洋率广东省党政代表团和广东经贸代表团访问日本。在日本中华总商会和东京华侨总会等机构举办的欢迎晚会上，他表示："我率团来访问日本，是想借鉴日本在过去的工业化进程中的一些经验和教训，解决好我们现在发展中面临的困难和问题；也是想进一步吸收日本的高新技术的成果，提升我们自己的产业水平。在新的历史时期，在解决我们在发展中面临的一系列问题的过程中，我们仍然希望在日华人华侨能够像过去一样按照我们国家的要求，

---

① 《亚洲周刊》，2002 年 1 月 20 日。国务院批准的工业技术园区名单见：http://www. chinazone. org. cn/showinfo. aspx? id＝488。对中国科学园的吸引海归模式的分析，见：M. Wright, X. Liu, T. Buck, and I. Filatotchev, "Returnee Entrepreneurs, Science Park Location Choice and Performance: An Analysis of High-Technology SMEs in China", *Entrepreneurship Theory and Practice*, vol. 32, no. 1, 2008, pp. 131—155.

继续为我们国家转变发展方式、破解发展难题、提高发展层次，作出新的贡献。"①

新移民跨国企业家从这些新政策措施中获益良多。厦门三达公司就是在厦门火炬工业园区（主要为吸引留学生而设）的第一家公司。蓝伟光表示，工业园的管委会主任和当时厦门市市长洪永世的大力支持和鼓励是他下决心在厦门创业的关键原因。他说，三达早期的成功"在很大程度上取决于政府的支持"②。他还表示："感谢邓小平，感谢新加坡政府，因为有了邓小平，我才有读书的机会，也［因为］有了新加坡政府，我才有后面的发展机会。"

国家不仅仅对跨国科技型企业家的兴起提供政策上的鼓励和帮助，在某些时候，地方政府还直接参与了这一进程。例如，1996 年厦门三达公司成立时是一个中外合资企业，其中蓝伟光本人投资 720 万元人民币，厦门市政府属下的建发公司投资 720 万元，另外三家机构（包括厦门大学）共投入 900 万元。而林玉程的联合环保公司从一开始建立就同中国石化及其在国内的 50 多家分公司有着密切的关系。联合环保在 2003 年的营业额（1 100 万新元）中的 49% 是来自与中国石化的合作。2009 年，公司在辽宁省获得了 2.45 亿元人民币的合同（有关饮用水设施的建立和污水处理）。③

在中国政府积极推动信息产业高速发展的大背景下④，更多的国有和私营企业也走出国门，其中一部分也同新移民企业家建立了密切的合作与联盟，从而创造了双赢的局面。例如，2009 年 11 月，中国最大的 IT 服务企业神州数码控股有限公司（联想集团属下的子公司之一）与李坚为总裁的 SJI 正式达成业务合作及资本合作协议。神州数码向 SJI 增资约 59 亿日元，持有 SJI 股份超过 40%，成为这家在日本

---

① 《〈日本中华总商会欢迎汪洋书记率团访问日本〉》，http://www.cccj.jp/html/Free. News. CN/461. htm。

② 《东南日报》，2003 年 11 月 22 日；《厦门晚报》，2003 年 11 月 22 日。

③ *Business Times*, Sept. 29, 2009.

④ Lun Wu and Tong QingXi, "Framework and Development of Digital China", *Science in China Series E：Technological Sciences*, vol. 51, Supplement 1, 2009, pp. 1—5.

IT 软件开发和服务业中拥有举足轻重地位的中坚企业的控股股东。SJI 总裁李坚(他同时也是中国人民政治协商会议北京市委员会顾问和国务院侨办海外专家咨询委员)个人持股比例将从 10.13％降为 5.99％。李坚表示,SJI 将把神州数码作为中国业务的窗口,向中国市场提供日本高品质的解决方案,推动事业进一步扩大。另外,SJI 还可对欲进入中国的日本企业提供全面的 IT 服务和支持。神州数码董事会主席兼首席执行官郭为指出,神州数码与 SJI 拥有长期的业务合作关系,进一步的深化合作将为两家企业带来双赢的局面。神州数码和 SJI 将通过共享专门知识、知识产权、信息技术、人力资源和销售网络,合作开拓中国和日本两地业务。与 SJI 的合作,有助于神州数码进一步加强 IT 服务和软件开发能力,并有机会将业务拓展至日本市场。①

(二) 新加坡和日本的措施

作为一个仅有 500 万人口、缺乏任何天然资源的国家,新加坡政府从 1965 年建国伊始就意识到人才的重要性。到了 20 世纪 80 年代之后,随着国家经济的转型,对高端人才的需求更为强烈。1989 年 8 月时任贸工部长的李显龙在国会演讲中称:"让我们欢迎新移民,只要他们如我们的先辈一样,带来同样的勇气、企业家精神和能力。"吴作栋总理在 1999 年国庆群众大会上表示:"最重要的是人才。没有人才,我们不可能成为一个第一世界的经济体和世界一流的温馨家园。我们必须从海外引进人才。"在 2006 年 8 月的国庆群众大会上,李显龙总理重申了欢迎外国人才到新加坡创业的国策。②

这种强调外国人才引进的政策与实践具有针对性,是服务于不同时期政府的经济发展战略的。自从 1999 年以后,政府就致力于创造条

---

① 《神州数码控股日本上市企业 SJI》,载《中文导报》,2009 年 11 月 23 日。

② Lee Hsien Loong, "Let Us Welcome Immigrants", *A Bimonthly Selection of Ministerial Speeches*, vol. 13, no. 4, Information Division, Ministry of Communications and Information, Singapore, Jul-Aug, 1989, pp. 76—78;《联合早报》,1999 年 8 月 23 日; *Straits Times*, August 20, 2006.

件鼓励高科技发展,以使经济最终向知识经济转型,并同制造业和服务业相得益彰。在这种政策指导下,20多个具体措施和大量的资金援助计划先后出台,旨在鼓励科技型企业家在金融、资讯、科技、商业创新、人力资源等方面的发展。一些新移民企业也获得经济发展局的起步资金援助(SEEDS,Start-up Enterprise Development Scheme),该基金总额达1 300万新币。在新加坡,高科技起步企业的总数已经从2001年的326家增加到2002年的762家,增长率为134%。来自中国的有60家,其中就有8家企业得到了该基金的资助,约占13%。

另一方面,新移民企业家也深知新加坡市场的局限性。因此,在筹得资金或将科技转化为产品之后,必须以国际以及中国市场为主要依托。这种双重策略——在发达国家筹措资金,以及研发以市场为导向的产品和专注于中国市场,并充分利用中国的原料和成本优势,显著地强化了新移民企业家的跨国特征。严浩的EPS公司在中国也发展迅速。他在2010年的公司年中报告中指出,公司的"广泛的以中国为基地的网络和技术优势"构成了公司成长的关键动力,这将创造出一种集日本和中国企业特色的新的商业模式。[①]

同中国地方政府的策略一样,新加坡政府也直接参与了新移民企业家成长、发展的过程。例如,林玉程的NOVOEST就是与政府所属的生产力与标准局的合资机构。在一些官方的访华考察团中,也包括了新移民的代表。2001年8月,新加坡贸工部长杨荣文率领访问中国西部的57人考察团中,有4位就是来自中国的新移民,他说:"中国人才移民到新加坡,已经为我们制造了一个很有价值的经济联络网,我们应该善用它。"[②]

日本政府的相关政策也为华人新移民的创业和发展提供了重要的环境。1999年日本法务省制定"第二次出入国管理基本计划",提出日本应适应社会需要,促进从事国际商务活动的人员顺利地进行国际交往,积极地接受有技能、技术和知识的外国人进入日本劳务市场。随着

---

①　EPS 2010 *Interim Business Report*,http://www.eps.co.jp/en/ir/library/busirep/pdf/2010/2010-3.pdf.

②　《联合早报》,2001年8月30日。

日本就业政策限制的大幅度放松,使很多留学生以就职的身份侨居日本,并走上创业的道路。例如,在2000年至2003年间,由留学生身份改换为就职身份的申请者中,60%以上都是有大陆背景的。在2003年的技术移民中,有38%来自中国大陆。[①]

简言之,国家成为新移民在跨国企业家成长与发展中的一个不可或缺的要素。与老一辈海外华人企业家同政治的关系模式有所不同(主要通过政商联盟),新移民企业与政治的关联是以政策为导向的,并通过自己的技术优势和国际经验同中国政府和企业建立有效的联盟;而商业与政治的互动更多的是在跨国的社会场域中展开的,因而产生对中国、所在地的国家,以及跨国企业家的三赢态势。身为日本中华总商会会长的李坚在2008年就表示,在日华商将进一步加强同日本企业界的联系,新华商关心社会和国家的发展,期待为中国的崛起有所作为。中国的发展为华商提供了商机和舞台,华商的力量也为中国产业升级提供了强有力的支持。[②]

(三)家族主义、网络与跨国知识的建构

一些学者认为,随着全球化的加剧,传统的华人家族企业模式将消逝,与此相关的华人商业网络的重要性将降低,并可能让位于更开放的企业治理(corporate governance)的模式,华人与非华人之间的合作也更加重要。[③] 本章的研究对象虽然是全球化时代的新移民科技型企业家,但它却显示了华人家族主义与网络的持续的生命力,以及跨国知识

---

① 朱慧玲:《中日关系正常化以来日本华侨华人社会的变迁》,厦门大学出版社,2003年版,第89—90,99—101页;王小溯、周飛帆:『中国人在職者の友人ネットワークに関する調查研究』,载『人文と教育』,2006年第2期,第31—49页。有关日本移民政策的变化及其对跨国移民的影响,参见:Shinji Yamashita, "Transnational Migration in East Asia: Japan in a Comparative Focus", *Senri Ethnological Reports*, vol. 77, 2008, pp. 3—13.

② 《把日本企业风吹进总商会——访中华总商会会长李坚》,载《中文导报》,2008年3月3日。

③ Edmund Terence Gomez and Hsin-Huang Michael Hsiao, eds., *Chinese Business in South-East Asia: Contesting Cultural Explanations, Researching Entrepreneurship*, Surry: Curzon Press, 2001, and *Chinese Enterprise, Transnationalism, and Identity*, London: RoutledgeCurzon, 2004.

的重要性。

家族主义传统　黄绍伦教授指出："华人经济组织的核心是家族主义。"[①]商业家族主义及其所依托的中华文化并未随着知识经济的崛起而式微;相反,它们仍然作为跨国华人企业精神建构中的一个不可或缺的因素。蓝伟光在2003年10月新加坡管理大学的一次演讲中认为,到中国经商就必须了解中国文化,因为"儒家思想对中国人的行为方式还有很大影响"。实际上,他"下海"的原因之一就是尽可能多赚一些钱,以照顾因父亲去世后的大家庭。[②] 这种家族主义的主要表现是在企业结构中。新达集团的最高管理层由5人构成,蓝伟光作为创办人和董事长,持有公司67.5%的股份,蓝伟光的妻子陈妮持有7.5%的股份,是公司共同创办者和执行董事,负责整个集团的全盘行政和日常管理。2000年公司进行重组时曾聘请了一位首席执行官,但他在6个月后就离开公司。蓝伟光的弟弟蓝新光是三达集团的副总裁及"瑞丰生物"的总经理,他的另一个弟弟蓝春光则担任三达集团的副总裁。[③] 在中国中央电视台的一项访谈节目中,蓝伟光表示:"我这人第一个要求,我希望这个人[首席执行官]的职业道德,这是第一位的。我肯定不愿意说,结果我两个亿的市场,被他瓜分走一个亿。第二他必须有职业的能力。我觉得第三个是在认同我现有的文化之上并发展它。"如前所述,严浩及其亲属对EPS公司的控股高达55.67%(2008)。

网络　如本书第一部分所论证的,各种形式的社会与商业网络是华人经济活动的重要组成部分。在新移民跨国企业家发展的过程中,它们仍然扮演着不可或缺的作用。林玉程与中国石化的关系始于20世纪90年代末期,当时他是NOVOEST的执行经理,负责接待一个来自中石化高层的代表团。他说:"懂得做人比做生意更重要,当初见到这批客人的时候,完全没有做生意的目的,更没有想到,从

---

① Wong Siu-lun, "The Chinese Family Firm: a Model", *The British Journal of Sociology*, vol. 36, no. 1, 1985, p. 58.

② *Straits Times*, June 8, 2003.

③ http://sinomem.listedcompany.com/management.html.

此会同中国石化有分不开的关系。我只是觉得他们老远从中国来，我应该尽地主之谊。后来才知道他们刚好在寻找处理石化和环保业务的应用科技，而这也正是我 20 多年来在研究和处理的课题。"如果没有这层最初的联系网，林玉程与中石化的合作不可能展开。然而，与传统的华人企业家对个人性的网络的严重依赖有所不同，当今商业网络的持续发展必须建立在技术优势和互补性基础之上。林玉程表示："要建立长久的关系，靠人情是不行的，一定要在技术上遥遥领先，并拥有一支科技队伍。"宋文洲的企业从日本转向中国发展的重要一环也是通过个人网络推动的。正在宋文洲思考"软脑下一步"发展的时候，主管三峡工程的长江管理委员会的几位工作人员到日本访问，宋文洲为他们担任翻译。在交流过程中，他向来访者讲述了自己研发的软件以及对土木工程具有很好的分析功能。由此，软脑的木土工程分析软件便正式进入中国市场，为三峡工程的设计部门、北京地铁等大型计算工程所采用。

与所在国的密切商业联系是华人新移民企业家的成功因素之一。严浩表示，他与日本大医药公司建立了业务联系，长期合作产生了彼此的信任。"我们首先从一流大公司拿到了项目，虽然项目不大，但建立了相互的信任。而因为这种信赖关系，我们起步的时候就很容易。如果贸然进入这个行业，大公司就不会对你有如此好的态度。"

华人商业网络的建构亦得益于华人社团。虽然在科技发展的时代，它们的重要性已不如过去，但仍然有一定的影响力。例如，蓝伟光是新加坡中华总商会的成员，而林玉程和史旭则是 2001 年在新加坡成立的、以中国新移民为对象的华源会的副主席。这些团体成为新移民企业间建立联系、传播信息的重要渠道。华源会企业家俱乐部召集人史旭表示，"新加坡聚集着成千上万来自中国的新移民。他们中有许多杰出的人才，在工商界和学术界已取得了丰硕的成果，他们希望能有机会与更多朋友分享奋斗的艰辛历程，分享成功的欢乐与经验；也希望能够为新加坡与中国，以及其他国家架起友好合作的桥梁。"

血缘因素在新移民的社会网络中的地位并不重要。严浩指出："血缘关系只适用于老一代的华侨。自 20 世纪 80 年代以来，以留学

形式移居海外,并在当地立业的华侨,特别是日本和美国的新华侨,几乎与血缘组织无关。"①日本新移民企业家更多的是参与业缘性和专业性的团体。1999 年成立的日本中华总商会(严浩和李坚都曾担任会长的职务),其 27 名理事会成员中有大约 22 人是大陆出生的新移民,其中有 17 人在中国和日本都有较大的业务。② 总商会是新移民企业家建立中国网络的重要平台。李坚指出,总商会作为在日本实力最大的华侨经济团体,凭借长期以来与中国政府部门及各个商业组织之间建立的密切联系,有许多与中国政府及经济团体有直接接触的机会。③

　　随着留日和就职人员的增多,新移民专业团体发挥了更大的作用。1993 年在日本成立的中国科技者联盟,拥有 1 000 多会员,其事务局局长刘玉劲在日本创立了从事软件开发的龙高集团公司,并在沈阳设了分公司。由于经常往来于中日两国处理业务,现在他说不清楚到中国算出差还是在日本算出差。像刘玉劲这样中日两国业务两头兼顾的"哑铃式"或"候鸟型"的在日华侨华人正不断增多。他们都认为,自己成功的因素之一就是学到了日本的先进技术,用日本的技术开发出中国这块美玉,并进而扩大到与世界的联系。"日本企业对中国投资促进会"会员大多为在日本学有所成的博士,且多为在日本华人各大团体之主要骨干。该会是"促进日本企业和中国企业之间的经济技术交流,推动和协助日本企业完成投资,提高日本企业投资者的投资质量,保护日本企业投资者投资安全,帮助其成长、发展"为宗旨。自成立后,已经先后组织了几十批"日本企业投资中国访问团"来中国访问、考察。他们用"地、中、海"三结合的模式(地就是国内地方政府,中就是中资机构,海就是日本华侨华人和日本企业)与青岛胶南市政府共同开发青岛临

---

　　①　"三者トップ鼎談",见《华商》,日本中华总商会出版,2004 年第 3 期,第 19 页。该文为记者与严浩、李坚、宋文洲三人访谈录第一部分。

　　②　据笔者对 2006—2008 年理事会成员背景的初步统计整理而成。有关 27 名理事的背景,参见:http://www.cccj.jp/PDFdisp.aspx? id=121。

　　③　《华商李坚:愿为下一次成功等待》,载《中文导报》2010 年 6 月 27 日。

港产业加工区,配合胶南市政府搞活地方区域经济,招商引资。①

跨国知识及其"在地化" 研究表明,知识的获取受到信息及其整理过程的影响,但这同时也取决于企业家的眼界和独创性。前者指的是对企业及其相关的内外环境的理解与信念。那么,这种企业知识是如何传播并在公司所在的各地区实施的呢?一般认为,连锁董事(interlocking directorates)在企业知识与治理方式的传播中扮演了积极的角色。通过董事会,优秀的管理方式和企业知识能够迅速而有效地被其他相关企业所采用。② 本章所研究的华人新移民企业管理层大多是典型的跨国知识接受者、实践者和传播者,因而能够给其企业带来活力和强大的生命力。例如,史旭的纳锋科技公司的管理层就是由具备广泛跨国背景者组成的。技术主管谢立康(Cheah Likang)在南洋理工大学(史旭曾在此任教八年)获得学士和博士学位;负责行销的副总裁尤金·邱(Eugene Chiong)在年仅 25 岁时就在泰国创业;总经理(设计与工程)郝伟(Wei Hao)在新西兰获博士学位并曾在北京和西方跨国公司任职;负责生产与后勤的总经理沈春辉(Shen Chunhui)曾任教于上海交大,并就职于希捷(Seagate)等跨国公司(以上人名皆为音译)。

总而言之,从需求学派的视野来看,经济活动的"推力和拉力"及其制度与环境是企业精神的重要变数。通过以上对国家、网络和家族传统,以及跨国知识建构的简要论述,可以看出正是由于这些因素的共同作用,才使新移民跨国企业家的冒险精神能够有针对性地发挥,并有效地将技术发明转化为产品,从而实现从学者到科技型企业家的质的转变。

---

① 有关该会的介绍,参见:http://www.jic-jp.com/。侯碧红:《为中日经贸合作交流搭建桥梁——日本新华侨华人及其经济》,见吕伟雄主编《海外华人社会新观察》,岭南美术出版社,2004 年版,第 57—62 页。有关日本新华侨社团在中国改革开放中的作用,参见廖赤阳:《大潮涌动——改革开放与留学日本》,社会科学文献出版社,2010 年版。

② Sean O'Hagan, and Milford Green, "Corporate Knowledge Transfer via Interlocking Directorates: A Network Analysis Approach", *Geoforum*, vol. 35, 2004, pp. 127—139.

四、结　语

杜拉克认为,20 世纪 80 年代的美国经历了"从经理型（manageri-al）到创新型（entrepreneurial）经济的根本性变迁。创新型经济之所以成为可能,是由于管理方法的新运用,尤其是有系统的创新,以寻求和利用新的机会,从而满足人类的需求"[①]。这种深刻的经济转型已经在一些海外华人社会发生,并在中国大陆经济改革浪潮中受到越来越广泛的重视。熊彼特等人所强调的以创新性为核心的企业家正在逐渐崛起。本章所讨论的日本和新加坡华人新移民跨国企业家正是这一变迁过程的有机组成部分和重要推手。总结前述的讨论与个案分析,我们可得出三个主要结论。

第一,新移民企业家都具备了双文化和双语的能力,并通过持续性、不间断的跨越国界的活动作为其生活与事业的主导方式。从这个意义上说,他们的活动与观念彰显了跨国性的精髓;他们的跨国教育和工作背景,以及由此产生的跨国知识和"既在此处,又在彼处"的心态,对于他们的商业活动有着直接而重要的影响。

第二,这种跨国性成为新移民企业家的核心特征,也是他们的比较优势（comparative advantage）。传统的跨国企业通常以某一区域为重心,在发展到一定阶段后再向外扩展,这是一种自上而下、由内及外的过程。而本章所讨论的新移民企业从一开始在结构上就具有跨国特征,并通过自下而上、由外及内的过程将海外华人社会与中国连接起来。其创建者的信心来自跨国教育和经验,其管理人员来自跨文化背景,并以跨国市场的经营和劳动分工作为其显著特征。与从事类似行业但缺乏类似跨国背景的本土企业家相比,新移民跨国企业家通常能在更短时间内取得更大经济效益。

第三,新移民跨国企业精神的建构与发展是在与国家和网络的多层面互动过程中实现的。作为一种由上而下的垂直的权威体系,国家

---

① Drucker, *Innovation and Entrepreneurship*, pp. 1, 13.

通过与平行的跨国华人网络建立了某种共生关系，并透过在政策等方面的倾斜和扶持，为跨国企业家的成长创造了不可或缺的条件。而后者的壮大又反过来加强了国家在公共领域的主导作用，使之能够在其进入国际经济领域的过程中获得一个崭新的平台。

第十章
当代英国华人社会与政治参与

——以 2010 年大选为中心

英国华人社会有着悠久的历史，在进入 21 世纪之后，华人是如何适应英国自身的变化、全球化和中国崛起的大环境的呢？其社会融合和政治参与的策略是什么？英国的经验对我们了解华人社会的变迁以及相关的政策有何意义？这些是本章尝试回答的问题。本章分为两个主要部分。第一部分讨论近 20 年来英国华人社会的变化及其特征；第二部分以 2010 年英国下议院选举为中心，分析华人参政的进程及其结果。结语部分探讨英国华人参政的未来道路以及政策含义。

一、英国华人社会：多元化与碎片化

据最近一次（2001）英国人口普查结果，华人的总人数为 24.7 万人。不过近 10 年来华人人口增长速度迅速，每年增长达到 11%，是英国人口增速最快的少数族群。据英国国家统计局在 2008 年的估计，到 2007 年中期为止，英国华人人数达 40 多万，最新的估计是华人人数已超过 50 万。尽管华人人口在近 10 年来增长迅速，但他们仍然是个小族群。据 2001 年人口普查，英国的非白种人人口只占了全国人口的 7.9%，而华人仅占总人口的 0.4%。即使在少数族（非白人）之中，华人也只占 5.3%，远低于南亚人（印度、巴基斯坦、孟加拉）占 50% 的比例。华人在全国人口和少数族裔人口中绝对弱势的比例无疑影响了他们在英国的社会和政治地位。华人社会多元化的特征十分明显，这表现在以下几个方面。

（一）华人之出生地

据英国 2001 年普查结果,在英国出生的华人约有 7 万人,占 28.73%,较 1991 年增加 2.5 万人;其余出生在英国以外地区者,有 17.6 万人,其中主要来自亚洲地区,共计有 16.5 万人,占全部华人之 2/3,见表 10-1。

表 10-1　英国 2001 年人口普查华人人口出生地分布表　　单位:人,%

出生地	2001	1991	人口增长数量
合　计	243 258	156 938	86 320
英国本地	69 880 (28.7%)	44 635 (28.4%)	25 245
中国大陆	46 750(19.2%)	18 507 (11.8%)	28 243
东亚地区	116 888	87 456	29 432
其　他	9 740	6 340	3 400

资料来源:英国国家统计局(Office for National Statistics)2001 年人口普查。

近 20 余年来英国华人人口迅速增加的主要原因是来自大陆移民和留学生的大量涌入。2001 年人口普查显示,大陆出生的华人人口占华人总数的 19.2%,高于 1991 年人口普查的 11.8%。英国内政部公布的关于 2005 年外来移民人口数量的报告称,仅 2005 年一年,外来移民至英国的人口数量净增长达 185 000 人——相当于平均每天增加 500 人,为 1991 年以来的第二个高纪录。在 2004 年至 2005 年两年间,印度新移民数量以 99 000 人,居首位,波兰76 000人,居其次,中国则以 59 000 人,排名第三。[①] 2004 年英国在签发给熟练技术工人的工作许可证中,约 10%的许可证签发给了中国籍的从业者,仅次于印度籍人员。从 2005 年 1 月到 10 月 31 日,英国驻华使馆共接受了 55 338 份签证申请,发出了 45 808 份签证,签证成功率高达 83%。与此同时,来自中国的"工作准证"持有者人数也逐年增加,从 1995 年的 657 人增

① 《新欧侨报》,2007 年 6 月 17 日。有关英国移民政策的演变及其对华人社会的影响,参见刘宏:《当代华人新移民的跨国实践与人才环流:英国与新加坡的比较研究》,载《中山大学学报》(社会科学版),2009 年第 6 期,第 165—176 页;姚丽云:《英国高技术移民政策的变迁与华人新移民的回应》,载《华人研究国际学报》,2010 年第 2 卷,第 2 期。

加到 2006 年的近 5 000 人。

（二）华人人口之分布

华人居住在威尔士、苏格兰与北爱尔兰者约一成左右；其余约 22 万人居住在英格兰，占居民总人口的 0.45%，其中又以大伦敦区为最多（8 万人，占总人口的 1.12%），占华人的 32.42%，东南区次之有 3.3 万人（占总人口的 0.41%），占华人的 13.37%，西北区居第三位，约有 2.7 万人，占总人口的 0.4%，占华人的 10.87 %，见表 10 - 2。[1]

表 10 - 2 英国 2001 年人口普查华人人口分布表（按地区分） 单位:人，%

出生地	人　数	比　例
合计	247 403	100.00
英格兰（England）	220 681	89.20
东北部（North east）	6 048	2.44
西北部（North west）	26 887	10.87
约克夏（Yorkshire/Humber）	12 340	4.99
东英格兰中部（East Midlands）	12 910	5.22
西英格兰中部（West Midlands）	16 099	6.51
东部（East）	20 385	8.24
伦敦（London）	80 201	32.42
东南部（South east）	33 089	13.37
西南部（South west）	12 722	5.14
威尔士（Wales）	6 267	2.53
苏格兰（Scotland）	16 310	6.59
北爱尔兰（Northern Ireland）	4 145	1.68

（三）华人之经济活动与从事的行业

16 至 74 岁华人参与经济活动的比例仅为 57.63%，较全英国之

————————

① 对英国华人人口的统计分析，可参见台湾"侨务委员会"所作的《英国 2001 年普查华人人口统计分析》，见 http://www.ocac.gov.tw/public/public.asp? selno＝149&no＝149&level＝C。

66.54％少了几乎 9 个百分点,失业人口占 3.11％,失业率为 5.39％,与全英国的 3.35％ 与 5.04％ 相近。华人未参与经济活动者高达 42.37％,劳动参与情形较一般英国民众为低。主要原因为学生人数达 4.3 万人,占 23.62％,远高过全英国的 4.70％,见表 10-3。据英国官方统计,中国在英国各类留学人员已达 7 万人,占海外留学生总数的 1/4。英国文化协会预测,中国留学生人数到 2020 年将达到 13 万人。①

表 10-3　英国 2001 年人口普查华人人口按经济活动分布表(英格兰与威尔士)

单位:人,％

	英　国		华　人	
	人数	百分比	人数	百分比
16～74 岁	37 607 438	100.00	181 717	100.00
经济活动	25 022 204	66.54	104 715	57.63
就业者	23 760 861	63.18	99 070	54.52
受雇者(全时)	15 250 199	40.55	53 465	29.42
受雇者(部分工时)	4 430 831	11.78	12 615	6.94
雇　主	2 387 627	6.35	19 397	10.67
自营作业	726 863	1.93	3 173	1.75
全时工作学生	965 341	2.57	10 420	5.73
失业者	1 261 343	3.35	5 645	3.11
非经济活动	12 585 234	33.46	77 002	42.37
退　休	5 118 950	13.61	11 494	6.33
学　生	1 766 784	4.70	42 921	23.62
照顾家庭	2 448 856	6.51	13 094	7.21
伤　病	2 076 243	5.52	2 861	1.57
其　他	1 174 401	3.12	6 632	3.65

至于华人所从事的行业,旅馆餐饮业最多,占所有就业人口的 34.18％,反映华人在英国长期从事传统之餐饮业,至今仍是主要之行

①　《英华新闻》,2005 年 11 月 29 日;《英中时报》,2006 年 9 月 21 日;《伦敦时报》,2009 年 5 月 22 日。

业,其占就业之比例虽较 10 年前的 54.95％降低许多,但参与该行业的就业人数,仍保持在 3.3 万人左右,显示 10 年来新进移民已不再以餐饮业为就业的重点行业。其次依序为不动产租赁业占就业者的 14.56％,第三位则是批发零售业占 11.85％,相关的社会服务业占 10.24％,其余从事各行业人数均在 7％以下,见表 10-4。

表 10-4　英国 2001 年人口普查华人人口按行业分布表(英格兰与威尔士)

单位:人,％

	英 国		华 人	
	人　数	百分比	人　数	百分比
行　业	23 627 753	100.00	96 642	100.00
农林牧业	355 242	1.50	273	0.28
渔　业	5 769	0.02	11	0.01
矿　业	59 391	0.25	117	0.12
制造业	3 534 146	14.96	5 957	6.16
水电燃气业	171 695	0.73	333	0.34
建筑业	1 600 059	6.77	1 327	1.37
批发零售业	3 975 371	16.83	11 454	11.85
旅馆餐饮业	1 125 429	4.76	33 031	34.18
交通运输仓储业	1 655 384	7.01	3 831	3.96
财务中介业	1 117 011	4.73	5 266	5.45
不动产租赁业	3 065 284	12.97	14 074	14.56
公共行政	1 351 471	5.72	2 213	2.29
教育业	1 832 881	7.76	5 666	5.86
健康与社会工作	2 554 943	10.81	9 899	10.24
其　他	1 223 677	5.18	3 190	3.30

在教育背景方面,华人社会内部两极化的倾向十分明显。31％的华人有大学或以上的学位(英国白人的比例为 17％),约有 5 万华人拥有法律、医生或其他专业文凭。另一方面,20％的华人缺乏任何教育文凭(英国白人的比例是 15％)。在华人职业背景方面,技术性较高的高级经理、专业技术及技术交易人员各占 17％、18.1％及 17.39％,均较

全英国之 15.11％、11.17％及11.64％高出许多。① 华人社会的多元性不仅表现在人口和社会结构上,而且也反映在语言使用上。据统计,约30 万英国华人讲粤语,1 万人讲客家话。班国瑞教授指出:"了解英国华人的最佳方法莫过于将之视为由来源地和特征而非共同利益所构成的共同体,因为它由不同的次级社群构成,它们分别建立在不同的语言、宗族、教育、社会阶级、国籍,政治和其他因素的基础之上。"②

总之,从出生地、地理分布、职业构成等方面来看,英国华人社会具有显著的多元性和碎片化(fragmentation)的特征。这对华人社会内部凝聚力的形成和对英国的国家认同感的建立有一定的阻碍作用。据2004 年官方的调查,只有52％左右的华人认同于英国,远低于其他少数族群(加勒比黑人为 86％;其他地区黑人为 83％;巴基斯坦人为83％;孟加拉人为82％;印度人为 75％)。③ 所有的这些因素都影响了英国华人的政治参与模式和结果。

二、2010 年大选:成就与问题共存

一般认为,政治参与(political participation)指的是民众通过不同方式影响政府决策的过程,其最主要方式包括参与投票和选举;此外,还有社区建构与社区呼声(community advocacy)、群体间的政治关系(inter-group activity),以及围绕政治论题所形成的个人网络。④ 华人参政包括两个不同的但又相互关联的层面。其一是族群的层面,华人通过政治参与表达作为少数族群的政治诉求;它的基础主要是华人自

---

① 英国国家统计局有关族群、教育和职业的统计,参见:http://www. statistics. gov. uk/CCI/nugget. asp? ID=461&Pos=&ColRank=2&Rank=768。上网时间:2010 年 7 月2 日。

② Gregor Benton and Edmund Gomez, *The Chinese in Britain*, *1800-Present*:*Economy*, *Transnationalism and Identity*, Hampshire and New York: Palgrave Macmillan, 2008, p. 174.

③ 国家统计局(Office of National Statistics)有关族群与认同的调查,参见:http://www. statistics. gov. uk/cci/nugget. asp? id=459。上网时间:2010 年 7 月 2 日。

④ Amy Freeman,*Political Participation and Ethnic Minorities*:*Chinese Overseas in Malaysia*, *Indonesia*, *and the United States*,London: Roultedge, 2001, pp. 7—8.

身的文化、种族和政治特征。其二是国家的层面,华人通过政治参与表达自身作为民族国家一分子的权力与义务,并进而推动国家的政治进程;它的主要基础是华人作为公民的身份认同,华人性(Chineseness)可能被有意无意地弱化。

2010 年 5 月 6 日结束的英国大选由于没有任何一个政党获得超过议会半数的席位,产生了该国自第二次世界大战以来第一个联合政府,获得了最多数议会席位的保守党和自由民主党通过协商组成了新一届的联合执政政府,从而宣告了工党长达 13 年执政期的结束。

在这个被称为第二次世界大战后英国最为激烈的一次选举过程中,华人作为一个少数族群,通过华人候选人的参选活动,发出了寻求更积极参政的呼声。[①] 共有 8 位华人候选人参加下院议员的竞选,为历史上华人参加下院选举候选人数最多的　　次。其中出生于广东的候选人吴克刚博士,更是成为首位参选的中国大陆出生的英国华人。

多位华裔候选人的参选活动在英国华人社会引起了极大的反响,几乎所有当地华文媒体都在重要版面用大量的篇幅对 8 位参选的华人候选人进行了详细的介绍,甚至连一贯向华人社区介绍宣传基督教的华文报纸《号角》都在头版头条刊登了华人候选人的参选情况。而中国大陆、香港,以及东南亚等地的华人主流媒体也都通过网站的专栏全程跟踪报道了英国大选及华人候选人的参选过程。中国中央电视台第二套财经频道还通过视频连线,采访保守党候选人吴克刚,并介绍另一位候选人李泽文的参选情况。[②] 此外,为了使华人能够更了解英国的选举制度和华人候选人的参选议程,BBC 英伦网与 BBC 中文网特意安排在 2010 年 4 月 7 日联合举办"英国大选与华人参政"讨论会,并在网

---

①　详情参见 BBC 中文网:http://www.bbc.co.uk/zhongwen/simp/indepth/cluster_uk_elections.shtml。上网时间:2010 年 7 月 5 日。

②　参见[视频]《新闻特写:李泽文——一位英国华人的参选生活》,http://news.cntv.cn/world/20100508/102246.shtml。上网时间:2010 年 7 月 5 日。

上进行直播。①

虽然所有的华人候选人全部败北，但是如此大规模的报道英国华裔候选人的参选，在整个华人世界引起了强烈的反响。以网上全球直播的"英国大选与华人参政"讨论会为例②，在直播的过程中，来自全世界各地的华人不断地通过视频或电话连线参与讨论，向出席讨论会的华裔候选人提出问题和评论。同时，也表明海外华人在当地参政的热情正随着中国的崛起而与日俱增。正如"英国华人参政计划"创始人李贞驹律师在接受采访时所称："无论这次大选的结果如何，英国整个华人社区已经是胜利者。8 位华人国会议员候选人参政的榜样，已经令不同阶层、背景和年龄的华人都认识到参政议政的重要性。不少华人这次都走出来投票，证明华人对政治并非漠不关心。我相信未来在国会中必将出现华人的议员。"③

本节旨在通过对整个华人候选人参选过程的回顾与介绍，剖析华人候选人参选的意义和失败的原因，揭示英国华人在积极寻求融入英国主流社会的艰难历程。

（一）8 名华人参选者介绍与分析

2010 年的英国大选的 8 位华人候选人分别是保守党候选人李泽文、吴克刚，自由民主党候选人杜淑真、凌家辉、谢晓明、李佩腾，北爱尔兰联盟党候选人卢曼华，以及独立候选人成世雄，其中大多数候选人来自中国香港、新加坡，或是英国出生的第二代华人，有一人出生于中国大陆，8 人中有 2 位女性。我们首先对参加选举的 8 位华人候选人进

---

① 讨论会文字内容摘要详见 BBC 中文网，http://www.bbc.co.uk/zhongwen/simp/uk/2010/04/100405_ukelection_livetxt.shtml，讨论会网上录像详见 BBC 中文网，http://www.bbc.co.uk/zhongwen/simp/multimedia/2010/04/100406_video_ukelection1.shtml。上网时间：2010 年 7 月 5 日。

② 通过视频和电话连线参与讨论的观众既有在英国国内工作生活的华人，也有来自挪威等其他欧洲国家的华人学生，更有远在中国香港和内地的观众收看并参与提问。详见讨论会文字内容摘要和视频录像。

③ 详情参见 BBC 中文网，《英国大选华裔候选人全部落选》，http://www.bbc.co.uk/ukchina/simp/uk_life/2010/05/100507_election_chinesecandidates.shtml。上网时间：2010 年 7 月 15 日。

行简单的介绍(并参看本章附表)。

来自伦敦赫本和圣皮拉斯(Holborn & St Pancras)选区的保守党候选人**李泽文**是最早宣布参加竞选的华人候选人,也是当选呼声最高的一位。① 李泽文出生于香港,10 岁来到英国,从剑桥大学毕业之后,他选择了进入政府部门工作。工作 17 年后,他成为伦敦警队首位华人总督察。之后李泽文进入商界,成为咨询公司的高级管理人员。由于其童年的艰辛岁月和政府部门的经历,使他被《星期日泰晤士报》(Sunday Times)称为保守党的"秘密武器"。② 而其竞选活动也获得了香港末代总督彭定康以及保守党主席卡梅伦的支持。李泽文一直被寄予厚望,而他自己也对赢得竞选充满信心。李泽文的竞选宣言是:"我们可以改变明天。"他希望推动政界言行一致,建立公平的社会,使人们可以通过自己的努力获得属于自己的成功。正如他在自己的网站上所写的:"我不认为我们跟政治毫无关系。我们要重新建立政治和所有事物的关系:那是改变现状,令明天更美好。这就是我想成为国会议员的原因,参与政治可以帮助别人兑现自身的承诺。我希望提升英国华人成为忠诚的英国公民的形象,从而缩小我们对英国经济所作的贡献和政治的利益的不平衡。我亦希望社会上每一个人都能各尽所能、各得所需。让我们携手令这一切得以实现。起来吧,我们一定可以改变现状,进入更美好的明天。"③他还说明选择保守党的原因:"因为我所代表的党派的价值观是崇尚勤俭工作,关注家庭、尊重法制、对社区负责,这和一些华人价值观相同。保守党还鼓励人们无论阶级和教育背景,可以凭自己努力进取。"④

---

① 详情参见英伦在线:http://www.ylzx.co.uk/cn/? p=525。上网时间:2010 年 7 月 5 日。

② 详情参见:http://www.thesundaytimes.co.uk/sto/news/Features/Focus/article181682.ece 和 http://www.thesundaytimes.co.uk/sto/Magazine/Regulars/article267180.ece。上网时间:2010 年 7 月 5 日。

③ 李泽文个人竞选网站,http://www.mygeorgelee.com/。上网时间:2010 年 5 月 6 日。

④ http://www.bbc.co.uk/ukchina/simp/uk_life/2010/04/100405_ukelection_livetxt.shtml。上网时间:2010 年 7 月 21 日。

另一位保守党候选人**吴克刚**则由于其大陆出生的背景也引起了关注。出生于广东汕头的吴克刚从小成长在大陆，1991 年来英国留学，1994 年获得博士学位后任教于利物浦大学地理系。之后他活跃于商界，是英国商会的首席中国顾问。据他自己的介绍，他主要负责的是英中贸易与英中投资，所以对英国政府的工作流程比较熟悉，而且目前英国面临来自政治、经济、社会等各方面的压力，他希望通过自己在这些方面的经验贡献一份力量。吴克刚所在的选区利物浦河区是大选投票率最低的选区，他希望能够在今后让选区的民众更积极地参与政治，同时也希望帮助华人社会与主流社会求同存异，增进主流社会对华人社会的了解，消除误会与隔阂。他说："我参选的原因有三：第一，我在利物浦 生活了 15 年，利物浦是与中国发生联系的最早的英国城市之一，与上海是姐妹城市。第二，我有丰富的经验，包含在教育、科研和商业方面。第三，英国在过去两年里经历了金融危机和议员开支方面的丑闻，我知道人们所经历过的艰苦，这里我同意保守党的经济政策、家庭教育和外交政策，尤其是有关中国的外交政策。"①

如果说保守党的两位议会候选人属于政坛新人的话，那对于代表北爱尔兰联盟党参选北爱南贝尔法斯特区的**卢曼华**而言，已经不是第一次参加竞选活动。据她的个人网站上的介绍②，早在 2007 年 3 月，她就成功当选为联盟党在南贝尔法斯特区议会议员，成为欧洲首位地区议会华人议员。根据 BBC 中文网的介绍："卢曼华在香港出生长大，在 1970 年移居英国，曾在伦敦工作。她从 1974 年定居北爱尔兰便开始关注北爱尔兰少数族裔特别是华人的事务。"③此次她竞选的主要政纲是，结束社会分化、提倡种族平等、推动宗派合作，吸引投资、增加就业机会。

8 位华人候选人中一共有 4 位来自自由民主党（以下简称自民

---

① http://www.bbc.co.uk/ukchina/simp/uk_life/2010/04/100405_ukelection_livetxt.shtml。上网时间：2010 年 7 月 21 日。

② 卢曼华个人网站：http://www.annalo.org/。上网时间：2010 年 7 月 5 日。

③ 详见 BBC 中文网，http://www.bbc.co.uk/ukchina/simp/uk_life/2010/03/100316_election_lumanhua.shtml。上网时间：2010 年 7 月 5 日。

党），分别是在伦敦哈密史密斯地区参选的杜淑真，在伯明翰布罗姆斯格罗夫选区参选的凌家辉，在布罗克斯本选区参选的谢晓明，以及在汉普郡选区参选的李沛腾。其中，**杜淑真**是新加坡华人，1979 年移民英国，在商业法律行业工作多年后，在 5 年多前获得英国国籍并决定参政。杜淑真竞选的政纲是创造更好的生活环境，改善教育与住房；同时，她还表示："为什么选择自民党？ 伊拉克战争开始后，自民党就一直反对这场战争，它还注重民事公民权利和平等，经济上也很明智。"①**凌家辉**的父母均是香港移民，而他则是英国出生的第二代华人（BBC）。早在巴斯大学攻读经济学期间，凌家辉就已经积极参与自民党的活动。毕业后他从事过通讯业的工作，现在是银行的分析员。凌家辉于 2007年决定投身政治，他此次竞选的政纲是建设公平社会，保障长期政策，重塑信任。

谢晓明和李沛腾的父亲都是英国人，**谢晓明**的母亲是马来裔与华裔的混血，而**李沛腾**的母亲是新加坡华人。他们在参加此次竞选之前都已经分别是所在地区的区议员，李沛腾还从事律师工作。谢晓明所在的选区是带有种族偏见的英国民族党异常活跃的地区，他此次竞选的目的也是为了防止民族党在当地的扩张。而李沛腾的竞选政纲则是为政界重新注入合理、诚实和公平的理念。

最后，作为唯一一名以独立候选人身份参加此次竞选的**成世雄**则是所有华人候选人中从政经验最丰富的一位。成世雄早在 1970年就移民英国，一直从事餐饮业。在伊斯特本居住了 38 年的成世雄数次连任地方议员，而且他的妻子和儿子也都当选为地区议员。像成世雄这样一家三口都当选地区议员的例子即使在全球华人中都属于罕见。2006 年，成世雄退出了自民党，他认为独立候选人的身份能使他不受政党影响，更好地服务选民。他还表示："各个主要政党至今还没有清楚的取胜策略，代表这些政党的候选人在其选区争取

---

① http://www.bbc.co.uk/ukchina/simp/uk_life/2010/04/100405_ukelection_livetxt.shtml。上网时间:2010 年 7 月 21 日。

选民支持方面有一定的困难,作为独立候选人反而有利。"①此次成世雄竞选的目的是帮助华人在国家层面的立法程序中,发出有力声音。而为了此次竞选,他甚至关掉了自己的外卖店,专心参加竞选活动。

前执政党工党在 2010 年英国大选中并未推出华人候选人,让人颇感意外。其实早在 1997 年英国工党获得大选胜利取得执政权后,工党内的华人党员就表现出了积极参政的热情,并在 1999 年成立了英国华人工党,而创办人之一就是前首相布莱尔的弟媳谢锦霞(Katy Tse Blair)。② 而此次大选工党未推举出华人候选人,其中的原因主要有以下几点。

首先,现任华人工党主席梁辛尼(Sonny Leong)表示,之所以此次工党未派出华人候选人,是因为每个选区的参选活动都非常费时费钱,工党派出的候选人就是为了最终当选,所以在推选候选人的时候会更加谨慎考虑。③ 笔者认为,之所以此次工党如此谨慎的考虑候选人的资格,主要与工党所面对的大选形势不利有关。大选前的多次民意调查都显示,工党极有可能失去国会最多数席位的地位。所以全国每一个选区的选举对工党来说都要"寸土必争",自然也就需要最具实力的候选人出来参选。

其次,英国工党内缺少有实力的华人代表。相比较保守党和自民党内的华人候选人在党内的活跃程度,工党的华人党员甚至都没有赢得其在党内的初选,自然也就无法取得国会议员候选人的资格。据华人工党网站介绍,华人工党成员吴美莲(Mee Ling Ng)两次参加党内初选均告失利;而另一位成员郑信和虽然在 2002 年当选工党在伦敦巴

---

① 详情参见 BBC 中文网,http://www.bbc.co.uk/ukchina/simp/uk_life/2010/03/100325_election_chengshixiong.shtml. 上网时间:2010 年 7 月 5 日。

② 参见英国华人工党官方网站报道:《英国华人与政治四:华人工党》,http://chineseforlabour.org/news/23 - 2009 - 10 - 26 - 10 - 36 - 33。上网时间:2010 年 7 月 21 日。

③ 详见"英国大选与华人参政"讨论会文字内容摘要:http://www.bbc.co.uk/zhongwen/simp/uk/2010/04/100405_ukelection_livetxt.shtm. 上网时间:2010 年 7 月 15 日。

尼特（Barnet）地区的区议员，但是却在 2006 年连任失败。[①] 相比于其他华人候选人在地区议会的丰富经历，工党华人党员相对弱势的政治资本影响到他们在党内的地位与受重视的程度。梁辛尼指出，华人工党有一个 10 年计划，就是要积极培养有政治能力和经验的华人工党党员，在今后的选举中能够有资格参加全国大选，甚至于赢得选举，成为国会议员。[②]

最后，据英国当地华文报刊的一些评论文章，工党没有推出一位华人候选人，背后的原因可能是工党内部不同派系斗争所造成的。相比较布莱尔执政时期对华人工党的诸多支持政策，布朗上台后对华人工党的态度较为冷淡，或因为华人工党与布莱尔派系的关系较为密切。[③]在大选结束后，华人工党已经明确表示支持英国前外交大臣大卫·米利班德参选工党党魁。米利班德在参加华人工党活动时表示，首位华人下院议员必然出自工党。由于米利班德被认为是布莱尔系的得力干将，此次讲话被认为是对华人工党的一个政治许诺，作为支持其参选的回报。[④]

（二）华人竞选失利原因分析

2010 年 5 月 7 日的计票结果显示，英国下议院诞生首位华人议员的愿望仍旧没有实现。其实早在大选开始之前，时任外交大臣的米利班德就指出，首位华人下院议员必然会出自工党。由于此次执政党工党并没有派出华人候选人，其言下之意暗示此次 8 位华人候选人将全军覆没。[⑤]

在全部 8 位候选人中得票最高的是李泽文，在其选区共为保守党

①　详见英国华人工党官方网站报道：《英国华人与政治四：华人工党》，http://chinese-forlabour. org/news/23－2009－10－26－10－36－33。上网时间：2010 年 7 月 21 日。
②　详见"英国大选与华人参政"讨论会文字内容摘要：http://www. bbc. co. uk/zhong-wen/simp/uk/2010/04/100405_ukelection_livetxt. shtm。上网时间：2010 年 7 月 15 日。
③　详见：《英中时报》，2010 年 3 月 26 日、2010 年 4 月 16 日。
④　转载英伦在线：http://my1510. cn/article. php? id＝507c8279c578b060。上网时间：2010 年 7 月 21 日。
⑤　《英外长米利班德走进华社盛赞华人贡献》，载《英中时报》2010 年 4 月 16 日。

赢得了 11 134 张选票,而排名最高的候选人则是来自汉普郡选区的李沛腾,其以 10 273 张选票名列该选区的第二名。吴克刚在被称为工党老巢的利物浦河畔区共赢得 4 243 张选票,名列第三。作为独立候选人参选的成世雄获得了 1 327 张选票,名列该选区第四,不过却是所有独立候选人中得票最多的候选人。根据英国华文媒体报道,虽然在此次大选中的华人候选人全军覆没,但是所有的候选人都为所在党派赢得了比上届大选更多的选票。更重要的是,通过这次大张旗鼓地宣传,在华人社会内部已经产生了关于华人参政议政的讨论热潮。此次英国大选,华人的投票率也有较大幅度的提高。"英国华人参政计划"成立之初的目的,就是通过不断的宣传,让英国的广大华人认识到自身的参政权利,应该更积极地发出自己的声音,维护自身社区权利,更好地融入到英国的主流社会中去。① 深入探究此次华裔参选人失利的原因,主要有以下几方面关键因素。

首先是候选人所在选区的政党实力。英国议会的选举制度是每五年举行一次全国大选,全国范围内划分的每个选区的候选人通过全民投票的方式以获得简单多数票者即当选。每个选区获胜的候选人就为其所在政党赢得了国会下院的一个议员席位。而在议会中获得超过半数席位的政党组阁形成新一届政府。由于英国的选民在投票的时候会非常关注候选人所在政党的竞选纲领,所以造成每个选区的候选人之间的竞争实际成为不同政党间民众基础的较量。以这次华人候选人所在的选区为例,每位候选人所在的选区都不是其所在政党的优势地区,而且这些地区在上届选举中,其他获胜政党的优势都非常的明显,特别是吴克刚所在的利物浦河畔区更是工党的"票仓",工党的得票率接近 60%。② 由此可见,华人候选人想要通过一次竞选就改变巨大的劣势几乎是不可能的。

---

① 参见"华人参政计划"官方网站:http://www.bcproject.org.uk/ 和 BBC 中文网:http://www.bbc.co.uk/zhongwen/simp/uk/2010/03/100315_ukelex_forum_trailer.shtml。上网时间:2010 年 7 月 5 日。

② 投票结果参见 BBC 网站大选专栏:http://news.bbc.co.uk/1/shared/election2010/results/。上网时间:2010 年 7 月 5 日。

2010 年 7 月初，伦敦红桥前市长陈德樑在被问到华人候选人失利的原因时说："这是英国的选举制度和操作规则造成的。要参加国会大选，首先要得到党内选举委员会的认同。他们接纳你了，你才有可能成为候选人。至于你要在哪个选区参选，不是你本人说了算，要由选举委员会决定。他们可能把你空降到支持率很高的选区，也有可能把你放到当选成功率极低的地方，这只是第一步。选举委员会把你推荐给选区后，当地的政党（保守党、工党或自民党）组织还要在三四个被推荐人中投票决定是否最终接纳你为他们的候选人。5 月份参选的 8 位华人所在选区，除非有翻天覆地的突破性投票，不管是保守党的李泽文、吴克刚，还是自民党的杜淑贞，都不可能当选。他们代表的政党在上一次大选中，得票都是居第三位，而且与第一、第二位的票数相距很远。"①

其次是候选人的政治背景。根据英国的选举传统，由于议会席位获得决定于每个选区的获胜者，所以各个政党都会把其党内的知名政客安排在其稳赢的选区，即所谓的"安全席位"（safe seat）。与此相对应的，对于那些党内的新人，则会被指派到相对优势较弱或者其他党派的安全选区，即"边缘席位"（marginal seat）去尽量争取赢得更多的选票。其中表现较好的新人会在今后的大选中被所在政党安排到那些安全选区。② 此次大选中的华人候选人基本上都是各个政党内的"新人"，虽然李泽文依靠强势的宣传和党内领袖的支持大造声势，但是他所在的伦敦霍本选区也不是保守党的安全席位，仅仅是保守党希望尽力争取的选区，这也是为何所有华人候选人都被安排在其他政党的优势选区。而作为独立候选人赢得议会席位的成功案例在英国本身就非常少，除非有特殊的情况，更关注党派政纲的民众很少会把选票投给独立候选人，所以从政经验丰富的独立候选人成世雄仅赢得 1 000 多张选票实属正常。陈德樑认为："如果你代表的政党在某个选区比第二名的政党多上万张选票，你去那里

① 《华商报》，2010 年 7 月 2 日。

② 详见 BBC 中文网《话说英国选举制度》，http://www.bbc.co.uk/zhongwen/trad/uk/2010/03/100323_uk_election_system.shtml。上网时间：2010 年 7 月 5 日。

参选，几乎百分百当选。如果你去参选的地区第一、第二名的政党只有几千张票的差别，那就得拼搏，那就要看政纲、个人魅力和当地志愿支持者的活跃程度。我们现在华社的情况是，各党中央党部都没有把华人参选人推荐到最有把握赢的选区，你自己再怎么努力都没有用。"

再次，华裔候选人参选经验的缺乏。8位参选的华人候选人均为首次入围下议院议员的选举。除了热门人选李泽文之外，其余的候选人在竞选策划、组织团队、临场应变和准备时间等各个方面都有一定的欠缺。[①] 如自民党候选人李沛腾直到大选开始前6周才宣布参加选举。吴克刚也坦承，自己整个竞选时间只有3个多月，在准备工作方面自然不能和精心准备了近一年的李泽文相提并论。[②] 另外，在"英国大选和华人参政"讨论会结束之后，一名华文传媒学者在接受《英中时报》采访时指出，"通过此次论坛，可以看出华人参选人士运用现代媒体手段来竞选时，仍显得相当生涩与不娴熟"[③]。一些华人参政人士还未能达到现代政治家在公共场合自如应对的"专业水准"，对于公共事务的思考和立场尚不够明晰与深入，在利用现代媒体平台来展现魅力、说服力和号召力方面，尚有较大的努力空间。此外，虽然此次华裔候选人参选在英国华人社会引起了前所未有的强烈反响，如前文中提到的各大华文媒体都竞相报道华人候选人的介绍和参选情况，但是除了《星期日泰晤士报》有关李泽文的报道之外，主流英文媒体对华人候选人的介绍却阙如。这似乎也反映出华人参政的愿景还未真正被英国主流社会所

---

① 《竞逐英国大选八华人多为香港和新加坡背景》，载《欧洲时报》，http://www.oushinet.com/172-570-65848.aspx。上网时间：2010年7月5日。

② 详见中国新闻网：《八位华裔国会议员候选人在英国大选中均告失利》，http://www.chinanews.com.cn/hr/hr-ozhrxw/news/2010/05-07/2269097.shtml。上网时间：2010年7月5日；《欧洲时报》，http://www.oushinet.com/172-527-69772.xhtml。上网时间：2010年7月5日。

③ 详见：《英大选华裔落败引'参政手段'之思仍需社群砝码》，http://www.chinanews.com.cn/hr/hr-ozhrxw/news/2010/05-15/2284116.shtml。上网时间：2010年7月10日。

接受。①

最后,英国华人社区对华人候选人帮助不大。如前所述,华人在人口总量方面仍属于较小的族群,并且居住分散。在任何一个选区都没有大量的华人聚居地,更重要的是,英国华人长期以来参政热情不高,投票率远远低于全国水平。英国选举委员会主席珍妮·华生(Jenny Watson)表示:"英国的华人是所有少数民族中,选民登记比例最低的一个族裔。英国总人口中,未参加选民登记的人口比例为6%,而在华人社区中则高达30%。"②

(三)华人候选人参选的意义

虽然2010年下议院选举结果仍没有华人议员当选,但是历史上第一次有8位候选人参选已经打破了华人参加英国大选的人数纪录。此外,华人候选人在"华人参政计划"和其他华人团体的共同合作下,在全国范围发起了鼓励华人投票的活动。③ 虽然华人的整体投票率还是处于全国平均数据之下,但是相比过去的大选,已经有了很大的提高。所以,此次大规模华人候选人参选英国下院议员,有以下几点特殊的意义。

首先,虽然8位华人候选人所在的选区均属于其他政党的优势地区,而且面对诸如准备和宣传时间不足等一系列不利的外在因素,他们仍然通过努力尽可能地为各所在党派在该选区赢得了比上届选举更多的选票,尤其是保守党的两位候选人更加引人注目。其中,李泽文为保守党在伦敦的选区赢得近乎比上一届多一倍的选票,虽然最终未能当选,但是受到保守党内的大力嘉许。④ 另一位保守党候选

① 英伦在线最近调查显示,超过半数华人认为华裔候选人不被英国主流社会认同。详见:http://www.ylzx.co.uk/cn/? p=711。上网时间:2010年7月10日。

② 《星岛日报》,2010年2月8日。

③ 参见英国华人参政计划网站:http://www.bcproject.org.uk/website/。上网时间:2010年7月8日。

④ 详见中国新闻网:《八位华裔国会议员候选人在英国大选中均告失利》,http://www.chinanews.com.cn/hr/hr-ozhrxw/news/2010/05-07/2269097.shtml。上网时间:2010年7月5日。

人吴克刚在接受中央电视台财经频道采访时表示,虽然利物浦河畔区一直是工党的票仓,可是这次他为保守党在该地区增加了 1 400 多张选票,可说已经达到了预期的目标。① 鉴于华人候选人在其他党派的优势选区均获得不错的得票率,如果这些候选人在未来党内活动中继续保持活跃的表现,那么在下届英国大选的时候就有可能被所在政党安排在"安全席位"参选,从而赢得选举,结束英国下议院没有华人议员的历史。

陈德樑在 2010 年 7 月受访时表示:"更多华人参政议政,参与到当地的选举、社会事务中;当华人社会的声音变得响亮,变得频繁了,党的上层自然在决策时不得不考虑华人社会的影响。因此我们还是要鼓励、支持英国华人多参与政治。不管是中央的国会,还是地方上的区议会都是代议制,议员们是代表选民们利益的。华人不声不吭,别人不知道你想要什么,不可能会主动替你说话。国会议员和区议员,只有你投他的票,帮他站台,他才会反过来帮你去争取权益,这是相辅相成的。"

其次,通过许多华人团体的宣传活动,使得华人社会对英国选举和自身政治权利、义务有了更深的认识。在所有的华人团体中,李贞驹所创立的"英国华人参政计划"(BC Project)发挥了重要的作用。② 正式成立于 2007 年 1 月 25 日的"英国华人参政计划"旨在鼓励英国华人关注政治,维护自身利益,并积极参政,改变华人的"过客心态"。在这次大选的过程中,"英国华人参政计划"在英国多地组织发起了巡游活动,向当地华人介绍大选流程,鼓励华人积极投票,行使自己的权利。据《星岛日报》报道,4 月 18 日在伦敦的巴士巡游活动"从伦敦奥运村斯德福(Stradford)出发,途经伦敦旧唐人街、伦敦眼、国会大厦等地标性建筑物,并前往赫蒙斯密(Hammersmith)自民党国会议员候选人杜淑真、赫本和圣皮拉斯保守党国会议员候选人李泽文等选区",为其竞选

---

① 详见央视采访视频:http://jingji. cntv. cn/20100507/104341. shtml。上网时间:2010 年 7 月 8 日。

② 详见"英国华人参政计划"网站:http://www. bcproject. org. uk/website/index. php? option＝com_content&view＝article&id＝19&Itemid＝27。上网时间:2010 年 7 月 10 日。

活动助威。① 正是由于类似"英国华人参政计划"等华人团体的不懈努力，才使得更多的华人了解英国政治，了解自身的权利，更积极地参与当地政治，并融入主流社会。

最后，我们还要注意到来自海外尤其是中国的影响。李泽文认为："当前英国华人参政现象的高涨，一方面是第二、第三代华人素质和教育水平上升的表现，另一个原因则是中国的崛起。中国国内广阔的市场空间成为不少跨国企业紧盯的'肥肉'，培养熟悉中国市场环境与企业文化的华人专家和政治家显得格外重要，华人凭借自身的优势迅速获得了青睐。"他还强调："与其说中国崛起给了华人信心，倒不如说给了他们荣耀。"② 在回答"中国影响力增强是否也提升了华人在英国社会的政治地位"的问题时，吴克刚表示："我本人来自大陆，所以当然有帮助。"但他同时强调："对于我参选议员是否有帮助我没法回答，我参加了初选过程，与其他候选人竞争，最终成为候选人，不想把中国的影响力作为一个因素。"卢曼华也认为："中国的影响力增长当然是一个好现象，但在地方层面这种影响力不大。"

参加 2010 年大选的华人候选人被部分华文媒体称为"英国的奥巴马"。数名候选人也表示他们受到奥巴马榜样的激励。吴克刚称："我爱用的口号之一就是奥巴马说的'我们可以做到'。"凌家辉则说，奥巴马对他"最大的激励是能够克服种族的问题"。由此可见，华人渴望改变传统自给自足对政治不闻不问的形象，以融入英国主流社会。③ 在整个大选的拉票过程中，不仅华人候选人全力以赴，许多华人志愿者也投身其中，为候选人做义工，以实际行动投身参政活动。④

---

①　详见中国新闻网转载《英国华人参政计划巴士伦敦巡游吁华人登记投票》，http://www. chinanews. com. cn/hr/hr-ozhrxw/news/2010/04 - 22/2241344. shtml. 上网时间：2010 年 7 月 10 日。

②　详见中国新闻网，英华裔参选议员李泽文：《我不是英国的奥巴马》，http://www. chinanews. com. cn/hr/hr-ozhrxw/news/2010/05 - 06/2265294. shtml. 上网时间：2010 年 7 月 10 日。有关中国崛起对海外华人社会和政治的影响，详见本书第十一章。

③　详见：《英国大选华人组最大阵容　志在改历史拒做英版奥巴马》，http://news. cctv. com/world/20100506/102335. shtml. 上网时间：2010 年 7 月 5 日。

④　详见英中网：《英国华人参政的意义：不发声，谁理会我们"步履艰难"》，http:// www. ukchinese. com/www/18/2010 - 04/3892. html. 上网时间：2010 年 7 月 10 日。

华人移民英国已经有超过 150 年的历史,华人的传统形象往往是专注于自己的行业,对政治漠不关心。如今的华人已经成为英国最会创造财富的族群之一,而华人受过高等教育的比例也远远高于全英国的平均水平,甚至高于白人群体。从 8 位参选的华人候选人经历可见,他们早已走出了华人从事的传统餐饮业,纷纷进入商界、法律界,甚至政界,在各自的领域取得了瞩目的成功。华人正在努力改变过去对政治漠不关心的形象,努力通过参政议政维护自身的合法权益。正如英国华人工党主席梁辛尼在"英国大选与华人参政"讨论会上所说:"重要的是,华人参与政治进程,我们不是在过渡阶段,英国就是我们的国家,我们的孩子将在这里生活,因此我们有权这样做。"①

三、英国华人参政的未来道路与政策考量

本章对近 10 年来英国华人社会的发展和变化作了简单的分析,并以 2010 年的全国下议院选举为例,说明华人参政的历程、成就与问题。未来英国华人参政的道路如何? 我们从 2010 年选举的进程中学到什么经验? 从政策的角度,本章的事例提供了哪些启示? 这是结语部分希望讨论的问题。

首先,2010 年英国华人在大选中没有取得突破性的进展,这既有客观因素,又有主观原因。英国的选举和政党制度使华人候选人无法获得施展政治才干的空间。而英国华人参政的历史甚短,在组织和建制上都还不成熟,在政策上还不能很好地找到自己的定位。英国华人社会的多元性和碎片化的特征使不同背景(出生地、方言群和职业)的华人缺乏有效的沟通和机构上联络。虽然这种多元性并非是英国所独有,但是,它对当地华人参政的影响却十分明显,这或许是由于主观因素与客观大环境相互交错的结果,而华人对当地缺

① 详见"英国大选与华人参政"讨论会文字摘要 http://www.bbc.co.uk/zhongwen/trad/uk/2010/04/100405_ukelection_livetxt.shtml.上网时间:2010 年 7 月 10 日。

乏归宿感（仅有 52% 左右的华人认同英国）也进一步阻碍其参政的步伐。

其次，华人参政的未来道路和前景。2010 年大选给华人未来参政道路提供了重要的经验，这需要华人社会认真总结。笔者认为，除了大环境（如选举制度的改革、华人候选人与主流政党领导人的沟通等）之外，从华人社会内部来讲，有几方面工作可以做或可尝试。

（1）从社区活动做起。参政的道路从上次选举结束就已开始，对于类似英国这样的民主社会，社区活动是磨炼候选人的能力、了解选区民众诉求、提高个人在社区、党内和媒体（地方性的和全国性）知名度的重要途径，并最终能为未来参选打下良好的基础。目前的联合政府的政策走向有助于华人领导人参与社区行动。2010 年 5 月 19 日，新任首相卡梅伦正式发起他倡导的"大社会运动"（big society），计划将更多的权力和资金由政府下放给社区、慈善机构和公众，以转变政府的管理方式，进一步提高公共服务的效率和水平。年仅 33 岁的第二代华人韦鸣恩（Nat Wei）被任命为政府顾问及上议院议员，主导该运动的实施。他在 2010 年 6 月接受《卫报》专访时，将大社会定义为：其一，建构公民的能力（building the capacity of citizens）；其二，鼓励全国性的集体行动（encouraging national collective activity）；其三，持续性地重塑公民社会、公民与政府之间的边界（a constant negotiation between the boundaries of civil society，citizen and government）。[1] 该计划的实施将为华人提供更多的参与社区活动的机会和空间。该计划的组织者表示："已经邀请到伦敦唐人街的多个华人社团参与进来。在'大社会'计划下，华人社团的组织者将会得到更好的培训，而更多愿意担任义工的华人也会有更多、更便利的渠道参与进来。"[2]如果华人社会能够利用新的环境下所提供的机会，参与并融入当地社会，这将为华人未来参政历程打下一个好的基础。

（2）强化华人政治团体的制度化程度。"英国华人参政计划"

---

① *Guardian*，22 June 2010.
② 《英政府新政民进国退　华人可有作为——访"大社会"计划民间推手》，载《英中时报》，2010 年 5 月 28 日。

（BC Project）对华人参与政治起到了重要作用，但是如何将它的工作以及影响力制度化和常态化，是需要考虑的问题。英国华人领袖或可参考其他国家华人参政的较为成功的模式，从中吸取有益的经验。美国亚裔政治行动委员会（Political Action Committee）成立的非党派性的"80 /20 促进会"（80 /20 Initiative）①，集中亚/华人的票源，对某个特定的政党或候选人提供支持。其意义不仅仅在于选举本身，更重要的意义在于华人的声音能够获得机制性的（institutionalized）表述。为此，类似美国华人社会的"百人会"（Committee of 100）有助于提高英国华人在主流社会的知名度和影响力，并进而整合华人的政治资源。

（3）加强英国华人社会之间的沟通与合作。英国华人社会的多元化和碎片化，对华人的内部团结起到了一定的阻碍作用。建立华人社群内部的跨越出生地、方言群，以及代际之间的鸿沟的组织和联络与协调机制，寻求华人社会的共同诉求，对于英国华人的未来参政道路有重要的意义。

最后，从政策的角度来看，过去几年国内的侨务部门，以及驻英使领馆对英国华人融入当地社会以及寻求和保护自己的正当权益（包括参政权）起了积极的推动和协助作用。侨务部门和使领馆不仅仅是联系英国华侨华人同祖（籍）国之间关系的重要纽带，而且成为英国国内不同背景的华人群体之间相互沟通和联络的最主要平台；此外，使领馆在某些时候也能在华人与英国政府之间进行互动。侨务部门与使领馆对华人社会的未来变革（尤其上述第二、第三点）将可以起到进一步的推动和鼓励作用。

---

① "80/20 促进会"是亚裔美国人创立的一个选举促进组织，主要是团结亚裔美国人中至少80%的选举人，使美国总统选举期间，让亚裔美国人不被候选人所忽视。详见 http://www.80/20initiative.net/。

附表:2010 年英国下议院选举华裔候选人名单及其政纲

姓　名 (Name)	出生地 (Place of Birth)	家庭背景 (Family Background)	工作背景 (Professional Background)	党　派 (Party)	选　区 (Constituency)	政　纲 (Manifesto)	选举结果 (Results)	上届选举结果 (Last Election Results)
李沛腾 36 岁 (Alex Payton, Age:36)	英国格林威治 (Greenwich, UK)	母:新加坡华裔 父:英国白人 (Mother: Chinese-Singaporean Farther: British)	律师(伊顿公院/牛津大学) (Barrister, Eton College, Oxford University)	自由民主党 (Liberal Democratic Party)	Havant	税收公平;儿童成长公平;经济公平;政治公平 (Fair taxes; Fair start for children; Fair economy; Fair Politics)	10 273 张选票 得票率23.4% 第一位 (10 273 votes 23.4% Second)	8 358 张选票得票率20.2% 第三位 (8 358 votes 20.2% Third)
吴克刚 49 岁 (Kegang Wu, Age:49)	中国广东 (Guangdong, China)	中国大陆移民 (Mainland Chinese Immigrants)	英国商会首席中国顾问 (Director of international Business Division, Liverpool Chamber of Commerce)	保守党(入党时间少于两年) [Conservative Party (< 2 years)]	Liverpool Riverside	重新认识少数族群;重建政治与民众的联系;重建公平社会 (re-understand ethnic community; re-connection between people and politics; re-build a fair and equal society)	4 243 张选票 得票率10.9% 第三位 (4 243 Votes 10.9% Third)	2 843 张选票得票率9.1% 第三位 (2 843 votes 9.1% Third)

续　表

姓　名 (Name)	出生地 (Place of Birth)	家庭背景 (Family Back-ground)	工作背景 (Professional Background)	党　派 (Party)	选　区 (Constituency)	政　纲 (Manifesto)	选举结果 (Results)	上届选举结果 (LastElection Re-sults)
谢晓明 31岁 (Allan Siao Ming With-erick, Age:31)	英　国 (UK)	母:马来裔-华裔混血；父:英国白人 (Mother: Chi-nese-Malay; Father: British)	Hertford郡议员 (Hertfordshire County Council-lor)	自由民主党 (Liberal Demo-cratic Party)	Broxbourne	税收公平；儿童成长公平；经济公平；政治公平 (Fair taxes; Fair start for children; Fair economy; Fair Politics)	6 107 张选票得票率 13.4% 第三位 (6 107 votes 13.4% Third)	4 973 张选票得票率 12.2% 第三位 (4 973 votes 12.2% Third)
成世雄 54岁 (Stephen Shing, Age:54)	香　港 (Hong Kong)	香港移民 (Hong Kong Immigrants)	East Sussex 郡议员 (East Sussex County Council-lor)	独立候选人 (Independent Democratic)	Eastbourne	道路安全和更好的设施；争取少数族裔权利 (road safety and better facilities; extra affordable homes; fighting for eth-nic rights)	1 327 张选票得票率 2.5% 第四位 (1 327 votes 2.5% Fourth)	

续 表

姓 名 (Name)	出生地 (Place of Birth)	家庭背景 (Family Background)	工作背景 (Professional Background)	党 派 (Party)	选 区 (Constituency)	政 纲 (Manifesto)	选举结果 (Results)	上届选举结果 (Last Election Results)
卢曼华 59岁 (Anna Lo, Age: 59)	香 港 (Hong Kong)	香港移民 (Hong Kong Immigrants)	北爱尔兰地方议会议员 (member of the Assembly committees in Northern Ireland)	北爱尔兰联盟党 (North Ireland Alliance Party)	Belfast South	结束社会分化;提倡种族平等;鼓励华人积极参政 (vision instead of division; non-tribal voice; encourage ethnic Chinese people get involved into politics)	5 114 张选票得票率15% 第四位 (5 114 votes 15% Fourth)	2 012 张选票得票率6.3% 第四位 (2 012 votes 6.3% Fourth)
凌家辉 29岁 (Philip Ling, Age:29)	英国华威郡 (Warwickshire, UK)	英国出生二代华人 (British Born Chinese)	金融分析师 (Financial Analyst)	自由民主党 (Liberal Democratic Party)	Bromsgrove	税收公平;儿童成长公平;经济公平;政治公平 (Fair taxes; Fair start for children; Fair economy; Fair Politics)	10 124 张选票得票率19.6% 第三位 (10 124 votes 19.6% Third)	7 197 张选票得票率15.1% 第三位 (7 197 votes 15.1% Third)

续 表

姓 名 (Name)	出生地 (Place of Birth)	家庭背景 (Family Background)	工作背景 (Professional Background)	党 派 (Party)	选 区 (Constituency)	政 纲 (Manifesto)	选举结果 (Results)	上届选举结果 (Last Election Results)
李泽文 49 岁 (George Lee, Age: 49)	香 港 (Hong Kong)	香港移民 (Hong Kong Immigrants)	管理顾问 (Management Consultant)	保守党（入党时间少于两年） [Conservative Party（< 2 years）]	Holborn and St Pancras	反对种族歧视；改变政客形象；鼓励华人积极参政 (fight against racism; encourage ethnic Chinese people get involved into politics)	11 134 张选票得票率 20.4% 第三位 (11 134 Votes 20.4% Third)	6 482 张选票得票率 18.9% 第三位 (6 482 Votes 18.9% Third)
杜淑真 (Merlene Emerson)	新加坡 (Singapore)	新加坡华裔 (Chinese Singaporean)	金融律师，商务仲裁人 (Solicitor CEDR accredited commercial mediator)	自由民主党 (Liberal Democratic Party)	Hammersmith and Fulham	税收公平；儿童成长公平；经济公平，政治公平 (Fair taxes; Fair start for children; Fair economy; Fair Politics)	7 567 张选票得票率 15.9% 第三位 (7 567 votes 15.9% Third)	7 116 张选票得票率 14.4% 第三位 (7 116 votes 14.4% Third)

注：本章初稿由刘玄、侯佳奇合撰并由刘玄在由中国国务院侨办和中山大学共同组织的"欧洲华侨华人与当地社会关系"研讨会（2010 年 8 月 16 日至 19 日）宣读。

第十一章
崛起的中国与海外华人

—— 历史性、国家与国际关系

过去 10 多年来,关注中国崛起及其在国际新秩序中的地位的著作越来越多,同时,鉴于中国问题专家和国际关系理论家之间建设性对话的缺乏,许多学者主张,中国外交研究应成为更广泛的国际关系领域的讨论话题,并建立国际关系研究的"中国学派"。[①] 笔者认为,中国学派的产生和发展需要对中国独特的政治、社会、文化,以及人口坏境等因素进行实证考察和理论建构。人数多达 4 500 万海外华人就是这样一个独特的因素[②],在过去的数世纪里,他们同中国保持着千丝万缕的联系,并在中国的发展中发挥重要作用。那么,国际移民在当前有关中国的崛起,以及中国学和国际关系对话过程中有何作用呢? 海外华人(Chinese Diaspora)是否像其他的国际移民群体(如犹太人、印度人和

---

① Thomas Christensen, Alastair Iain Johnston, and Robert S. Ross, "Conclusions and Future Directions", in Alastair Iain Johnston and Robert S. Ross (eds.), *New Directions in the Study of China's Foreign Policy*, Stanford: Stanford University Press, 2006, pp. 379—420. 有关国际关系理论的中国学派的相关讨论,参见:Wang Jisi (王缉思), "International Relations Theory and the Study of Chinese Foreign Policy: A Chinese Perspective", in Thomas W. Robinson and David Shambaugh (eds.), *Chinese Foreign Policy: Theory and Practice*, Oxford: Clarendon Press, 2006, pp. 481—505; Ren Xiao (任晓), "Toward a Chinese School of International Relations?" in Wang Gungwu (王赓武) and Zheng Yongnian (郑永年)(eds.), *China and the New International Order*, London: Routledge, 2008, pp. 293—309; Daniel Lynch, "Chinese Thinking on the Future of International Relations: Realism as the *Ti*, Rationalism as the *Yong*?" *The China Quarterly*, no. 197, 2009, pp. 87—107. 王逸舟:《国际关系研究与中国》,见王逸舟著《探寻全球主义国际关系》,北京大学出版社,2005 年版,第 358—394 页。

② 海外华人的人数引自国侨办副主任许又声 2009 年 4 月 21 日在深圳的讲话,载《人民日报》(海外版),2009 年 4 月 28 日。

亚美尼亚人)那样,在居住国和祖籍国的外交政策中发挥重要影响力呢? 如果不是,原因何在?

本章以海外华人在中国对外关系中地位的变化及其在中国崛起过程中的作用为个案,对以上问题进行梳理和分析。笔者认为,国际移民领域的"散居者选择"(diaspora option)——居住在海外的侨民可以为祖籍国带来知识上和技术上的贡献,并进而参与祖籍国的社会和政治过程,从而促进这些国家的发展与进步——在中国的政治和外交上所发挥的作用是有限的。作为中国对外关系中的一个相对重要的但又是被动的因素,海外华人在中国外交政策的制定和实施过程中的作用并不显著,这种现象在目前逐渐开始发生变化。我们需要从历史性、国家、机构性、社会性,以及同其他移民群体的差异性等方面来解释这一现象。

本章分三个部分:第一部分概述国际移民与国际关系这两个领域之间在理论上的连接点,并重点阐述两者间的互动,尤其是以认同为基础的利益机制。第二部分考察 1950 至 1965 年间,中国对外关系中华侨华人的角色,以及国家利益在外交领域的制度化。第三部分分析近10 年来在中国崛起的大背景下华人新移民群体的产生及其对国际关系和政府政策的影响。

一、国际移民和国际关系理论的关联与断裂

(一)国际移民与国际关系的理论联系

本章将国际移民定义为联系移出国和移入国之间的社会进程,它为双方带来社会、经济等一系列改变,而散居者(diaspora)是直接产生于国际移民的"国境外的民族群体"[①]。现有对国际移民的研究主要关注点在于移民发生的原因(如出生地、经济、社会、文化背景的不同等)、调适模式(如文化差异、移入国后续社会文化变化等)、移民内部构成

---

① Douglas Massey et al, "Theories of International Migration: A Review and Appraisal", *Population and Development Review*, Vol. 19, No. 3, 1993, pp. 431—466; Stéphane Dufoix, *Diasporas*, Berkeley: University of California Press, 2008, p. 30.

（如移民间的代沟、技术水平、合法性、性别以及移民持续性等）、对移出国和移入国社会经济、文化方面的影响，以及网络对海外散居者所起的作用等。国际移民政策和相关国家政府的政策管制被认为是影响移民的重要因素。然而，学术界对国际移民/海外侨民与国际关系之间的关联则鲜有直接的关注。正如约瑟夫·拉皮德（Yosef Lapid）所称："国际关系热衷于对主权国家的研究，而忽略了对族群问题以及其他群体的关注。"①

也有少数学者注意到国际移民对理解国际关系的重要性。梅隆·维纳（Myron Weiner）指出："国际移民正在日渐成为影响移入国以及移出国和移入国之间关系的重要政治因素。"他提出了三点看法：① 国家之间的关系受到政府就国际移民问题的作为和不作为（actions and inactions）的影响；② 通过制定移民出入境的法律法规，国家影响了国际移民；③ 国际移民已成为其移入并定居国家的政治力量。② 他主张有必要"将注重国家移民政策的安全框架加入国际移民研究中，前者受到国家稳定和国际安全考量的影响"③。还有学者强调，由于国家对侨民的有意识利用和后者的积极反响，散居者理论有助于分析全球化时代的国家间关系和集体认同；而这一研究取向也同目前国际学术界所关注的侨民认同的政治密切相连。④

尤西·沙恩（Yossi Shain）和阿哈隆·巴斯（Aharon Barth）的论

---

① Yosef Lapid, "Culture's Ship: Returns and Departures in International Relations Theory", in Yosef Lapid and Friedrich Kratochwil (eds), *The Return of Culture and Identity in IR Theory*, Boulder, CO: Lynne Rienner, 1996, pp. 3—20.

② Myron Weiner, "On International Migration and International Relations", *Population and Development Review*, vol. 11, no. 3, 1985, pp. 441—455, at 450.

③ Myron Weiner, "Security, Stability, and International Migration", *International Security*, vol. 17, no. 3, 1992/1993, pp. 91—126, at p. 94.

④ Fiona Adamson and Madeleine Demetriou, "Remapping the Boundaries of 'State' and 'National Identity': Incorporating Diasporas into IR Theorizing", *European Journal of International Relations*, vol. 13, no. 4, 2007, pp. 489—526; Taeku Lee, "Race, Immigration, and the Identity-to-Politics Link", *Annual Review of Political Science* 11, 2008, pp. 457—478.

文是迄今为止针对散居者和国际关系之间的关联性所作的最重要的研究。① 他们将散居者视为"影响移出国外交政策的独立行为者",并进而分析散居者和国际关系之间互动的动机、机会以及方式。他们认为,散居者有着众多的利益关注点,从而可能促使他们参与祖籍国的外交政策:① 散居者可能会认为祖籍国外交政策将会对国内、国外的"人民"的利益产生影响;② 散居者利益可能与影响祖籍国未来的外交政策有紧密联系;③ 散居者可能认为祖籍国外交政策会影响某一特定群体的利益;④ 散居者可能认为祖籍国外交政策将"影响其机构中小部分人的官僚利益"。沙恩和巴斯认为,不管是通过游说等直接方式,还是通过为机构管理者提供信息等间接方式,**散居者都会寻求其以身份认同为基础的利益**。通过对海外犹太人同以色列之间的相互关系,以及海外亚美尼亚人的研究,他们论证了影响散居者在国际关系中作用的四种因素:祖籍国的可渗透性(permeability)、祖籍国和散居者之间的相互看法、祖籍国与散居者两者之间力量的平衡、散居者在祖籍国外交政策上意见的一致性。这四个因素反过来催生了在国际舞台上的三类散居者:① 被动的散居者,他们是身不由己地被牵涉到国际关系之中;② 主动的散居者,他们影响着移居国的外交政策(如在美国,众多不同族裔的游说团体导致了美国外交政策的碎片化);③ 对祖籍国外交政策产生影响的主动型散居者。沙恩和巴斯总结当祖籍国较式微时,散居者竭力对其产生影响,这就是对前者(散居者)有益的"力量平衡"。如果祖籍国式微,且接受散居者影响,散居者对其外交政策的影响就势必加强。祖籍国越式微,对散居者资源以及社会压力可渗透性的需求就越多,散居者组织起来发表的意见看法以及影响政策的决定也越具有一致性,而散居者团体对祖籍国影响也就越大。

　　国际关系中对散居者日渐增加的关注与近年来对国际关系理论和框架研究的变化有关。通过强调身份认同的地位,克里斯·奥格登(Chris Ogden)将侨民与国际关系中的建构主义(constructivism)理论

① Yossi Shain and Aharon Barth, "Diasporas and International Relations Theory", *International Organization*, vol. 57, Summer 2003, pp. 449—479.

相联系。建构主义认为身份认同是国家建构性运行的潜在组成部分，因此也是其行为的产生结果。因此，身份认同成为连接国际关系与国际移民和散居者的天然纽带。"不同模式的长距离的民族主义为散居者提供了联系移出国和移入国的桥梁，并传输这一价值观以及基本观点。"①

以上理论模式与研究个案主要是从对犹太、亚美尼亚以及印度侨民的研究经验中产生的。那么，这些研究与发现对于我们理解中国与海外华人——无论是历史、规模、与祖籍国联系的本质而言，他们都有自身的特征——是否适用？华侨华人的经验是否能够修正这些理论呢？历史性、国际移民和国际关系在中国语境下的关联性何在呢？这些是本章尝试分析的问题。

（二）中国国际移民与国际关系的脱节

有关中国国际关系的现有研究并未将华侨华人和中国外交关系有机地联系起来。托马斯·克里斯特森（Thomas Christensen）、江忆恩（Alastair Johnston）和 罗伯特·罗斯（Robert Ross）在最近一项对中国外交政策总结性的研究中发问："海外华人对中国外交政策的影响是什么？"他们认为："（中国）海外华人研究和外交政策之间的关系尚未成为一个领域，现有是否会对外交政策制定过程带来政治和经济影响尚不清楚，我们不能作出理论的界定，因而无法衡量中国政府在相关决策上是否具有可渗透性（permeability）。这部分归结于中国对于海外华人的看法的复杂性和矛盾性。"②不少中国学者认为建立国际关系的中国学派需要关注在中国语境下的根源性问题，以及中国在世界新秩序中的地位，中华文化也是重要的影响因素。王缉思指出，中国对世界政治的看法和处理方式具有独特性，它是以"行为者为中心（大多数情况下以国家为中心）并由关系为主导"，在中国，国际关系理论不仅是解释

---

① Chris Ogden, "Diaspora Meets IR's Constructivism: An Appraisal", *Politics*, vol. 28, no. 1, 2008, pp. 1—10.

② Christensen, Johnston, and Ross, "Conclusions and Future Directions", p. 410.

性工具,更是对国际行为和外交政策具有重要的指导作用。① 尽管国际移民在中国历史发展中源远流长,海外也存在大规模的华人移民群体,建构中的国际关系中国学派仍然倾向于在民族国家范围内,以及国家的框架下展开研究,对国际移民和海外华人在理论构建中的影响缺乏关注。近年来出版的几本有关中国崛起的著作基本上没有涉及海外华人及其同中国的关系。② 另一方面,法国学者史蒂芬·迪富(Stephane Dufoix)指出,大部分有关海外华人的研究只关注于"地理分布、经济结构、从移民的推力角度的个人或集体与祖籍国的关系,而并不注重他们的行为、组织和出版物的政治层面。"③对海外华人研究的最新综述性分析也表明现有的论著对华人和国际关系的联系缺乏理论和实证上的关注。④

当然,少部分的研究超越了以上的局限性。王赓武在其对中国国际移民历史和现状的深入研究后发现移民模式的多样性及其同中国的复杂关系。在对不同类型的海外华人对中国政治态度变化的研究中,他总结出,尽管其中有部分人仅仅关注中国的复兴,而有一些人只关注海外华人社团的生存问题,中国的政治变迁对海外华人的生活及其居住环境产生了深远影响。王赓武对民族主义的深入分析进一步说明了华人的自我认同及其与中国变化的关系。冷战期间中国与东南亚诸国关系紧张,而中国的崛起可能将导致这种反华情绪再次出现,因此,他

---

① Wang Jisi(王缉思), "International Relations Theory and the Study of Chinese Foreign Policy".

② William Keller and Thomas Rawski, eds, *China's Rise and the Balance of Influence in Asia*, Pittsburgh: University of Pittsburgh Press, 2007; Robert Ross and Zhu Feng, eds, *China's Ascent: Power, Security, and the Future of International Politics*, Ithaca: Cornell University Press, 2008; Paul Evans, "Getting Global China Right", *Pacific Affairs*, vol. 82, no. 4, 2009, pp. 677—686; and the special issue on "Understanding China's Rise", *Journal of Contemporary*, vol. 19, no. 64, 2010.

③ Dufoix, *Diasporas*, p. 60.

④ 参看本书第二章; Tan Chee-Beng (陈志明)and Ann S. Chiu, "Teaching and Documentation of Chinese Overseas Studies", 见: Tan Chee-Beng, Colin Storey, Julia Zimmerman (eds.), *Chinese Overseas: Migration, Research and Documentation*, Hong Kong: Chinese University Press, 2007, pp. 201—253.

建议慎用"大中华"和"散居者"等词汇和概念。① 史蒂芬·菲茨杰拉德 (Stephen Fitzgerald)对1949年至1970年间中国对海外华人政策变迁作出了全面分析,并关注了其与中国外交政策的相互关系。② 最近,皮特·科恩(Peter Koehn)和尹晓煌等学者研究了美国华人和中国之间的社会、经济联系,并特别关注他们对美中关系(广义上包括社会、文化、教育关系)的影响,其中涉及美籍华人政治上的参与及其对美国对华政策的影响。换言之,他们更加注重华人对移入国而非祖籍国的外交关系。成露茜分析了美国华裔在美国与亚太地区关系形成中所起的作用,以及他们本身如何影响这些关系。③

众所周知,海外华人在中国经济现代化进程中发挥了重要作用,并对改革开放以来中国经济的腾飞起了很大作用。从1979年到1997年,超过2/3流入中国的外资来自于华人。过去10多年来,60%的外国直接投资由华人引进,他们在华公司占在华外国企业的70%,而包括劳务移民和技术移民在内新移民也为中国社会和经济发展作出了贡献。④ 海外华人在中国社会和经济进程中的参与可归结为"散居者选

---

① Wang Gungwu, "Political Chinese: An Aspect of Their Contribution to Modern Southeast Asian History", 见: Bernard Grossman (ed.), *Southeast Asia in Modern World*, Wiesbaden: Otto Harrassowitz, 1972, pp. 115—128; Wang Gungwu, "Greater China and the Chinese Overseas", *The China Quarterly*, No. 136, 1993, pp. 926—948.

② Stephen Fitzgerald, *China and the Overseas Chinese: A Study of Peking's Changing Policy, 1949 - 1970*, Cambridge: Cambridge University Press, 1972.

③ Peter H. Koehn and Xiao-huang Yin (尹晓煌) (eds.), *The Expanding Roles of Chinese Americans in U. S. - China Relations: Transnational Networks and Trans-Pacific Interactions*, Armonk, N. Y.: M. E. Sharpe, 2002; Lucie Cheng, "Chinese Americans in the Formation of the Pacific Regional Economy", 见: Evelyn Hu-DeHart (ed.), *Across the Pacific: Asian Americans and Globalization*, New York: Asia Society; Philadelphia: Temple University Press, 1999, pp. 61—78. 亦参见: Cheng Li (ed.), *Bridging Minds across the Pacific: U. S. - China Educational Exchanges, 1978 - 2003*, Lanham, Maryland: Lexington Books, 2005; Sheng Ding, "Digital Diaspora and National Image Building: A New Perspective on Chinese Diaspora Studies in the Age of China's Rise", *Pacific Affairs*, vol. 80, no. 4, Winter 2007/2008, pp. 627—648.

④ David C. Kang, *China Rising: Peace, Power and Order in East Asia*, New York: Columbia University Press, 2007, pp. 6, 135; 谭天星:《新形势下侨务工作战略意识的再认识》,载《中国党政干部论坛》,2009第1期,第58—59页。

择"(diaspora option)的一种模式。这个概念产生于"人才流失"和"人才回归"的争论中,也就是认为人才的流失相对于移出国来说更像是"人才环流"而非损失。在这一过程中,人才流出本国,而信息、技术、知识和资本则回流入人才的祖籍国。散居者选择也被更广泛地应用于分析侨民在居住于海外的情况下参与、帮助了祖籍国(通常是发展中国家)的社会、经济和政治的发展。①研究表明,其他族裔侨民如犹太裔、印度裔和亚美尼亚裔不仅在社会、经济领域发挥作用,而且还在祖籍国的对外政策的决策和实施过程中扮演积极主动的角色。②

综上所述,尽管学术界对国际移民和国际关系之间联系的理论研究逐渐增多,有关海外华人和中国国际关系的联系的研究仍然阙如。为什么海外华人在社会和经济领域的作用没有扩展到政治和政策领域呢? 这种现象能为我们研究中国外交和国际移民的性质和特征带来何种启示呢? 国际关系中国学派应如何将国际移民融入其理论意义和方法论的构建中呢? 下文将试图对以上问题作出初步回答。

二、历史视野下的海外华人与中国外交

本章并不认为以犹太人和印度人为代表的境外移民群体参与社会和政治的模式具有普世性,但是,这并不排除比较研究的可能性。笔者

---

① Jean-Baptiste Meyer, "Network Approach versus Brain Drain: Lessons from the Diaspora", *International Migration*, vol. 39, no. 5, 2001, pp. 91—110; Sami Mahroum, Cynthia Eldridge and Abdullah S. Daar, "Transnational Diaspora Options: How Developing Countries Could Benefit from their Emigrant Populations", *International Journal on Multicultural Societies*, vol. 8, no. 1, 2006, pp. 25—42. "人才环流"概念由 Annalee Saxenian 首次系统性提出,见她的 *The New Argonauts: Regional Advantage in a Global Economy*, Cambridge: Harvard University Press, 2006。

② 相关例证请见:Shain, Barth, "Diasporas and International Relations Theory"; Manik Varun Suri, *Democracy, Diplomacy, and Diaspora: Indian Americans and Indo-US Relations*, Cambridge: Harvard University Press, 2005; Asaf Hussain, "The Indian Diaspora in Britain: Political Interventionism and Diaspora Activism", *Asian Affairs, an American Review* vol. 32, no. 3, 2005, pp. 189—208; Robert Owen Freedman (ed.), *Contemporary Israel: Domestic Politics, Foreign Policy, and Security Challenges*, Boulder: Westview Press, 2008.

认为,将结构性、历史性和政治性因素综合考虑有助于理解海外华人在外交政策制定过程中的地位和作用。本部分将考察中国崛起的前奏——1949 年至 1965 年间——海外华人在国际关系中地位的演变,以及国家利益的绝对主导性的建立。

(一)作为外交关系中不利因素的海外华人

20 世纪五六十年代正值全球冷战的高潮,而中国作为亚洲的区域性力量开始崛起。如笔者的研究显示[①],"文化大革命"前的中国社会、经济和政治发展模式成为印尼等新兴亚非国家的仿效榜样——这可视为中国软实力的早期表征。外交上,中国主张"和平共处五项原则",旨在同亚非国家为友。而该主张的成功实施需要解决影响中国与东南亚国家关系的华侨问题。

作为东南亚拥有华人人口最多的国家,印尼成为问题最集中地区。19 世纪中期后,大规模的中国移民进入印尼群岛,并形成两大群体:"新客"(totoks),多为新移民组成,他们说华文,在政治和文化认同上倾向于中国;"土生华人"(peranakan),是指当地出生的华裔,以当地方言或马来语为日常用语,文化上具有不同于中国或印尼文化的独特特征。[②] 据估计,20 世纪 50 年代中期印尼华裔人口数为 250 万左右(不到该国总人口的 3%),其中 140 万人为"新客"[③],根据施坚雅(William Skinner)50 年代后期对爪哇华人青年的调查,80% 的新客具有较强或中等的中国倾向性。与此相反,超过 80% 的土生华人具有较弱,甚至

---

① Liu Hong, "The Historicity of China's Soft Power: The PRC and the Cultural Politics of Indonesia, 1949—1965",见:Yangwen Zheng, Hong Liu, and Michael Szonyi (eds.), *The Cold War in Asia: The Battle for Hearts and Minds*, Boston: Brill USA, 2010, pp. 147—182;并参看本书第 4、5 章。

② J. A. C. Mackie and Charles A. Coppel, "A Preliminary Survey", J. A. C. Mackie (ed.), *The Chinese in Indonesia: Five Essays*, Honolulu: University Press of Hawaii, 1976, p. 5.

③ 根据中国驻雅加达使馆内部报告,20 世纪 50 年代早期共有 251 万中国侨民居住在印尼。文档号 117 - 00265 - 01(1953 年 3 月 18 - 31 日),中华人民共和国外交部档案。

没有中国倾向性。①

印尼独立后,许多原住民对华人具有不信任和敌意的态度。印尼副总统哈达(任期 1950—1956)称华人代表了"外国资本主义在印尼社会的延续……他们永远高高在上,并拥有经济特权"。印尼国民党一名成员在 1956 年议会中指责华人操纵当地经济:"我党不希望本国经济受到外来族裔控制,后者自私且功利地只顾及其自身利益。"政治上,当地华人被认为不够忠诚的机会主义者,一些外交政策精英声称华人在他们墙上挂有可两面使用的画像,一面是毛泽东,另一面是蒋介石。部分军方领导人认为,华人将成为中国和印尼共产党之间的中介,中国借此将影响印尼内政。一名军界高官 1957 年对外国记者说:"如果我们要和谁作战,不是美国人,而是华人。"②尽管上述言论与事实出入甚大,但它表明华人可能成为中国与印尼关系的不利因素(在东南亚其他国家排华情绪也类似)。

(二)国家利益绝对高于侨民利益时期

在新中国成立最初几年间,政府仍继续清朝政府和国民党政府的"血统主义"的国籍原则,所有具有华人血统者皆被视为中国公民,不管其居住在何处。1950 年的一份外交部文件称,中央人民政府将以抗议或声明的方式在政治上反击迫害华侨的政府。然而,当时的政府并无外交和军事能力来实施对海外侨民的保护。到了 1953 年,中侨委明确向海外侨胞声明:"国外华侨要保护自己的正当权益,主要必须依靠华侨自身的团结。"③与此同时,新中国领袖意识到保证中国外交政策利益和保证海外华裔(包括中国公民)之间存在矛盾。周恩来 1957 年在

---

① William Skinner, *Communism and Chinese Culture in Indonesia*: *The Political Dynamics of Overseas Chinese Youth*, Unpublished manuscript, deposited at the Kroch Library, Cornell University, 1962, pp. 19—20.

② 以上资料均转引自:Liu Hong, *China and the Shaping of Indonesia*, 1949—1965, Singapore and Kyoto: National University of Singapore Press and Kyoto University Press, 2011.

③ 庄国土:《华侨华人与中国的关系》,广东高等教育出版社,2001 年版,第 251—253 页;Fitzgerald, *China and the Overseas Chinese*, p. 83。

人大常委会发言时表示："现在中国不仅站起来了,而且逐渐强起来了,在亚洲是这样一个大国,人们对双重国籍感到惧怕,这种情形,我们到印度访问、到缅甸访问逐步感觉到了。"[①]

要赢得印尼官方和民间的信任,淡化他们对华人的怀疑情绪,中国政府需迅速且坚定地在界定国家利益,以国家为中心的侨民及外交政策也随之产生,而后者又成为重中之重,成为侨务政策的指导原则。菲茨杰拉德指出,尽管如此,侨务政策并不一定要遵循外交政策,在与外交政策目标不冲突的情况下,它可以有自身独立发展目标。[②] 1955 年4 月万隆会议期间,中国与印尼签署了《关于双重国籍问题的条约》,表明了新中国在海外华人问题上的根本性政策转变。该条约规定拥有双重国籍的国民有权在两国间自由选择国籍,这标志着"血统主义"国籍原则的终结。20 世纪 50 年代后期,更多相关政策出台,进一步解决了中国同东南亚国家关系中的华侨华人问题,这些政策包括:鼓励海外华人选择当地国籍,但不能干预当地的内政。1978 年邓小平会见缅甸代表团时,仍强调鼓励华侨通过自由意愿选择当地国籍的侨务政策,认为这有益于中国以及华人所居国。[③]

然而《双重国籍问题的条约》并不能解决所有中国同东南亚国家间的摩擦。1959 至 1960 年间中印尼关于华侨问题的冲突影响两国已良好发展的双边关系。1959 年 5 月,印尼贸易部长朱安达发布总统十号法令,宣布自 1960 年 1 月起,外籍零售贸易商禁止在印尼县级以下地区经商,使至少 30 万华侨受到影响。[④] 中国政府对此表示强烈抗议,经过双边交涉,约有 11.9 万名华侨回国。在处理冲突的过程中,中国坚持强调两国间共同利益和目标的重要性,淡化冲突本身。副总理陈

---

① 引自夏莉萍:《周恩来的"单一国籍"思想研究》,载《外交评论》,2008 年第 4 期,第11—17 页。

② Fitzgerald, *China and the Overseas Chinese*, pp. 74,89—91。

③ 国务院侨务办公室和中共中央文献研究室编:《邓小平论侨务》,中央文献出版社,2000 年版,第 38 页。

④ Fitzgerald, *China and the Overseas Chinese*, pp. 145—147;Benny G. Setiono, *Tionghoa dalam Pusaran Politik*〔*The Chinese in the Political Vortex*〕,Jakarta:Elkasa,2003,pp. 792—793。

毅于 1960 年 8 月 4 日向印尼记者表示,中国愿意同印尼保持友好关系,华侨问题是小问题,我们不希望该问题扩大化,反帝和反殖是中印尼两国共同理想和关注的重点。[①] 1961 年 3 月陈毅对来访的苏加诺总统表示,华侨问题在中印尼关系中是小问题,且已得到解决。苏加诺对此表示同意。[②] 华侨问题在外交上的解决为中印尼两国间建立反对帝国主义和新殖民主义共同努力创造了条件。

综上所述,20 世纪五六十年代中印尼外交关系与华侨问题的联系印证了沙恩(Shain)和 巴斯(Barth)两位学者对国际政治中"被动的散居者"的定义,即华侨华人是被动地卷入国际关系中的,而非主动介入,主动行为者是移入国。50 年代中期后,国家利益高于侨民利益的绝对原则的确立和发展,也反映了国家/政治身份认同高于民族/文化身份认同的状况。此种模式对以后数十年间中国外交政策与侨民之间关系产生了深远的影响。海外华人与中国国内人民在政治身份认同上的差异(前者通常被国内界定为有别于工人阶级的资本家或企业家)[③]进一步加深了两者之间的隔阂与鸿沟,使"散居者"利益和国家利益无法完全协调统一。

三、世纪之交的海外华人与中国外交

随着 20 世纪 70 年代末期以来改革开放的进行,海外华人同中国外交和内政的关系逐渐发生变化。这种变化与海外华人群体自身的主

---

① 《〈印度尼西亚时报〉记者和〈人民日报〉记者访华简报》,1960 年 8 月 1—23 日,文档号 105-00985-03,中华人民共和国外交部档案。

② 《陈毅副总理同印度尼西亚总统苏加诺会谈纪要》,1961 年 3 月 31 日,文档号 111-00339-13,中华人民共和国外交部档案。

③ 周恩来总理对华人华侨分化的政治身份问题也表示关注。他在 1957 年人大常委会上说:"我们设想一下,一千二百万华侨是不是都能够回来? 不能,他们世世代代都在那里……而且在那里是资本主义制度,回到中国来,格格不入。现在是跨着社会主义的国籍做资本主义经营,左右逢源。"他还指出:"华侨操纵了经济权,再加上华侨的排他性、保守性,一切商业都把它抓在手上,印尼如此,柬埔寨如此,泰国也有很大一个数目,新加坡、马来亚这种情形少一些,缅甸有一部分。"转引自夏莉萍:《周恩来的"单一国籍"思想研究》,载《外文评论》,2008 年第 4 期。

要两大变化密切相关。第一，随着越来越多的华人获得当地国籍，东南亚及世界其他国家海外华人对其居住国的政治效忠得到巩固，拥有资金和管理技术的海外华人成为中国的经济发展，以及同其他国家尤其是东南亚国家关系的有利因素；第二，中国新移民的产生，对中国社会、经济发展，以及中国全球化发挥更加积极的作用，这也随之对现有的政策带来新的挑战。

海外华人群体一个显著变化是新移民迅速增长，据估计其人数已超过 600 万。[①]和冷战时期海外华人与中国在政治和文化认同上的差异性不同，新移民生在中国，在国内受过教育，并在国内保持家庭联系，他们和中国官方及民间双方都可以在政治上和文化上互相寻求认同。与此同时，不少新移民是在西方受过高等教育的专业人士，并拥有在发达国家的工作经验，他们成为中国建立创新型国家巨大的人才库。过去的 20 多年，中国政府鼓励和吸引海外华侨华人人才以多种形式报国。1993 年"回国服务"的口号正式更改为"为国服务"，从而使地理意义上的"回国"不再成为新移民参与中国社会、经济发展及全球化进程的先决条件。将国家认同感同固定的国界相分离，并将中华文化视为联系中国与新移民的纽带，这项新政策扩大了中国新移民群体，并加强了他们的爱国意识，他们对中国申办 2008 年奥运会的热情支持，以及对"台独"、"藏独"的反对都反映了这一点。[②]

新的政策顺应了跨国移民发展的潮流和趋势，在鼓励回国人员报效祖国的同时，也为他们提供了全球范围内流动的弹性空间。传统意义上具有固定政治和地理界线的国家被更灵活的跨国流动概念所取代。高层次移民因之受益，他们在移出国和移入国担任多项并行的工作的可能性并不受国界限制，彰显了"散居者选择"及"人才环流"的模式。政府吸引高技术移民回国并与海外华人团体和个人建立更加紧密的联系。然而，国家和移民仍有不同的模式和运作差异（跨国流动性和国家主权至上的矛盾），这也不可避免地影响了不同群体的利益。围绕

---

① 中国新闻社：《2008 年世界华商发展报告》，中国新闻社，2009 年版。

② 参看本书第八章。

双重国籍的辩论成为国际移民和国际关系之间错综复杂互动模式的一个反映。

关于双重国籍争论的过程和结果，笔者在第八章已经作了详细的阐述，这里就不再赘述。中国政府虽然没有修改国籍法，但制定了一系列宽松的政策，以满足新移民精英自由流动的需要。这说明中国政府并不是不考虑移民的利益，而是将可能成为潜在性的外交问题（**双重国籍恢复所引起的外国政府的疑虑**）转化为内政问题。这一过程表明，国际化的海外侨民逐渐找到了在参与政治过程中表达意见的有效合法途径。和 20 世纪 50 年代他们的先辈比起来，新移民并不是中国内政外交的被动群体，政府对高层次新移民的各式各样鼓励政策也昭示中国在处理潜在外交问题上，已将它们转化为内政的成熟度和宽容性问题。几年来，开始有越来越多的"海归"人士成为国家政府机关的部门负责人。据美国布鲁金斯学会研究员李成的统计，15％的第五代领导层具有在海外（尤其是美国和欧洲）留学的经历，这其中的 28％在国外获得学位，64％在海外学习或工作一年以上。这进一步显示了海外留学和工作经验在日益开放的中国的重要性。[①] 最近的一些研究也显示，"海归"人士对全球事务通常采取更为国际主义的立场，而体制外的学者对中国的外交政策思路开始产生一定的影响。[②]

四、结语：中国崛起时代的海外华人

王赓武教授表示，中国正准备在其 2 000 年历史中第四次崛起，但是这次崛起将给中国带来比以往更多的挑战。[③] 除了界定中国的普世

① Cheng Li, "China's Fifth Generation: Is Diversity a Source of Strength or Weakness?" *Asia Policy*, no. 6, 2008, pp. 53—93.

② Donglin Han and David Zweig, "Images of the World: Studying Abroad and Chinese Attitudes towards International Affairs", *The China Quarterly* 202, 2010, pp. 290—306; Bonnie Glaser and Evans Medeiros, "The Changing Ecology of Foreign Policy-Making in China: The Ascension and Demise of the Theory of 'Peaceful Rise'", *The China Quarterly* 190, 2007, pp. 291—310.

③ Wang Gungwu, "China Rises Again", *Yale Global Online*, 25 March 2009.

价值,将现代化发展和历史遗产相结合,中国领导人需要保证在一个不确定的环境及潜在多变、各种利益交融且相互影响的全球背景下,寻求国家统一和社会的和谐与稳定。笔者认为,如何妥善处理国际移民和外交政策将成为中国将要面对的挑战之一。

如前所述,海外华人对改革以来的中国经济发展发挥了重要作用,随着中国逐渐成为亚洲主要力量和它在国际舞台上的崛起,海外华人的作用将更为复杂而多元。伴随着中国在亚洲政治经济的崛起,一些东南亚国家中出现了"再华化"的趋势,即华裔公开推崇中华文化,以及自己的华人族群身份,并同中国建立起各种类型的联系。这和他们的前辈在20世纪二三十年代前隐藏自己的华人身份或只能私下进行华人文化活动的情况形成鲜明对比。2006年泰国国会中2/3议员有中国血统,而近年来泰国数位总理和政客都公开承认自己的华人背景和身份,以期借此打开和中国交流之门并在国内增强受欢迎度。泰国国会议员克莱萨克·春哈旺称:"在议会里,我所认识的每个人几乎都到中国访问过,每当和中国官员会谈时,所有泰国官员将会追根溯源,表示自己和中国的缘分。"有评论指出,海外华人已成为中国发挥国际魅力的方式之一,并成为"中国商业发展有力工具"[①]。但是,值得指出的是,这种情形可能会重新唤醒冷战记忆,反过来使东南亚华人和中国两方的利益都受到损害。

在西方国家,尽管华人所占比例较少,他们在经济和政治上的地位也较弱,但中国的崛起也引发了当地公众对华人移民忠诚度的担忧。2009年初,美国百人会调查显示,美国公众中45%的人认为亚裔美国人对其祖籍国比对美国更为忠诚,这一调查在2001年的数据为37%。大约有75%的美籍华人称在中美经济或军事摩擦中,他们会支持美国,但只有56%美国民众认同这一看法。[②]

---

① Kang, *China Rising*, p. 136; Joshua Kurlantzick, *Charm Offensive*: *How China's Soft Power Is Transforming the World*, New Haven: Yale University Press, 2007, pp. 103, 76—77, 84.

② Committee of 100 [百人会], *Still The "Other?" Public Attitudes toward Chinese and Asian Americans*, New York: Committee of 100, 2009.

最后,有关崛起的中国与海外华人关系及其中国特色国际关系发展,本章得出以下三点结论。

第一,随着 20 世纪 50 年代中期国家利益绝对高于侨民利益原则的确立和实施,海外华人成为国际关系中的被动性成分。冷战背景下的政治和文化认同的差异使中国与海外华人的歧异更为显著。直到 80 年代中国发生翻天覆地变化,海外华人社会也逐渐改变。老一代华人在改革开放头 20 年拥有中国发展所急需的资金,近 20 年来,新移民则与中国国内人民拥有大致同样文化和政治认同,并具备加入全球化浪潮后的中国所需要的管理技能和国际经验。过去 30 年间,海外华人在中国转型期社会、政治建设中发挥了积极的作用,新移民和国内人民之间接触深度和频率都呈现明显的增长趋势,这成为建议修订国籍法和建议允许双重国籍活动的背景、条件。由于复杂的因素,这些建议未被采纳,但是,一系列鼓励新移民为国服务的政策随之出台,使之同中国的互动更为紧密,也为前者的跨国流动性提供了较为有效的制度安排。与此同时,政府在外交和侨务领域实行"以人为本"的指导思想,进一步加强了保护海外侨民的力度。例如,在 2006 年所罗门岛排华事件中,中国展现了更大的力量对侨民予以帮助。随着更多"海归"人员加入现有政治体系,他们可能在不同程度上对外交事务(包括公共外交)产生一定的影响。①

第二,中国特色的国际关系理论建构需要将国际移民考虑进去。例如,以身份认同为基础的利益成为联系侨民和国际关系的重要机制,对身份认同的关注恰好和国际关系中的建构主义理论趋向相契合。正如姜大卫(David Kang)指出的,利益和身份认同,而非权力,才是国际关系中决定了威胁和稳定的重要变数。② 当然,中国民众如何看待海外华侨参与中国政治建设的可行性,以及他们以身份认同为基础的利益是否同中国国内人民和具体政策制定者的利益相一致,这还需要进行系统考察和实证研究。我们必须充分考虑到中国文化、历史、社会、

---

① 参看刘宏:《华侨华人与中国的公共外交》,载《公共外交通讯》,全国政协外事委员编辑出版,2010 年 3 月创刊号,第 51—55 页。

② Kang, *China Rising*, p. 9.

政治结构上的独特性。例如,沙恩和巴斯指出,祖籍国对散居者资源需求越多,其社会就越易被渗透和接受散居者的影响,而散居者影响外交政策能力亦将增强。这一模式并不适用于中国,尽管海外华人的经济、文化和社会资源在中国发展过程中起过重要作用,但他们在祖籍国外交领域的影响却不甚彰显。要解释这种差异性,只有从历史性、国家,以及海外华人自身身份认同变化之中寻求答案。

最后,在中国崛起和国际地位不断提升的情况下,中国与海外华人之间的关系处理需认真、谨慎。自过去的一个半世纪以来,海外华人和中国一直保有紧密和多样的各种联系,过去的相互联系受到一个基本的时代特征的影响,即中国处于式微或分裂边缘(清末到 20 世纪 30 年代),或者中国的崛起受国内与国际环境的制约而功亏一篑(1949—1965)。而当前的时代与过去是一个完全不同的时代。作为世界第二大经济体,中国已成为全球新秩序中的关键性的建构者之一。在这种新的环境下,我们应该用历史的和发展眼光看待海外华人在国内社会经济或政治发展的过程中不断增加的积极作用,并提供相应的制度性保障和安排。这不仅对中国和海外华人来说是一个新的挑战,对研究华人语境下的国际移民和国际关系的学者而言也提出了新的课题。

(本文原载《开放时代》2010 年 8 月号。)

第十二章
穿越网络世界

——华人女性与跨国婚姻

一、导　　言

自 1978 年以来，大批中国女性透过跨国婚姻的渠道移居国外。这种现象受到中国媒体的极大关注。嫁给外国人的中国女性常常被刻画成经济利益的追求者，以致忽略了她们选择跨国婚姻的其他动机。媒体对跨国婚姻生活的关注经常聚焦于失败的婚姻故事，并未充分展示多数中国女性的真正跨国婚姻生活的全貌。[①] 另一方面，由于现有的研究过于强调女性选择跨国婚姻的经济因素，学者们很少关注女性自身对婚姻的理解，以及采取什么策略来应对异国他乡的新生活。本章以跨国主义的理论视角来透视这一现象，试图弥补这些不足。如本书第一章所述，过去 10 多年来，跨国者群体获得了广泛的关注。最近的一些学术研究也进一步深化了该理论及其在华人世界的实践，如对中国新闻的研究和华人宗教的研究[②]，或华人跨国家

[①]　以下是一些有关跨国婚姻的媒体报道和分析：《跨国婚姻：爱的背后是伤痛》，载《中国女性》，2007 年第 5 期；《跨国婚姻暴力直击中国跨国婚姻"命门"》，载《法制与社会》，2006 年第 4 期；《消灭丑陋的外国男人》，载《文化博览》，2006 年第 10 期；《我曾是屈辱的大陆新娘》，载《法律与生活》，2004 年第 4 期；《"包公"难审"洋陈世美"》，载《婚育与健康》，2001 年第 7 期；《跨国婚姻成少败多》，载《心理世界》，2007 年第 2 期。

[②]　Special issue on "Transnationalism and the Chinese Press", *China Review*, vol. 4, no. 1, 2004; the special issue on "Modern Chinese Religious Transnationalism", *European Journal of East Asian Studies*, vol. 2, no. 2, 2003.

庭策略的研究。^①但是,尚没有人关注由互联网促成的跨国婚姻及其在"跨国华人"形成中所扮演的角色。

本章分为两个主要部分。第一部分聚焦于跨国婚姻之前的阶段,讨论跨国婚姻的起因以及促成手段(尤其是互联网的作用)。第二部分通过对华人女性的跨国婚姻策略的分析,挑战以往研究中那种"进入跨国婚姻的亚裔妇女,将永远是依赖的妻子"这一传统论断。本研究采用了多种方法。我们应用了定量分析方法,譬如分析人口调查数据和调查问卷,钻研移民文件和报纸,通过这些分析了解互联网所促成的跨国婚姻的基本特征。但是,正如一些女性主义研究者指出的,定量分析方法有其局限性:单靠数据,排除人的声音和故事,研究会是残缺不全的。因此,我们也使用了传记和访谈资料,我们选取 22 个进入跨国婚姻的华人女性(新加坡 9 人,中国 7 人,美国 6 人),通过电话或互联网访问她们。此外,本章还采用了报刊和互联网的相关资料来佐证我们的论述。必须说明,华人的跨国婚姻是一个极为复杂的社会、经济和文化现象,本章的研究无论方法、资料和论点都有待进一步完善。如果本章所论述的现象能起引起更多学者对此问题的关注和深入研究,我们的目的也就达到了。

二、华人跨国婚姻与网络世界

跨国婚姻(transnational marriage)经常与国际婚姻(international marriage)互换使用。有学者将其定义为跨文化的属性以及女性和其

---

① Chan Kwok Bun,"A Family Affair: Migration, Dispersal, and the Emergent Identity of the Chinese Cosmopolitan", *Diaspora*, vol. 6, no. 2,1997, pp. 195—214;Breda Yeoh, Shirlena Huang, and T. Lam, "Transnationalizing the 'Asian' family: imaginaries, intimacies and strategic intents", *Global Networks*, vol. 5,2005, pp. 307—315; Nicole Constable ed., *Cross-border Marriages: Gender and Mobility in Trans-national Asia.*, Philadelphia: University of Pennsylvania Press,2005.

配偶是在不同的国家里出生、成长的基本特征。① 本章的"跨国婚姻"主要是指"在中华人民共和国公民和外国人（包括持外国护照的其他种族人以及外籍华裔）之间的婚姻。笔者曾将移居国外的华人新移民划分为四种类型：留学生移民、专业人士、连锁移民（加入已是外国公民或永久居民的家人）和非法移民。② 据此，进入跨国婚姻的中国女子应归入连锁移民类别，但她们与传统的连锁移民具有不同的特点。后者加入其华人亲属的行列，是近代以来华人移民史的延伸，前者则进入一个新的、由异文化和非华人为主的世界中。

随着 20 世纪 70 年代末期开始的改革开放，以及"出国热"的兴起，跨国婚姻人数猛增。据估计，约 90% 的跨国婚姻都发生在中国女性与外籍男性之间。根据上海民政局与华东师范大学的一项联合调查显示，38% 的上海被访者表示自己至少有一名朋友嫁给了外国人；这一数字在北京为 29.4%；在广州为 22.9%。③ 2005 年新浪网举办的《当代中国人跨国婚姻心态大调查》中，共有 10 381 人参加了此次调查，其中 62.78% 的网民幻想过自己会有一份跨国情缘或婚姻。④ 据上海的涉外婚姻"白皮书"显示，1996 年至 2002 年的 7 年间，在上海登记的涉外婚姻超过 2.1 万对，平均每年 3 000 对。这个数字比 1980 年增加了 7 倍多。⑤

20 世纪 90 年代中期后互联网引进和广泛应用进一步促使跨国婚姻人数直线上升。据中国互联网信息中心（CNNIC）的数据显示，2006 年中国有网民 1.11 亿，宽带用户 6 430 万。而截至 2010 年 6 月，这两个数字分别是 4.2 亿和 3.638 亿。5 年间，网民数量将近翻了两番，宽

---

① Khatib-Chahidi, Jane, Rosanna Hill and Renee Paton, "Chance, Choice and Circumstance: A Study of Women in Cross-cultural Marriages", in Rosemary Breger and Rosana Hill, eds., *Cross-Cultural Marriage: Identity and Choice*, New York: Berg, 1998, pp. 49—66.

② Liu Hong, "Explaining the Dynamics and Patterns of Chinese Migration since 1980: An Historical and Demographical Perspective", *Journal of Oriental Studies*, vol. 39, no. 1, 2005, pp. 92—110.

③ 《三分之一未婚被访者愿意找老外》，见《北京青年报》，2003 年 12 月 10 日。

④ 《北京晨报》2005 年 3 月 30 日。

⑤ http://women.sohu.com/20050727/n226470942.shtml.

带普及率也从 57.9％猛增到 86.6％。① 据《光明日报》2010 年所组织的一项大规模调查表明，上网者性别差距继续迅速变小。2008 年年底，我国网民群体中男女性别比例约为 52.5∶47.5。在国内网民总体中，20～29 岁人群所占比例最大，达到 33.4％，其后是 30～39 岁人群（21.9％）。七成以上国内网民拥有大专及以上学历。而互联网的发展程度与地区经济发展水平呈显著正相关。东部经济发达地区互联网的普及率达到 40％，而西部经济落后地区仅为 21.5％。城镇居民中网民的比例远高于乡村，且城市越大、经济越发达，网民在居民中所占比例也就越大；北京、上海、广州、深圳四个城市的平均网民比例达到 30.38％，而在广大乡镇、农村中网民比例仅为 7.72％和4.74％。②这些特征对跨国婚姻的模式有着直接的影响。

虽然进入跨国婚姻的中国女性有不同的背景，但大致可分为三种类型。① 受过良好教育的女性。在"外男沪女"的婚姻中，外方人员有大专以上学历的达 47.8％，与之匹配的上海女性有大专以上学历的为 23.8％，只相当于外方人员的一半。即便如此，这种学历结构也远远超过 20～49 岁上海妇女（大专以上学历占 11.8％）的平均水平，属于上海"文化优势阶层"。③ ② 离婚的或寡居的女性。在广西，18％ 进入跨国婚姻的当地妇女为再婚，而再婚嫁给大陆人的仅为 3.37％。此趋势在大城市更为明显。在上海，在 1996 年和 2002 间，登记与外国人结婚的当地女性中，40％ 为再婚。④ ③ 教育程度低的女性。根据《日本中文导报》报道，许多嫁给日本人的中国女性在婚前为下岗工人。在江苏南通，80％ 的外嫁新娘为来自农村的打工妹。⑤

我们不能确切知道这些涉外婚姻中有多少是由互联网促成的，但可归纳穿越网络世界的跨国婚姻具有几个显著的特点。第一，那些通

---

① 《中国网民数"十一五"翻两番 超美国成第一大国》，载《新京报》，2010 年 11 月 30 日。

② 《光明日报》，2010 年 5 月 27 日。

③ http://women.sohu.com/20050727/n226470942.shtml.

④ www.sina.com.cn，2003 年 12 月 9 日。

⑤ 《日本中文导报》，2003 年 9 月 11 日；《扬子晚报》，2002 年 1 月 17 日。

过网恋进入跨国婚姻的女性,相当一部分是受过良好教育的。在中国,哪个女性群体最可能卷入网恋呢? 一些关于互联网女性用户的调查也许能提供一些线索。据 www. sinoi. com 的一份调查,90％的女网民受过良好教育(拥有大专以上文凭)。① 至于上网原因,根据《北京晚报》的调查,70％的女性上网只为聊天。② 穿越网络的跨国婚姻的第二个特征为:超短时间的速配,甚至在结婚决定作出之前,双方不曾真正见过面的个案。迪韦燕,武汉市一个未婚女子,在 2001 年偶然认识一个法国人。这个法国人将自己的一个男性亲戚介绍给她,两人的网恋进行了一年之后,他们决定结婚。③ 在另外一个个案中,董海燕,一名寡居的女性,通过互联网认识了一个美国韩裔人。一个月后,两人就决定结婚;六个月后,男方来到中国武汉,双方举行了婚礼。④ 第三,城市女性(包括来自乡村但在城市工作的女性)是网络新娘的主力军。最初主要是一些大城市譬如广州、上海和北京的女性选择跨国婚姻。但近年来,来自小城市的女性,纷纷选择嫁出国门。⑤ 毫无疑问,城市女性为跨国新娘的主要组成部分。其关键因素之一是居住在城市的女性比生活在乡镇的女性更容易透过网络的广泛使用而得到信息。

近年来,跨国婚姻出现了一些新趋势:一是双方在年龄、经济收入和教育程度上的差距正在缩小。在上海,在 2002 年 6 月登记的所有当地女性至少拥有学士学位、良好的专业背景和外语能力,并有 75％的夫妇在年龄、教育程度和语言能力上互相匹配。⑥ 另外,人们对跨国婚姻的态度也正在改变。越来越多的跨国夫妇选择在中国而非海外定居。⑦ 这不仅反映了中国和外部世界的变化,也反映了人们对跨国婚

---

① 《Sinoi"三八女性网上逛街大体验"活动调查报告》,见 www. sinoi. com,2000年 3 月。

② 《七成女网民上网只聊天》,见《北京晚报》,2001 年 3 月 9 日。

③ 《长江日报》,2002 年 9 月 27 日。

④ 《楚天都市报》,2003 年 10 月 16 日。

⑤ 《热潮从南涌向北,中日婚姻面临多婚多离怪圈》,载《日本中文导报》,2003 年 9 月11 日。

⑥ www. xinhuanet. com,2002 年 10 月 19 日。

⑦ 《上海:爱情不分国籍》,见《新华社》,2003 年 6 月 20 日。

姻态度的转变。

三、跨国婚姻的起因与促成

通过跨国婚姻而掀起的"出国热",其原因是什么? 要回答这个问题,我们必须考察四个因素:宏观因素(中国和定居国政治、经济等方面的变化)和微观因素(选择跨国婚姻的女性和男性的具体动机)。由于篇幅所限,无法详细展开分析,我们对这几个因素只能作粗浅的介绍。

(一)当地视角:中国的变化

穿越网络世界的婚姻移民,作为国际移民的一部分,是在中国1978年以来政治、经济、社会生活等方面的变化影响之下发生的。

首先,中国政府改变了限制人口流动的政策,特别是国际迁移。1949后,政府采取严厉措施限制人口迁移。结果,大规模的国际迁移几乎停止了。这种情况一直持续到1978年,此后,中国国际移民变成了"真正的全球性"。[①] 第二,随着经济的发展,外资大量涌入中国,越来越多的外国雇员来华工作,促进了当地人和外国人之间的相互交往。第三,跨国婚姻的增长,也是中国持续对外开放的产物。随着中国人对外了解的加深,对新事物的态度也越发开放。例如,根据上海民政事务局和华东师范大学的一项联合研究,在北京、上海和广州,36.8% 未婚受访者表示愿意与外国人结婚。[②]

(二)全球视角:定居国的变化

跨国婚姻在近20年间的迅速增长,也与定居国的政治、经济等变化密切相关。

首先,大批留学生和学者在20世纪80年代末期转换身份,定居海

---

① Douglas Massey, et al. ,*World in Motion: Understanding International Migration at the End of the Millennium* ,New York: Clarendon Press, 1998.

② 《三分之一未婚被访者愿意找老外》,载《北京青年报》,2003年12月10日。

外,其中许多人后来回国寻找配偶。例如,在上海,在 1995 年 8 月、9 月和 10 月登记的涉外婚姻(包括跨国婚姻)中,18% 属于此类。①

第二,发达国家旨在吸引劳动力的政策也导致了跨国婚姻的迅速增长。由于主要工业国家均面临劳动力(熟练或不熟练)短缺的问题,在 20 世纪 90 年代,限制性移民政策被取消了,允许不同背景、文化和种族的人到那里定居。对那些原籍中国的人来说,中国女性由于有同样的文化背景,非常受欢迎。她们能大规模在发达国家安顿下来,也是受益于定居国移民政策的改变。②

(三) 中国女性视角:嫁外国人的动机

一些学者认为,亚裔妇女嫁往发达国家,经济原因是唯一考量。③但是,当我们考察中国女性的动机时,这个论断失之偏颇。中国女性选择跨国婚姻有多种原因,个人感情和经济原因固然很重要,但也有其他的考量,如为在国外接受高等教育,扩展国际视野和海外事业等。

首先,一些知识女性为了留学海外而进入跨国婚姻。自 1978 年以来,越来越多的中国学生到海外留学。对于其中一部分人来说,从国内申请发达国家著名大学的奖学金,困难较大。但是如果在国外大学当地申请,却相对容易得多。因而,有些大学毕业的单身女性,就选择了跨国婚姻。"我知道不能靠自己实现梦想(在美国成为奖学金得主),因此我请求朋友介绍一个美国人给我。"在我们的访问中,王艳霞认为,她靠自己的奖学金读书,与先生经济分开,并不是因为钱而结婚的。④第二,有些富有的女性选择跨国婚姻的目的之一,是为了享受作为国际人的感觉,或为了扩展自己的事业。来自成都的女实业家匡长青,拥有

① "Foreign‐Related Marriages Surge", *Shanghai Star*, November 17, 1995.

② 详见:Liu Hong, "Explaining the Dynamics and Patterns of Chinese Migration since 1980".

③ Tomoko Nakamatsu, "International Marriage through Introduction Agencies: Social and Legal Realities of 'Asian' Wives of Japanese Men", in Nicola Piper and Mina Roces, eds., *Wife or Worker? Asian Women Migration*, Lanham: Rowman & Littlefield, 1995, p. 128.

④ 资料来源为刘丽辉所作的访谈。应受访者要求,文中使用了化名。

百万资产,于 2003 嫁给了一个只是普通职员的美国黑人。他们网恋不到 3 个月,就在成都举行了婚礼。她说:"将来我不想做家庭主妇,我将扩展我的事业到纽约和伦敦。"①第三,一些离婚或寡居的女性嫁给外国人,是为了孩子的教育。对她们来说,孩子的利益,是母亲的首要考虑。在香港凤凰卫视中文台的一部新闻纪录片《唐人街》中,网络新娘张雅丽谈到她的跨国婚姻说道:"对嫁到美国的中国女人来说,再婚只是为了孩子。"另一个新娘,林英,来自辽宁省,也表达了相似的观点。她对美国丈夫,一个失业多年的厨师,没有爱,只有感激。她劝告国内那些希望嫁到美国的女人:"如果不是为了孩子,请不要选择跨国婚姻。毕竟,这里生活太艰难了。"②这两个个案中,跨国婚姻主要是为了孩子的利益,包括为他们提供一个英语环境和更加多样化的、灵活的教育体制。

皮帕(Nicola Piper)和罗斯(Mina Roces)指出:"外国妻子能从跨国婚姻中得到同样国籍的妻子得不到的好处。"③但我们不能将中国女性选择跨国婚姻的动机过分简化为仅仅是经济因素起作用。在实际生活中,选择跨国婚姻是多种因素的结合。根据上海民政事务局的调查,43.5% 的受访者认为,中国青年选择跨国婚姻时,经济状况不再是主要的考虑因素。④

(四) 外国男性的视角

在西方主要发达国家里,跨国婚姻持续上升有其复杂的文化和社会因素(包括爱情)。有学者注意到,选择跨国婚姻的发达国家的男性,有一部分是离婚、鳏居,有孩子,或有其他依附亲人,甚至有些男性还是

---

① 《网恋促成跨国婚姻,成都富姐昨天嫁给美国黑人》,见《天府早报》,2003 年 8 月 4 日。

② 资料来源为香港凤凰卫视纪录片《唐人街》之《网络新娘》。

③ Nicola Piper and Mina Roces,"Introduction: Marriage and Migration in an Age of Globalization", in *Wife or Worker? Asian Women Migration.*

④ 《北京青年报》,2003 年 12 月 10 日。

残疾人。① 还有些外国人为失业者，靠政府救济金为生。换言之，一些外国人在寻找当地配偶方面存在着一定的困难，因而把目光投向中国等发展中国家。在现实生活中，一部分中国新娘婚后的角色往往在婚前就已经被安排好了，如和男人一起在农场工作或照顾丈夫的家庭成员。在日本，这种情况尤其明显。随着出生率的不断下降与人口老龄化，以及越来越多农村年轻女性迁往大城市等因素，导致农村对劳动力需求的增加，农村婚姻市场也出现了危机。据 1990 年日本国势调查，东北地区山形县的 30～49 岁未婚男女比例是 100：29.3。② 上海姑娘黄玲的故事是非常典型的。当她搭乘的车子最终停在一个贫穷小村庄里时，她看到了她的夫家人：一对背驼得几乎弯到地上的老夫妇和一个残疾哥哥。就在那一刻，她的天堂梦碎了。③

（五）跨国婚姻的促成

皮帕和罗斯指出，女性经常被刻画为社会经济结构的牺牲品，"婚姻也许让女性在经济上更加安全"④。但是，在中国，我们不能用传统意义的"牺牲品"来形容这些选择跨国婚姻的女性。与老一辈的女性无权选择丈夫，婚姻多由父母做主相反，她们自己选择丈夫，积极主动地采用三种方式进入跨国婚姻。

最普遍的方式是通过经纪人介绍认识。近些年来，跨国婚姻的建构过程已经商品化。在东京都，大约有 10 个婚姻介绍所中全部女顾客均来自中国东北。⑤ 这些中介机构在国家间共同创造了一个巨大的婚姻市场，并从中赚取高额利润。安排一桩中日跨国婚姻，中国代理通常

---

① Thanh-Dam Truong, "Gender, International Migration and Social Reproduction: Implications for Theory, Policy, Research and Networking", *Asian and Pacific Migration Journal*, vol. 5, no. 1, 1996.

② 邱淑雯：《性别与移动：日本与台湾的亚洲新娘》，台北时英出版社，2003 年版，第 94 页。

③ 《天堂梦碎了，远嫁日本的中国姑娘》，载《环球时报》，2004 年 1 月 16 日。

④ Piper and Roces, "Introduction: Marriage and Migration in an Age of Globalization".

⑤ 《用跨国婚姻改变生存质量，跨国婚姻让爱靠边站》，载《黑龙江日报》，2003 年 2 月 15 日。

要收取中方顾客介绍费10 000 元人民币；日方代理收取日本顾客 240 万日元（约 21 800 美元）。通过亲朋介绍是进入跨国婚姻的第二种方式。随着中外交流的频繁，不同国籍的人们有了更多的机会相识。在 2000 年到 2002 年的 2 000 桩中日婚姻或中韩婚姻中，大约 1／4 属于熟人有偿介绍。而多数私人中介均在日本或韩国有亲戚，甚至有些私人中介就是前新娘。① 通过朋友或亲戚介绍，与通过中介介绍一起，成为中国女性嫁往国外的传统且最普遍的两种方式。自行认识并交往，是中国女性进入跨国婚姻的第三种方式。双方也许在旅行期间相识，或作为同学或同事彼此了解，或通过跨国网恋进入婚姻。卷入跨国网恋的女网民人数难以估计，但由于中国人口基数大及网民数众多，数量肯定是相当可观的。

值得注意的是，中国女性主动积极地采取这三种方式进入跨国婚姻，婚姻通常是由她们自己作出的决定。这与过去父母之命、媒妁之言的传统方式截然不同，也与"牺牲品"的被动、消极、无奈，形成鲜明对照，在此意义上，她们不是牺牲品或是受害者。随着中国经济和社会等方面的快速发展，越来越多中国人前往海外学习或工作，以及更多外国人来到中国，男女双方自行相识（包括网恋）的事例会不断增加。

四、网络世界：男性霸权的世界还是女权解放的空间

在过去 20 年，新的通讯方式譬如电视电话会议等已经被跨国婚姻中介机构广泛应用。网络在促进婚姻中扮演的角色越来越重要。那么，这种迅速发展的技术对中国女性产生了怎样的影响？在这一后现代世界中，女性是作为客体还是主体存在？这一虚拟世界施加给女性身体以怎样的限制？

让我们先讨论一下有关网络空间的理论。一些学者认为，在网络

---

① 《黑龙江日报》，2003 年 2 月 15 日。

283

世界里，身份（identity）是与身体或物理特性脱离开来的，它是多重的和有伸缩性的。许秋宜（Koo Chiew Tee）认为，IRC（Internet Room Chat 网络聊天）存在前台和后台的区别。在前台，互联网为每一个使用者提供了一个展示自己的好机会。这是一个自由世界，没有年龄、种族、宗教、身体物理特征等限制。聊天者们往往非常友好、热心、善良和幽默，他们隐瞒实际生活中的挫败，尽可能表达其最佳状态。但是，在后台（如私人聊天或交换电子邮件），没有令人难堪的目光接触，或其他令人尴尬的反应，人们不再刻意展示最好的自我，更可能泄漏一些真实生活中不开心的细节。[①] 看似虚拟的空间，包含了往往与后现代主义相伴而生的碎片断裂、多重主体，以及多种经验。它为女性提供了一个逃脱真实世界男性霸权的理想空间，即"流动"的、伸缩自如的自我不再屈从于现实社会中的既有秩序和社会规范。但是，在网络世界里，这些真的发生了吗？

从女性主义者的视角出发，答案是否定的。在前台，在一个真实世界里与身体相关的种族、阶级、年龄、性别、宗教等因素继续在这个虚拟空间里发生影响。中村（Lisa Nakamura）对一个由不同种族网民组成的网上社区的人际关系状况进行了研究，其结果显示，由于网民们可以自由选择他们自己的种族，绝大多数都选择白色人种。[②] 换言之，种族主义、性别歧视和其他与身体相关的身份被引进到这个后现代世界里。

几乎所有的恋人都在私人空间里聊天或交换电子邮件，那么，后台的情况怎么样呢？李薇在访谈中告诉我们，1997 年她从沈阳一家国营企业下岗。此后，她的生意连连挫败，她对自己的状况感到十分失望，很想离开这个城市。5 个月后，她通过经纪人介绍嫁到了美国。她说：

① Koo Chiew Tee, *Exploring Internet Relay Chat（IRC）: Presentation of Self in a Cyber Sub-culture*, Singapore: Department of Sociology National University of Singapore, 1999.

② Lisa Nakamura, "After/Images of Identity: Gender, Technology, and Identity Politics", in Mary Flanagan and Austin Booth, eds., *Reload: Rethinking Women ＋ Cyberculture*, Cambridge: MIT Press, 2002, pp. 321—329.

"婚前,先生写信(e-mail)给我,他希望我是一个贤妻良母,婚后也没有必要出去工作。我不太肯定我是否符合他的要求。但我保证,我会是他喜欢的那种女人。"①看起来,在后台,真实世界里的性别、阶级、男性权威等既有规范,一样被带进这个虚拟空间。

布斯(Austin Booth)和佛兰格(Mary Flanagan)指出,在一些女权主义者看来,女性身体作为电脑的延伸部分存在,与机器一样,同样服务于男人。②不过,当我们考察以电脑网络为主要手段促成的跨国婚姻时发现,互联网既是男权压迫的世界,而且也是女权解放的空间。在凤凰卫视的纪录片《唐人街》中,在现实世界里,张雅丽和中国许多"失婚"的中年女性一样,对婚姻消极失望。但在网络世界里,她热情主动,对婚姻充满憧憬。网络为她提供了一个解放自己的空间,作为一个独立自我的女人的所有要求,在这里都得到了满足。③中国女性,既作为客体,又作为主体,积极地将网络视为社会资本,与其协商。互联网的好处显而易见:它加速作出婚姻的决定。但是,它的缺点也同样明显:在一个乌托邦世界和现实世界之间的张力中,不可避免地对新婚夫妇的婚姻生活带来威胁。

张雅丽通过经纪人介绍嫁到美国。在抵达美国次日,她丈夫告诉她:"你可以开始工作了。"她惊讶地发现,她的工作就是照顾其丈夫——一个退休的工程师。从此后,现实生活中一个严格和挑剔的老板,取代了在虚拟空间里那个善解人意的恋人。他在网络里的承诺——答应她做一个独立自主、出外工作的职业女性,成为一句空话。她感觉被欺骗了,强烈的失落感就此产生。④这说明,在网络世界里女性的自我解放,或多或少会受到现实世界里既有规范的制约。女性解放的路,还很遥远。

285

---

① 资料来源为刘丽辉在网上所做的访问,文中名字为化名。
② Flanagan and Booth,eds.,*Reload:Rethinking Women＋Cyberculture.*
③④ 资料来源为香港凤凰卫视纪录片《唐人街》之《网络新娘》。

五、婚后生活：依附的妻子还是自立的女性

一些学者认为，选择跨国婚姻的亚裔妇女永远只能作为一名不自立的"外来者"而在定居国（主要是发达国家）存在。[①] 这种论断失之偏颇。在很多情况下，虽然许多中国女性在婚前对海外生活的艰辛缺乏准备，但她们仍显示出独立女性的勇气。

首先，中国妇女试图进入劳动力市场，以取得经济独立。根据陶春芳的调查，在20世纪90年代的中国，80%～90%的女性均有工作。[②]而出国的中国新娘中，多数人在婚前曾到劳务市场找过工作。例如，我们于2005年4月在新加坡进行的一项调查显示：嫁给新加坡人的中国新娘中，93%在婚前曾有工作，而其中78%目前仍在工作，96%正在工作或渴望寻找工作。[③] 虽然不少中国新娘被期望成为家庭主妇，但她们往往有强烈的欲望希望找到工作养活自己。这一目标的实现至少存在两个主要障碍。一是语言。为此，她们去语言学校学习语言，或跟电视节目学习，或跟家庭成员学习。例如，马晓莉出国前是一名小学教师，到美国后，她每天都跟美国丈夫密集练习英语。到美国一个月以后，她在美国开设了自己的公司。[④] 与马晓莉相比，一些新娘是非常不幸的，因为经济独立的最大障碍是她们的丈夫。来自上海的蒙思怡在1997年通过经纪公司嫁给了一个比自己大23岁的美国人。在婚后初期，他们曾有过一段幸福平静的日子。但当她表示外出工作后，争吵开始了。在随后的几年里，她被禁止出门、认识新朋友、学习驾驶、外出工作。一旦触犯丈夫所订下的"条例"，她就会被赶出家门，甚至被丈夫诬

---

① Nakamatsu, "International Marriage through Introduction Agencies".

② 陶春芳：《个人问卷调查中的中国妇女地位》，见《中国妇女与发展地位，健康和就业》，海口：海南人民出版社，1993年版。

③ 资料来源：刘丽辉于2005/2006年间在新加坡所进行的社会调查，调查对象来源于各个阶层，共有127名新移民参加了调查，其中，女性为76人，男性为51人。

④ 《傲对洋公婆：我的底线是百万美金》，载《生活与爱情》，2002年12月。

告,投入监狱。她说:"他想要的,是一个扮演妻子角色的东方奴隶。"①

第二,虽然一些女性成为定居国公民,但她们的文化取向仍然倾向中国。作为出生在中国的第一代移民,她们对中国文化有着本能的亲切感,对中国的发展十分关心。② 我们可从其孩子的教育上看出其文化取向。据日本《中文导报》的调查,在中日联姻的家庭中,93%的家长希望孩子学习中文;调查结果显示,大多这样的家庭要他们的孩子学习中华文化。③

第三,在社会生活方面,中国新娘在不同程度上遭受社会歧视,有时这歧视来自丈夫的家人。在这种情况下,她们往往用经济成功来赢得尊重。例如,1992 年,马晓莉嫁给了一个美国人。在婚后,婆婆一家人对她十分轻蔑,好像她是个来自东方的废物。于是,她把从国内带来的所有钱都用来投资,开了一家公司,代销纸巾。经过多年努力,1997年,她的公司拥有了华盛顿纸巾销售市场的 1/5 份额。④

最后,在政治身份上,虽然大部分华人新娘加入所在国的国籍,在法律上,应该效忠定居国。但在感情上,不少人仍然关心中国事务,仍然支持中国的主要政治目标,譬如支持国家统一,参加示威、抗议敌视中国的势力等活动。尽管她们还不能像陈香梅那样在美国政治舞台上发挥个人作用,但她们已经在一些近期事件中显示出群体的力量。作为新华人移民的组成部分,中国新娘积极参与到海外华人民族主义的活动中。笔者曾经指出:"这种民族主义是以中国政治议程及中国中心为特点,符合中国的国家利益。"⑤在我们的访问中,李沈艳(于 1998 年嫁到美国),表示自己参加了 1999 年 5 月 15 日纽约华人针对美国轰炸南斯拉夫中国大使馆事件的示威。她说:"一个中国朋友要我去。我丈

---

① 《上海女嫁美国遭遇磨难,众同胞伸援手鼎力相助》,见 www.chinanews.com.cn, 2001 年 8 月 9 日。

② Liu Hong, "New Migrants and the Revival of Overseas Chinese Nationalism", *Journal of Contemporary China* 14, 43, 2005, pp. 291—316.

③ 《日本国际婚姻激增,中日通婚比例居首》,载《华声报》,2003 年 2 月 10 日。

④ 《傲对洋公婆:我的底线是百万美金》,载《生活与爱情》,2002 年 12 月。

⑤ Liu Hong, "New Migrants and the Revival of Overseas Chinese Nationalism".

夫不能理解。但我告诉他，既然我是中国人，我就该去。"①

简言之，在经济、文化、社会和政治区域，中国新娘往往发出自己的声音，这声音可能与她们的配偶不同，甚至有冲突。但她们显示出作为一名独立的现代女性，而不是一个依赖型妻子的巨大勇气。

六、结　语

从以上有关穿越网络世界的跨国婚姻的讨论，我们可以得出三个初步结论。

首先，中国妇女进入跨国婚姻的原因是多方面的，这不一定意味着他们的婚姻是无爱的。虽然，有些西方男人选择中国新娘，是希望她们婚后做个家庭主妇，但一旦进入婚姻，变化随时都可能发生。由于新中国成立后种种提高妇女地位的努力已经颇见成效，大多数女性习惯了在中国的那种经济独立的生活。在婚后，她们往往努力做一个独立的女性，而不是一个依赖型妻子，寻求经济独立，试图在文化、社会和政治领域发出自己的声音。

第二，作为一个性别空间（engendered space），互联网既存在男性权威的压迫，也是女权解放的世界。在这空间里，中国女性活跃地使用互联网作为获取或扩大社会和文化资本的重要渠道，促进了她们的跨国婚姻。当然，互联网也制造了一些问题：这一虚拟空间给人幻觉，掩藏在实际生活中一些令人不快的个人细节。这在一个乌托邦世界和现实世界之间的张力中，或多或少地成为日后家庭不和谐的根源之一。

最后，中国女性跨国婚姻的类型和特征，特别是那些通过网络空间促进的婚姻，可以放到当代华人跨国性的框架内来了解。关于华人跨国性的现有研究，对中国女性与外国人组成的跨国家庭并未给予充分的关注。在 21 世纪初，这些跨国家庭构成了华人跨国群体的一个不可或缺的组成部分。许多中国新娘与中国仍然维持了某些形式的联系，虽然这些联系可能与那些跨国商人和社会文化实践者不同，但在全球

---

①　资料来源为刘丽辉在网上所进行的访问，文中名字为化名。

化之际，考察在跨国婚姻过程中的女性视角和实践，与当代华人跨国性的理论相联系，将有助于我们对当代中国和海外华人社会变迁以及两者之间关系的理解。

（本章初稿原题为刘宏、刘丽辉：《穿越网络世界：1994 年以来的中国女性与跨国婚姻》，见《亚太研究论丛》，北京大学出版社，2006 年第 3 辑，并参见 Liu Lihui and Liu Hong, "*Boundary-Crossing through the Cyberspace：Chinese Women and Transnational Marriages since 1994*", in Khun Eng Kuan-Pearce, ed., *Chinese Women and Cyber Empowerment*, Amsterdam：Amsterdam University Press，2008，pp. 249—270。）

附录
近 10 年来英国的中国学

——政策、机构、视野

近年来国内学术界对海外中国学和海外汉学非常关注，出版了不少有分量的学术论著，但这些论著主要集中在对美国、日本、法国和德国的汉学研究。从我在中国学术期刊网的初步搜索来看，对英国的中国学研究，从 1997 到 2009 年，大概仅有 5 篇论文，其中三篇属于随笔性的文章。这或许表示中国学人对英国中国学研究现状还不很了解。在此我希望从双重身份的角度做一些关于英国中国学的介绍和初步分析。

2006 年的 7 月，我应聘到英国曼彻斯特大学担任东亚研究讲座教授并筹建中国研究中心和孔子学院。在过去的三年多时间里，除了校内的事务外，我还参与了英国官方和民间有关中国学研究的建立和评审等事务。因此，我希望从英国内部的视野来看中国学研究的发展。同时，我本人在中国、荷兰、美国、新加坡、日本都学习和工作过，近年来经常回国讲学或调研，所以我也希望站在**英国之外来看英国的中国学研究**，试图作一个比较客观和全面的评介。

本文所涉及的英国中国学的研究对象，从区域上讲，主要是指以中国（以及华人世界）为中心的单一学科或跨学科的学术研究；从研究机构来讲，主要是指对英国大学的相关教学机构和科研机构（不包括智库、政府部门、大众传媒）的研究。作为英文和西方文化的主要源流，英国出版的学术刊物和著作对国际学术界影响很大，而英国的学术研究也非常国际化。例如，伦敦大学亚非学院（SOAS）编辑、剑桥大学出版社出版的《中国季刊》（*China Quarterly*），是有关现当代中国研究最权威的国际性刊物之一，但它并不能作为衡量英国中国学发展的主要指

标。在 2001 至 2003 年所发表的 115 篇论文的作者中,美国学者占
45％,英国占 10％,澳大利亚占 3％,其余占 42％。①

对近代中国而言,大英帝国无疑是一个对其影响巨大的国家;1840
年的鸦片战争打开了晚清的门户,中国的命运从此改变。随着英国在
华经济和政治利益的扩大,英国对中国和中华文化的了解有所加强。
19 世纪之后的一些重要英国汉学家,如理雅各(James Legge,1815—
1896)、亚瑟·韦利(Arthur Waley)(1889—1966)、李约瑟(Joseph
Needham,1900—1995),以及 20 世纪初担任曼彻斯特大学汉学讲座教
授的庄延龄(Edward H. Parker,1849—1926),在中国宗教、语言、文
学和科技史等领域都有广泛的影响。然而,第二次世界大战之后以社
会科学方法为主导的中国研究(Chinese studies)成为主流,其重镇在
美国。包括英国在内的欧洲汉学传统(sinology)逐渐被边缘化。英
国对 1949 年之后中国的兴趣也随着其自身国际地位的降低而减弱。

在第二次世界大战之前,英国的中国或汉学研究主要集中在三所
大学:伦敦大学的亚非学院、剑桥大学和牛津大学。此时的汉学研究基
本上是在东方学的框架之内,主要是以中国文学、历史、哲学等比较传
统的人文学科为研究对象。它的基本特点在于有以下几个方面。

首先,实用主义的特色。英国有"日不落帝国"的称号,它的触角伸
到了世界各地,也包括中国。他们研究世界各地的主要目的之一,是为
了贸易和外交的需要。英国的汉学研究和法国的汉学研究不同,英国
并没有将汉学研究融入当地精神史和学术史的研究中。

其次,研究者的身份的多元性。20 世纪 70 年代以前,在英国研究
中国的学者中,外国的学者占了比较大的比例,今天也依然如此。以致
有学者这样说:"回顾历史,如果离开了以各种形式参与的外国人,就构
不成英国的中国学史。"②过去三年来,我们曼彻斯特大学中国研究中
心共招聘了 10 余名讲师(助理教授)和博士后,每个职位都有 30～50

---

① 韦立德(Tim Wright):《澳大利亚和英国的中国学比较》,载《国外社会科学》,2004
年第 6 期。
② 近藤一成:《英国的中国学》,见张西平编《欧美汉学研究的历史与现状》,大象出版
社,2006 年版,第 364 页。

名申请者,但他们大多数来自英国之外,特别是来自北美。

再次,相对于美国和日本等国家,英国对中国学研究的投资比较缺乏,本土学生人数不多。在 1997 年,只有 8 所大学有中国学研究的本科主修课程,这 8 所大学是剑桥大学、伦敦大学亚非学院、杜伦大学、爱丁堡大学、利兹大学、牛津大学、谢菲尔德大学、威斯敏斯特大学。研究者人数也比较少。1997 到 1998 年,这些研究机构中培养的专修汉学的本科生总数约 300 余人,还有 230 个辅修的学生攻读中国学和企业管理的双学位。这一年专修中国学的毕业生有 58 名,辅修的有 38 名。硕士和博士也有,但数量很少。

接下来我谈谈英国中国学的资助情况和组织机构。

英国政府对于学术的政策导向性是通过资助体系来实现的。在英国,对大学研究资助最主要的机构是英格兰高等教育基金委员会(The Higher Education Funding Council for England,HEFCE)。它的角色相当于中国的教育部,每年拨出 70 亿英镑用于教学、研究和知识转移工作。① 在 2006 年,HEFCE 用于研究方面的支出超过 12 亿英镑,相当于 130 亿人民币(按 2009 年的汇率)。除了 HEFCE 之外,针对不同学科还有专门的科研委员会(Research Councils)。涉及中国学研究的主要有两个委员会:一个是经济与社会研究委员会(Economic and Social Research Council,ESRC),它是英国最主要的社会、经济科学研究和研究生培养的拨款机构。2006 年,ESRC 共拨款 1.35 亿英镑用于科研。另一个是艺术与人文研究委员会(Arts and Humanities Research Council,AHRC)。每年提供 8 000 万英镑资助艺术、人文领域的研究和研究生培养。此外,AHRC 每年大约提供 700 个研究奖项和 1 500 个研究生奖学金。

英国的研究赞助是根据英格兰、苏格兰、威尔士、北爱尔兰四个区域来分的。苏格兰的研究委员会只赞助苏格兰的研究机构,每年提供 15 亿英镑。英国的政策引导中国研究的发展基本上靠这几个机构来

---

① 有关英国高校的科研经费的来源与分配模式,参见祝琦、刘宏:《英国研究型大学筹资的目标、战略和举措——以曼彻斯特大学为例》,载《外国高等教育研究》,2010 年第 9 期。

推动的。

除了政府机构外，还有一些民间机构推动对中国问题的研究，主要有两个。一个是英国中国研究的委员会（British Association for Chinese Studies，BACS），它的成员包括英国大学的相关机构和人员，以及在英国大学从事和中国研究有关以及汉语教学的老师，这是一个国家级的机构。它的活动包括每年召开一次学术年会。同时，它也和外界进行交流，比如台湾地区的蒋经国基金会，后者把一些资金拨给这个机构，通过这个机构招收学生到台湾学习中文。

第二个民间机构是英国大学中国委员会（Universities' China Committee in London，UCCL）。该机构成立于20世纪30年代，主要是以庚子赔款本金的利息加上一些企业的赞助来资助研究中国问题的学者和项目。我本人曾经担任过这个委员会的副主席和专家委员会召集人，对它的运作比较清楚。UCCL的主席是一个名誉职位。本届的主席是尤德夫人，原香港总督的夫人。在主席下有一个专家委员会，每一个季度开一次理事会及评审会议。处理的事情包括研究计划的资金审批，比如到中国去研究或是在英国召开学术研讨会等。因为UCCL是个民间机构，资金并不十分充裕，每年大约只有10多万英镑用于资助相关课题的研究（通常都在2 000英镑以内的一些短期项目）。

英国中国学研究的特色之一是其政策导向性。第二次世界大战后，英国政府出版了几份关于中国研究或是亚洲研究的报告书，每一次报告书的出版都对英国中国研究机构或研究主题产生了直接的影响。因此，每个报告书都是英国中国学发展的里程碑。下面从这个角度对英国中国学的发展史作一个简单的介绍。

1947年，斯卡波罗（Scarborough）的报告书发表。它对英国原有的三所大学（伦敦、剑桥、牛津）的中国研究有进一步强化的措施，主要是通过拨款的方式来推进。因为有了资金才可以招收研究人员，学生人数才得以增加，学科才可能有快速的发展。1961年，海特（Hayter）报告书发表，导致了一些新的研究机构的诞生，这就是1963年利兹大学的中国研究系（后扩充为东亚系）、爱丁堡大学的中国研究中心（1965

年)和杜伦大学的中国研究中心(1965)的成立。伦敦大学的亚非学院出版了《中国季刊》(*China Quarterly*,1962),后来逐渐成为国际学术界关于中国研究的权威刊物。同时,海特报告书也推动了伦敦大学亚非学院对中国学的研究,从过去的汉学转向对当代中国问题的研究,伦敦大学还在1968年建立了当代中国研究所。1986年,帕克(Parker)报告书发表,它开始重视学生素质的提升,关注英国培养的中国研究专业的学生如何满足英国的外交和商业的需求问题。到20世纪90年代初,霍得-威廉(Hodder-Williams)报告书提出了进一步加强区域研究的问题,其中包括对中国的研究。

1997年香港回归中国后,英国不能再像过去一样,通过香港来和中国对话,他们面临与中国直接接触和对话的问题,外交工作上需要大批懂得中国国情的人士。同时,由于两国贸易往来的发展,也需要懂经济、懂中国的复合型人才。国家利益与市场需求,导致了中国研究的逐渐兴盛。学科的多元化也是中国研究在人文、社会学科领域里占有一席之地的原因。

第二次世界大战后,英国中国学虽然取得了一定的发展,但比起美国还是有明显的差距。根据英国大学科研评价体系(Research Assessment Exercise,RAE)的统计,在1997年,全英只有400个和中国相关的研究者,占英国所有学者的0.7%。如果只计算专门研究中国的学者,则只有88个。而相同的指标在荷兰有174个,德国有173个,法国有138个。从这个角度讲,英国的中国研究落后于一些欧陆国家。[①]

正是在这样的背景下,1999年,HEFCE出版了一份关于中国研究的报告书《英国的中国研究评估》(*Review of China Study in the UK*)。[②] 这份报告书一方面指出英国对中国研究不足的地方;另一方面又提出应用怎样的战略来弥补这种不足。我觉得,这个战略可以用8个字概括,就是"三管齐下、遍地开花"。

---

① Robert Ash, "Studies of China's Economy in Europe", in Robert Ash, David Shambaugh, and Seiichiro Takagi, eds. , *China Watching: Perspectives from Europe, Japan and the United States*, London: Roultedge, 2006, p. 33.

② 该报告书全文见 http://www.hefce.ac.uk/pubs/hefce/1999/99_09.htm。

所谓"三管齐下"，主要是指从事中国研究的学者必须掌握中文；区域与文化的知识，包括中国的历史和地理等；以及能将社会科学的方法应用到中国学研究上。所谓"遍地开花"，就是资助对象相对而言较为广泛。政府决定对 7 个中国研究中心提供为期 5 年每年 15 万英镑的资助，另外还增加图书馆的经费。同时，还提供 500 万英镑给这些机构，以开展招聘教师等事务。1999 年后的四五年间，英国的中国学研究出现了短暂的繁荣，主要体现在师资力量的增加，以及新开设的关于中国研究的课程等。

2005 年，英国相关部门对前 5 年的中国研究进行了反思，发现还是存在一些问题，主要体现在政府主导的项目很难与市场的需求挂钩。于是又有了整改的策略，就是集中建立一所或两所全国性的中国研究机构，取代"遍地开花"的策略。这样做，不仅可以符合政府的要求，而且也能满足社会和公众的需求。①

2005 年后，英国政府对中国研究的资助方式由全面性资助转化为选择性资助，即政府的大量投入必须满足两项最基本要求：① 受重点资助的学科必须要有重要战略性，其影响必须超出高等教育的范围，满足包括外交、安全、经济和雇主的需求等；② 有"关门大吉"之虞的学科需要外界资金的注入。由此可以看出，政府所考虑的区域研究，既必须满足社会的需求，又要应对新时期的挑战。

2006 年后又出现了新的、看来是矛盾的变化：第一，旧机构的瓦解。包括杜伦大学、威斯敏斯特大学、纽卡斯尔大学的中国研究机构相继关闭（杜伦的中国研究后来又以某种方式复苏）。第二，新中心的建立。2000 年诺丁汉大学成立当代中国研究中心，并于 2007 年升格为学院；2006 年曼彻斯特大学成立中国研究中心（相等与系或所的规模）。

围绕着后冷战时代的区域研究战略变化，英国政府有选择性地挑选了几所有潜力的研究型大学，通过全国性的竞争和投标来给予资助。

---

① 报告书全文见 http://www.hefce.ac.uk/pubs/rdreports/2005/rd03_05/rd03_05a.pdf.

通过这样的方式建立了两个国家级基地:其一,2006 年年底英国政府拨款 500 万英镑建立牛津大学、曼彻斯特大学、布里斯托大学的校际中国研究机构(British Inter-University China Centre,BICC),它主要从事中国研究。其二,利兹大学与谢菲尔德大学联盟成立东亚研究中心(White Rose Centre for East Asian Studies),主要进行东亚问题研究,该研究中心获得 400 万英镑的资助。

近几年来,在引导中国研究的发展方向时,英国政府及其相关的基金会尤其注重政策性研究课题(如生态环境、资源、全球安全、人口移动、商贸关系等),并极力推动与中国学术界的合作。例如,2009 年 7 月,ESRC 推出了以"新兴势力"(rising powers)为核心的研究资助计划,研究对象为中国、印度、俄罗斯、巴西"金砖四国",强调它们作为全球经济和社会变迁的关键推动力,对全球社会已产生极大的影响。对社会科学家、政府、企业和一般民众而言,了解它们的作用已成为必需的优先选项。该研究计划除了强调实用性和政策关联性之外,特别鼓励英国学术机构同相关的研究对象国之间建立体制性的协作关系,包括由非英方研究者出任研究课题的共同主持人(Co-PI)。英国研究理事会(RCUK)于 2007 年底在北京成立了代表处,以协调和推动人文社会科学及自然科学领域的双边合作。目前,研究理事会所定位的重大前沿研究课题领域包括:环境变化、全球稳定、老年健康、数字经济、纳米技术和新能源六大主题。北京是 RCUK 在欧洲以外开设的首个代表处,反映了英国政府和学术界对中国的日益重视。

接下来我介绍几个重要的中国学研究机构。英国大学的中国学研究有两种模式:一种是大学有专门的中国研究机构,研究的对象完全是中国;另一种模式是不同学院的学者,比如社会科学院、人文学院、商学院,他们的部分研究与中国相关。这里主要介绍的是前面一种,即专门的中国研究机构。

● 伦敦大学亚非学院,1916 年成立。其中跟中国相关的研究部门包括:内陆亚洲语言与文化系,研究范围为中国大陆,其特点侧重于人文学科的文本研究。除此以外,1968 年成立了当代中国研究所。还有一个协调性组织,即中国研究中心(Centre for Chinese Studies)。

● 牛津大学有中国研究所（Institute for Chinese Studies）和牛津大学中国研究中心（Oxford University China Centre）。牛津的中国研究人数是英国高校中最多的，有超过 30 个全职人员。它除了重视前汉、宋、明、清、民国的研究外，还采用综合学科研究法探讨中国当代的政治、管理、行政、国际关系、人类学、经济学、社会学等。对当代中国经济与社会改革进行跨学科研究，包括对贫穷、环境挑战、贫富差距、劳动力迁移（包括国际性迁移）、外资的影响、医药健康政策、教育等问题的探讨。

● 剑桥大学有东亚研究系（Department of East Asia Studies），它隶属于亚洲和中东研究学院（Faculty of Asian and Middle Eastern Studies），研究范围包括文史哲和社会科学等。

● 诺丁汉大学。2000 年成立当代中国研究中心，2007 年升格为当代中国研究学院，有十几个教学和科研人员。重点研究中国经济、政策、社会转型，以及中国对世界经济与地缘政治的影响，此外还研究可持续发展问题、信息与通讯技术的影响问题等。

● 利兹大学。1963 成立中国研究系，后来扩充为东亚研究系。它隶属于语言和文化学院，侧重于人文科学研究，也有一部分涉及社会科学研究。

● 谢菲尔德大学。所设东亚研究院，研究涉及中国、日本、韩国。

● 爱丁堡大学。1965 年成立了涵盖整个苏格兰的中国研究中心，隶属于语言和文化学院。

● 曼彻斯特大学的中国研究可以追溯到 20 世纪初，当时由庄延龄担任汉学讲座教授。我注意到《海外中国学评论》第 3 辑有一篇介绍庄延龄的文章。[①] 他曾在中国海关任职，1915 年到 1926 年担任曼彻斯特大学的汉学讲座教授。他研究的主要课题是中国宗教。他逝世后的 80 年间，曼彻斯特大学没有设立中国研究机构和讲座教授职位，这种状况到 2006 年才有所改变。2006 年，曼彻斯特大学决定投资 250 万英镑建立中国研究中心（Centre for Chinese Studies）。该中

---

① 马军：《英国汉学家庄延龄教授》，载《海外中国学评论》，2008 年第 3 缉。

心为跨院级的实体性研究和教学机构,隶属于人文学院(Faculty of Humanities)。而人文学院涵盖了人文、社会科学和企业管理等领域,共有 7 个学部,包括社会科学部,语言、语言学与文化学部,曼彻斯特商学院,法学院,艺术、历史与文化学部,教育学部,环境与发展学部等,共有 15 000 名全职学生及近千名全职教员,其规模相等于一所中型大学。

曼彻斯特大学的中国研究中心共有 14 名全职教师,从事两项主要工作:本科生和研究生(硕士和博士)的培养,以及进行有关近现代中国的研究。通过与其他学科的合作,借助社会学、经济学等学科的最新理论,对中国的经济、国际关系、历史、环境、国际移民、商业等方面进行跨学科的研究。①

从整个英国来看,中国研究的人员大致可以分成两类:第一种是在专门的中国研究机构担任科研和教学工作的以中国研究为专业的人员,第二种是其他学院的、有专门学科背景的老师,比如国际关系学老师等。前者近百名,包括 10 余名正教授。

英国中国学的新一代研究者有不少是美国培养的博士,在文化和种族比例上具有高度的国际化。英国的许多中国研究中心的负责人都是出生在英国以外。比如诺丁汉大学当代中国研究院院长姚树洁是研究中国经济的学者,爱丁堡大学中国研究中心主任费南山(Natascha Gentz)是德国人,牛津大学当代中国研究中心主任许慧文(Vivienne Shue)是美国人,荷兰人彭柯(Frank Pieke)任中国研究所所长,布里斯托大学东亚研究中心前主任张勇进在中国出生,剑桥大学中国研究领域的学术带头是比利时人胡司德(Roel Sterckx)和荷兰人方德万(Hans van de Ven)。由此可见,英国的中国学研究相当的国际化,并为全球性的人才流动创造了良好的条件,但这也凸显了英国本土人才数量不足的问题。

关于各个大学的研究主题与视野,这里也稍为提一下,更具体和全

---

① 有关曼大的中国研究情况,参见刘宏:《英国曼彻斯特大学的中国研究:历史的传承与超越》,载《海外中国学评论》,2007 年第 2 辑。

面的资料可参看各相关机构的网页。

牛津大学强调综合性的研究，涵盖了中国历史到现今的研究。诺丁汉大学强调中国的政治、经济和社会变迁，中国对世界经济和地缘政治的影响，以及可持续发展、资讯科技的发展研究等。利兹大学与谢菲尔德大学有几个共同的研究主题，包括中国商务、政治经济与发展；远东地区的身份认同与文化；远东的社会转变；区域性与全球性的互动。曼彻斯特大学研究的重点，从时间上看，是 20 世纪以来的中国，尤其关注 1949 年之后的当代中国；从空间上看，它并不是纯粹从民族国家（Nation-State）的视野来理解中国的，而是将之视为全球化和跨国变迁进程中的一部分，因此，跨界中国（Transnational China）或当代华人世界（Chinese-Speaking World）成为该中心的研究重点，它以中国大陆为中心，包涵港、澳、台，以及海外华人社群。从研究取向上看，它致力于将中国研究同社会科学理论相结合，以当代中国和华人世界发展的个案来丰富那些通常是建立于西方经验之上的社会科学，同时用普遍性的社会经验来理解中国，以此作为一个双向的进程。

最后，简单谈一下关于 2002 年到 2008 年间英国的中国研究成果评估。英国的科研评估（research assessment exercise）是英国最具权威的学术评估。RAE 首次评估始于 1986 年，此后每 3～5 年进行一次，已先后进行过 5 次评估。RAE 的重要特点，就是把学科作为评估单元。RAE 对各个大学的意义重大，排名决定了政府拨款的多寡，因此评估结果对每个系的生存发展都有极大关系。RAE 的评估指标，包括学科研究成果（权重为 70％）、学科研究环境（权重为 20％）、学科声誉指标（权重为 10％）。

2008 年 RAE 英国大学亚洲研究（其中中国研究的比重最大，占 45％，日本和南亚各占 20％，东南亚占 5％）总分的排名，依次是伦敦大学亚非学院、牛津大学、剑桥大学、利兹大学、曼彻斯特大学、威斯敏斯特大学、谢菲尔德大学、爱丁堡大学、北安普顿大学。

如前所述，英国中国研究过去 10 年来的发展，有三种力量在起作用：国家利益、市场逻辑与学术导向。为了对华工作的需要，政府对中国学的研究采取积极主动的引导，最重要的就是资金的供给，拨款政策从过去的全面扶持到有重点的资助。英国的中国学研究具有浓郁的实用主义色彩。这是一把双刃剑，一方面中国研究可以和国家政策、社会效益挂钩，但另一方面，也可能导致看问题的短视，缺乏对重大学术和学理问题的关怀。英国的中国学研究，很明显的有从汉学到中国学的转变轨迹。它受到多元的学术视野和社会科学的影响，从注重传统到注重现当代，从单一学科的研究到跨学科的研究。

在中国崛起的大背景下，海外中国学研究进入了新的时期。我们要把海外中国学的研究放在一个新的脉络下来看待，以历史的和宏观的框架来理解它的特征和走向。李伯重教授认为中国研究者只有破除"汉学心态"，正确对待国际主流学术，才能"走出汉学界"，把中国研究变为国际主流学术的一个重要组成部分。[①] 2002年汕头大学成立新国学研究中心，王富仁教授认为新国学是"由在中国社会从事着各种不同领域的各种不同的研究工作并以各种不同的形式参与这个学术整体的中国知识分子的研究成果"。香港中文大学苏基朗教授则指出，"新中国学"是对中国身份认同的讨论，"必须建基于对中国文化和历史的知识基础，而这些知识本身，却不免与时俱进，日新月异。职是之故，主要以文化为界定指标的中国文化身份认同，必然与有关中国的知识建构有密切的关系"。澳洲国立大学白杰明（Geremie Barmé）教授提出了"新汉学"的概念，他认为"新汉学"的四个特色：① 研究对象的空间框架已打破地方、全国与全球的局限而兼容并蓄；② 研究对象的中文世界，古汉语与现代汉语融通无间；③ 当代的政治经贸知识与中国传统文化的相关知识，传统汉学的人文考证方法与社会科学的理论调研，应当相辅相成；④ 这样的汉学学科创新固然重要，但作为一门专科，亦不

---

① 李伯重：《走出汉学界》，见李伯重著《理论、方法、发展趋势：中国经济史研究新探》，清华大学出版社，2002年版。

应失去其特殊领域的地位。①

我以为，现在的中国已经不再仅仅是一个被描述的客体，它已开始向主体转化，并兼具主客体的双重身份。同时，一些中国学家或相关学者逐渐从观察家（China watcher）身份变为参与性的观察者和实践者。比如诺贝尔经济学奖获得者斯蒂格利泽（Joseph Stiglitz）在哥伦比亚大学和曼彻斯特大学创办的中国问题工作组（China Taskforce），参与者包括海内外的中国学家，研究成果对中国政府的决策就起到一些作用。另外，越来越多在中国出生的学者开始在海外机构担任学术和教学任务（包括领导职务），逐渐对中国研究的国际话语权产生一定的影响。中国学者也日益频繁地参与到国际性的中国学研究的潮流和对话之中。与此同时，中国政府这几年也有意识地着眼于软实力的构建，如建立孔子学院在全球推广中国文化，以及为外国留学生提供大量的奖学金。目前，在英国数所研究型大学（如伦敦大学、爱丁堡大学、曼彻斯特大学、谢菲尔德大学、诺丁汉大学）都已成立孔子学院，并同这些学校的中国研究部门保持密切的互动。②

中国政府和学术机构参与国际性的中国研究和汉语推广，显示了一些论者所说的"中国的学术机构开始积极主动地扛起大旗，力图成为中国学研究的核心"。笔者近年来多次参加在国内举办的国际中国学研究大会，不少与会的中国学者都表达了中国应主导国际上关于中国研究的观点。不过，也有学者主张，旁观者的眼光对于揭示庐山真面目亦不无裨益。我以为，在全球化和资讯、人口、观念迅速流动的今天，中国研究应和社会科学、现实关怀有更为有机和频繁的良性互动。这种研究的策略必须是多元化的，不管是从中国内部或是中国之外看中国，都会有它的优点和缺点，没有一个国家或学术群

① 苏基朗：《从国学、汉学、中国研究到"新中国学"：香港中文大学的国学身份认同之旅》（提交"跨学科视野下的文化身份认同"国际学术研讨会的论文，2007 年 10 月，南京大学）。Geremie Barmé, "Worrying China & New Sinology", *China Heritage Quarterly*, no. 14, June 2008, http://chinaheritagequarterly. org/articles. php? searchterm = 014_worryingChina. inc&issue=014.

② 刘宏：《内外兼修塑造中国形象》，载《半月谈》，2010 年 9 月第 22 期。

体能够完全主导和垄断关于中国的论说。这种"多元一体性"（以多元的视角来审视作为主体和客体的中国）其实是一种健康的现象。我认为，只有这两种视角的有机结合才能真正推动国际中国学研究的进一步发展和壮大。①

（本文系根据作者2009年4月7日在华东师范大学思勉人文讲座的演讲录音的基础上整理和修改而成的。作者在此感谢朱政惠教授的邀请和本文整理者张怡同学的贡献。）

---

① 详见刘宏:《当代海外中国学研究的特征和转型》,载《中国社会科学报》,2011年1月23日。

跋

　　与本书的书名一样,笔者的思考和写作轨迹是在持续不断的跨界过程中完成的。过去六七年,笔者先后在新加坡(国立大学和南洋理工大学)、英国(曼彻斯特大学)、日本(京都大学)和中国等国家和大学工作、研究或生活了至少半年以上的时间。这期间还作为客座教授在哈佛大学和台湾"中央大学"访学数个月。回过头来看,这种跨越地理、文化、学术和政治疆界的经历对自己的研究工作至少带来三方面的影响。其一,这几个国家和地区所代表的不同的人文和学术传统进一步扩展了自己的研究视野。其二,在与众多学者和学生的交往中,我不仅感受到多元文化的魅力和生命力,而且有机会直接而深入地了解"在地者"的政治、社会和文化关怀。其三,跨界研究的历程使自己能够获得广泛而珍贵的第一手资料,无论是政府档案、口述历史访谈,还是参与性观察。

　　近年来,笔者还有幸在不同国家从事机构建制的工作(institution building)。2006年夏天,我应聘前往曼彻斯特大学,担任东亚研究讲席教授(Chair Professor),并在这个英国最大的大学中负责创建校级中国学研究中心及孔子学院。前者是个实体机构,得到校方初期启动经费250万英镑的资助,有15个全职教师职位,提供从本科生到博士生的学位课程。孔子学院则是在中国国家"汉办"的支持下,由曼彻斯特大学与北京师范大学合作成立,旨在培养当地汉语教学的师资和介绍当代中国社会与文化。此后,作为中山大学长江学者讲座教授,笔者推动成立了国务院侨务办公室侨务理论研究广东基地。2010年秋,我重返新加坡,应聘担任南洋理工大学人文与社会科学院历史学暨亚洲研究的教授。我的第一项任务就是负责筹建新的历史学系,笔者将其研究和教学重点定位于两个领域：全球史下的近现代亚洲，以科技、医学、环境和商业史为主的跨学科历史。在英国和新加坡机构建制的过程中，除了课程设计外，最重要的工作就是从全球各地招聘师资。五年来，笔者所评阅的工作申请达数百份，并亲自面试了数十名求职者。他们大多来自欧美，一部分则是出生于大陆、在海外受过教育的学者。虽然这些行政工作耗时费力（并间接地影响了本书的写作进度），但使我有机会较为全面地和感性地了解当代中国研究，以及全球史、亚洲史、跨学科史研究，对外汉语教学等不同领域的最新进展的了解，有幸结识了这些领域中的后起之秀。本书若干篇章的观点不同程度地折射了这段经历。

许多中国出生的海外学人都希望能以不同的方式在中国的发展和进步中贡献自己的绵薄之力，并将自己的科研成果与社会认知和政府的决策有机地结合在一起。近几年来，我有幸参与了一些定向研究项目和政策咨询工作。通过同中组部、国侨办、全国政协外事委员会、人力资源和社会保障部、国家外国专家局等部委领导的接触，使自己对中国的相关决策过程有了更为直接的了解和认识，对自己的研究工作的深入大有帮助。

在本书的写作过程中，笔者有幸得到许多人的帮助、支持和鼓励，使自己在跨国研究的坎坷道路上能够愉快地行走。笔者特别感谢以下人士（恕免敬称）：在新加坡有王赓武、陈金梁、潘国驹、蓝伟光、王润华、廖建裕、陆镜光、李志贤、容世诚、苏瑞隆、黄坚立、周兆呈、钟灵杰、戴世岩、游俊豪、鲁虎、任娜、张慧梅、刘丽辉。在中国大陆和港台地区有韩方明、王晓萍、陈春声、滨下武志、刘志伟、汪晖、范可、王辉耀、林琳、赵健、李德全、李伯重、龙登高、李明欢、吴前进、廖大珂、钱江、周宁、陈振明、曾少聪、曹云华、朱政惠、丘昌泰、柯银斌、张秀明。在日本有白石隆、施蕴玲（Caroline Hau）、王柯、清水展、廖赤阳、王维、潘宏立、松浦正孝、城山智子、城山英明、籠谷直人、饭岛涉、陈来幸、陈天玺、小木裕文、上野隆三。在英国有班国瑞（Gregor Benton）、骆奇、Michael Charney、费南山（Natasha Gentz）、Alistair Ulph、Steve Parker、Fiona Devine、武斌、王晓兵、姚丽云、侯佳奇。在美国有傅高义（Ezra Vogel）、周

敏、赵穗生、宋怡明(Michael Szonyi)、Adam McKeown、韩孝荣。

　　本书大部分章节的初稿曾在国内外发表过,但在收入本书时都经过笔者的全面修改和更新。本书数章的初稿为合作研究成果,在正文中均有说明。笔者在此感谢所有合作者的参与及其允诺将这些文章的修订稿收入本书之中。

　　在过去几年中,笔者得到数个基金会和机构的赞助,使本书的跨国调研、写作和出版才成为可能,对此我深表谢忱:南洋理工大学科研基金(M58100049)、国务院侨办、中山大学"985"三期人文社科自主创新建设项目、广东省侨办、英国科学院、日本 SUNTORY 文化财团。笔者十分感谢南京大学出版社的金鑫荣总编辑和资深编辑孟庆生和施敏,没有他们的敬业态度和不懈支持,本书不可能以目前的形式同读者见面。

　　最后,必须说明的是,本书的观点和分析不代表前述任何机构的看法和意见,笔者对本书的观点、资料的选择与解读,以及可能存在的错误负责。

2011 年 7 月 4 日

初稿于新加坡南洋理工大学

2012 年 10 月 25 日

定稿于新西兰奥克兰大学